纺织服装类"十四五"部委级规划教材

服装消费行为

宋琨 主编

鲁成 高晗 副主编

东华服装品牌研究中心微信公众号
扫描并关注，获取更多和本书有关的案例和内容

东华大学出版社·上海

图书在版编目（CIP）数据

服装消费行为 / 宋琨主编. — 上海：东华大学出版社，2022.9
　　ISBN 978-7-5669-2101-7

　　Ⅰ.①服… Ⅱ.①宋… Ⅲ.①服装-消费者行为论 Ⅳ.①F768.3 ②F713.55

中国版本图书馆 CIP 数据核字（2022）第144897号

责任编辑　洪正琳
封面设计　冯　敏
版式设计　上海三联读者服务合作公司

服装消费行为
FUZHUANG XIAOFEI XINGWEI

主　　编：宋　琨
副 主 编：鲁　成　高　晗
出　　版：东华大学出版社（上海市延安西路1882号，邮政编码：200051）
出版社网址：http://dhupress.dhu.edu.cn
出版社邮箱：dhupress@dhu.edu.cn
发 行 电 话：021-62193056　62379558
印　　刷：浙江超能印业有限公司
开　　本：787mm×960mm　1/16
印　　张：16.5
字　　数：315千字
版　　次：2022年9月第1版
印　　次：2022年9月第1次印刷
书　　号：ISBN 978-7-5669-2101-7
定　　价：58.00元

序

宋琨博士新书《服装消费行为》即将出版，他诚邀我写序，我倍感荣幸，欣然同意。

仔细回想，我和宋琨博士渊源颇深：

20世纪90年代末，他在中国纺织大学（东华大学原名）服装设计与工程专业读本科，因为学习优秀、工作能力出色，一直担任班长，我是一名留校的"青椒"，不仅教过他专业课程，还担任了他毕业设计的指导教师，此乃师生情；

宋琨因为本科期间表现极其出色而获得研究生推免资格，我作为本科留校的年轻老师选择在职攻读硕士，我们一起开始了研究生阶段的学习，由于我是在职人员，时间难免冲突，他为我提供了很多学习上的帮助，此乃同学情；

宋琨在东华大学本硕毕业后去美国爱荷华州立大学攻读了博士学位，并有多年的海外工作经验，家庭和睦，可谓人生赢家，让所有人没想到的是2019年底他携家人克服困难毅然回到祖国怀抱，入职东华大学任教，我们成为了一个研究团队的战友，此乃同事情；

千言万语，我们都是东华校友，都有一份浓浓的绕不开的东华情。

宋琨博士学贯中西、跨界校企，是一位履历非常难得的青年才俊。

他是创新性数据驱动式营销专家，开展了消费行为领域世界前沿的研究工作，并取得了国际同行认可，在美期间担任全球最大广告集团公司宏盟集团旗下PHD（品迪）公司市场营销科学部主管，管理多家知名企业的品牌建设和推广业务，领导公司最重要客户的消费者研究、媒体策划及效果评估工作，案例多次获得国际级奖励。

宋琨博士从事市场营销的相关实践工作达10余年，在学术界和企业界建立了广泛的社会联系，作为执行理事，他领导营销建模者协会7年，与国际顶尖院校和企业的学者专家有紧密的学术交流。

"师者，所以传道授业解惑也。"

宋琨博士回到东华大学服装与艺术设计学院任教后，立即忘我地投入到教学科研工作中，他的课程理论联系实践、深入浅出，深受同学们的好评，成为了学生心中的"男神"。

站在行业的转折点，回望历史的艰辛与荣耀，见证当下的发展与困惑，作为服装学科领域的教育和研究工作者，宋琨博士这次出版的纺织服装类"十四五"部委级规划教材《服装消费行为》不仅是他所学、所思、所想的总结，更是他作为东华大学教师工作的新起点、新征程。

凡是过往，皆为序章；把握当下，未来可期！

李　敏

前 言

未来十年，中国服装产业将进入一个崭新的阶段。产品设计开发和品牌的推广能力将成为企业的核心竞争力。服装企业的组织和管理也将围绕设计和营销这两个核心问题展开。在此背景下，设计和营销类人才是我国服装产业下一阶段发展的关键要素。因此，培养具有敏锐市场洞察力和战略性思维的设计类和营销类专业人才是时代向服装教育工作者提出的课题。

服装企业经营的许多环节离不开消费者洞察。服装产品的设计与开发、市场机会的发现、目标市场选择、品牌定位与重新定位、产品与品牌的推广、传播渠道的选择、传播内容的设计等一系列决策都需要对消费者的行为进行预测。服装消费行为是服装市场营销方向的基础课程，目前全国许多纺织服装类院校都开设该课程，但还没有一本专门论述服装消费行为的合用的教材。《服装消费行为》这本书意图填补这一空白。我们希望通过本书，对服装消费者的行为规律进行系统地梳理、总结和归纳，并阐述这些规律对于营销实践的启示。本书适合作为服装设计与工程专业本科和硕士课程的教材使用。同时，我们也力图将消费者行为学的经典理论和研究成果以明晰的方式结合案例呈现出来，以期给服装企业管理人员带来启发。

服装产业的一些发展趋势使得未来服装企业的管理者在消费者洞察方面的训练变得越发重要。随着国际市场不确定性因素的上升和国内市场竞争环境的加剧，品牌和品牌的差异化成了服装企业竞争力的主要环节。如何向消费者提供独特的不可替代的价值，并向他们准确清晰地传达这一价值是未来服装从业者必须解决的课题。

  过去的30年，互联网渗透到社会的各个角落，尤其深刻地影响了服装消费的形态和服装营销的方式。传统的大众媒体影响力，被碎片化的媒体行为大大削弱。新涌现的媒体形态极大地丰富了与消费者沟通的途径，但同时又造就了营销信息的泛滥。这使得与消费者沟通变得既更容易，又更不容易。在主流电视节目上做一波广告就能打造一个国民品牌的市场环境已经不复存在。这些变化对于服装企业既是挑战也是机遇。这就要求未来的从业者能更加敏锐地洞察不同消费者的需求，能通过卓越的产品和出色的沟通技巧为顾客创造差异化的价值。

  互联网时代，消费者的行为发生了很大变化。在互联网环境中成长起来的一代人，已经成为了消费的主力。他们掌握资讯的渠道更加丰富、消费决策也更加自信。这些变化引起了我们对一些根本性的营销问题的反思。比如在随时都可以获得足够资讯的情况下，品牌建设还有什么必要？品牌忠诚、品牌价值这些概念是否还有意义？目前，业界流行的所谓品效合一这种模棱两可的说法可以看作营销人对待困惑的折衷之举。媒体的碎片化现象使得营销沟通需要更加细致入微；消费者注意力的分散使营销人需要更努力地思考如何与消费者建立联系。对于这些挑战，我们的忠告是：营销人需要回到消费者行为的根本逻辑上来，因为无论消费者的行为如何变化，抓住消费行为的逻辑才能以不变应万变。

  服装商品既是一种普通商品，又有其鲜明的特点。普适的市场营销原理和消费者行为理论对服装品牌的经营管理固然有很大价值，但从消费者行为的规律上建立服装品类特有的营销逻辑也十分必要。服装学科是一门交叉性学科。过去的半个世纪，国内外服装学者大量将社会学、心理学、营销学、文化人类学等学科的理论、框架、方法引入到服装消费行为的研究中，积累了十分丰硕的成果。这些成果揭示了服装消费者行为背后的原因，对于服装从业者设计和开发对消费者有价值的产品，以及与他们有效沟通方面有着极大启示。这些成果为本书的编写提供了丰富的原料。东华大学服装与艺术设计学院服装设计与工程专业开设服装消费行为和服装市场营销本硕课程多年。教学团队在教学互动中获得了许多有价值的案例、思考和研究成果，这些也为本书提供了丰富的养料。

需要言明的是本书阐述的消费行为并不仅局限于消费者的购买行为，而是包括消费者的认知过程、心理活动、思想观念等广义的消费者行为。本书的内容也涵盖了消费者的需求确立、信息搜寻、购买决策、使用评价、产品处理等消费循环的整个过程。

服装消费行为与服装社会心理学和服装市场营销这两门课有许多交叉点，但又有本质的区别。本书并不探讨时尚和衣着对人们社会生活的意义，这些属于社会心理学范畴。本书也不探讨服装市场营销应该如何策划如何实施，因为这属于市场营销课程的内容，更重要的是，这一领域需要服装从业者在实践中充分发挥创造力。本书探讨的核心问题是服装消费行为背后的逻辑和解释。

本书的内容分为四篇。第一篇"产业背景下的服装消费行为"讨论的是服装产业背景、消费行为特点和服装消费的趋势，为全书提供宏观背景。第二篇"服装消费决策"梳理了消费者行为学中的重要理论和研究成果，围绕消费者为什么购买以及如何购买这两个核心问题进行讨论，为全书提供理论框架。第二篇的内容包括消费的动机、需求和价值，消费者的态度，消费者如何决策，以及消费者如何参与时尚创新的扩散与传播。第三篇"服装消费者"主要探讨了消费者作为独立的个体或群体的一员时各种因素对消费行为的影响，包括消费者的个性、生活方式和价值观等。第四篇"与消费者沟通"阐述了消费者如何感知和处理营销信息，以及广告、促销、公关、展示等营销元素如何影响消费行为。

本书在编写过程中得到了多位优秀的在读硕士和本科学生的大力协助。冯敏撰写了本书的第一章，并参与了第六章的写作，李佳凝撰写了本书的第二章和第五章，魏元潇撰写了本书的第三章，嵇岑撰写了本书的第四章，唐雨晴撰写了本书的第八章，并参与了第九章的写作，文镱澎撰写了本书的第六章，孟琪洁撰写了本书的第七章，付洁撰写了本书的第九章、第十章和第十一章。此外唐雨晴、周梦涵、文镱澎和冯敏还负责了本书的编辑和校对工作，在此对他们的出色工作表示感谢与敬佩。在与他们的合作过程中我们看到了中国服装事业的美好前景。

宋　琨

2022 年 2 月 7 日

目 录

第一篇 产业背景下的服装消费行为

第一章 服装消费行为导论   2
    1.1 产业背景   3
    1.2 服装消费行为的特点   9
    1.3 当代服装消费的一些趋势   11

第二篇 服装消费决策

第二章 服装消费的动机、需求与价值   18
    2.1 需要和动机   19
    2.2 需要的类型   22
    2.3 消费者价值   25
    2.4 服装的消费者价值   28
    2.5 消费者价值的两种作用机制   32

第三章 服装消费的认知与态度   35
    3.1 消费者的态度   36
    3.2 态度与行为   44
    3.3 品牌与品牌态度   49

第四章 消费者决策过程   61
    4.1 消费者决策过程   62
    4.2 消费决策的类型   67

4.3	影响消费者决策的因素	68
4.4	消费者如何选择	70
4.5	服装购买过程的特点	75
4.6	消费者旅程	76
4.7	购后行为	78

第五章 时尚创新　　　　　　　　　　86

5.1	服装产品生命周期	87
5.2	时尚创新扩散过程	88
5.3	创新接受的条件	91
5.4	传播创新的动机	92
5.5	遵从	94
5.6	参照群体	96
5.7	社交媒体与时尚传播	98
5.8	成为时尚趋势的条件	100

第三篇　服装消费者

第六章 消费者的个性　　　　　　　　106

6.1	什么是个性？	107
6.2	个性的基本特征	108
6.3	个性理论	110
6.4	特质理论	116
6.5	与时尚有关的特质	118
6.6	品牌个性	125

第七章 消费者的生活方式和价值观　　135

7.1	家庭生活周期	136
7.2	性别	137
7.3	世代	140

7.4 收入与社会地位　　　143
7.5 价值观与文化　　　146
7.6 生活方式　　　154
7.7 基于价值观和生活方式的市场细分　　　156

第四篇　与消费者沟通

第八章　消费者感知与说服　　　162
8.1 消费者感知过程模型　　　163
8.2 消费者的物理感知：感觉系统　　　165
8.3 消费者注意　　　167
8.4 消费者对信息的接受　　　172
8.5 消费者说服　　　177

第九章　营销沟通　　　186
9.1 沟通渠道　　　187
9.2 广告　　　188
9.3 零售终端　　　192
9.4 电商直播　　　195
9.5 公共关系　　　198
9.6 自有媒体　　　200
9.7 时装展示　　　201
9.8 口碑营销　　　203

第十章　广告与媒体　　　209
10.1 广告的作用　　　210
10.2 什么是有效的服装广告？　　　212
10.3 广告诉求　　　213
10.4 广告排期与曝光　　　216
10.5 广告媒体　　　219

第十一章　价格与促销　　　　　　　　　228
　　11.1　消费者对价格的反应　　　　　229
　　11.2　价格促销　　　　　　　　　　234
　　11.3　促销的长期效果　　　　　　　238

参考文献　　　　　　　　　　　　　　　242

第一篇

产业背景下的服装消费行为

第一章　服装消费行为导论

　　有别于其他生活消费，服装不仅停留在它的功能意义，还可能是身份地位与个性的表征、一种媒介、一种文化。服装本身具有的特性，使得服装消费行为呈现出一些复杂的特性。了解服装消费行为本身，需要对服装的起源、服装产业经济的发展历程以及服装产业的构成要素有所了解，以便掌握服装消费行为的特征，把握其发展趋势。

1.1 产业背景

1.1.1 服装的起源

在成衣工业大幅增长的背景之下，社会科学及行为科学逐渐形成，人们的服装穿着问题成了人类学家和心理学家感兴趣的话题，他们开始研究人们为什么要穿着服装，对于这一问题他们也发展出许多理论性的解释。学说主要分为两类：一类是出于人的生理需求，以自然学科为基础的**身体保护说**；一类是社会心理方面的羞耻说、装饰说和性差说。

身体保护说认为服装是人类在生存过程中因保护生理的需要而产生的。一方面指防止外物的伤害，另一方面是指随着气候的冷暖变化，用服装保护人体来避免疾病。例如，原始人用从猛犸象等动物身上取下的皮毛披在自己身上以保暖。但这一学说受到许多学者反对，因为也有许多相反的例证。比如，火地岛上的原始人在风雪天只穿一件宽松的兽皮披肩；亚马逊河流低洼的热带森林，日夜温差达 20 摄氏度，但是那里的人仍然处于裸体状态。学者们认为即使自然环境极其恶劣，最早的人类也有着现代人难以想象的极强的适应能力。

第二种称为羞耻说，也被称作为**端庄理论**（modesty theory），认为人们开始穿衣是为了遮蔽身体隐私部位。这个理论衍生自基督教圣经对服装的解释，人类的祖先亚当与夏娃，因为吃了伊甸园的禁果，对裸体感到羞耻，所以用无花果叶遮体。但是，不同的文化下对裸露和羞耻的理解是不同的，比如亚马逊丛林的苏亚部落的妇女会因为裸露唇盘而感到羞耻，并不对裸体感到难堪；南太平洋一个小岛上的妇女从不暴露大腿，但可以裸露胸部。另外，人的羞耻心不是天生的，而是透过社会化的历程学习到的，并且随时间、地点和文化的不同而异。

第三种称之为**装饰理论**（adornment theory）。这种理论认为服装和其他为了展示、吸引和表达审美观念所做的各种外观管理工作一样，都可以用来装饰人类的身体。装饰方法可分为肉体的和附加的、暂时的和永久的。肉体的装饰包括耳饰、唇钉等佩戴在肉体上的装饰；附加的装饰可以理解为皮带、领带、包包等。暂时的装饰包括任何一种易于去除或替换的装饰，如化妆、染发、美甲等；永久的装饰如文身、穿孔、整容整形等。

第四种是性差说，也称为吸引异性说。支持这种看法的学者认为人类的着装动机不在于遮羞，而在于突出强调两性特征的区别，以吸引别人对他们性器官的注意。不少原始部落为该学说提供了事实依据。澳大利亚南部的库克人夫妇身上的臀带完全不能遮盖他们的性器官；生活在菲律宾的艾塔人佩戴的项链自然地将人们的视线引向裸露的胸部。但这种理论也受到了反驳，因为原始人的脑海中对性器官还不具有我们现代人定义的"性意识"。

以上的学说都是我们作为现代人对原始人的逻辑推理，但事实上，原始人在初级发展阶段，还不能推断和预见现代人类行为。我们认为冷了就要穿衣，也会因裸体而感到羞耻，但他们是否存在和我们相同的动机还很难下结论。综上，以上各种理论还不是定论，但却为我们认识服装消费的行为动机提供了借鉴。

1.1.2 服装产业的脉络

服装产业可追溯到农业社会的手工纺织。在小农经济社会中，耕织结合的家庭生产方式是小农经济典型的生产组织特征，农民家庭能够生产一切需要的东西。这时，农民家庭生产仍然以农业种植业为主，家庭纺织业是从属于农业的副业。自给自足的生产组织形式几千年来几乎没有发生什么改变。当然，农户家庭之间不是完全封闭的，内部存在着交换行为。随着生产的发展以及货币的出现，出现了"有余则卖，不足则买"的现象，买卖行为替代了物物交换，商品经济得以发展。手工业也逐渐成为商品性的主业。我国是历史悠久的纺织品生产国，丝绸、棉布等纺织品远销世界各地。在17世纪末，位于上海以南的松江，各手工工场常年雇佣的工人超过20万，家庭加工不计在内。遗憾的是，当时中国手工业尽管遥遥领先，但却没能够制造出优良的工具。马克·布洛赫（Marc Bloch）指出："凡在劳动力昂贵的地方，必须用机器代替劳动力。"而中国相对充裕的劳动力减弱了用机器替代人力的动力，这也解释了为什么中国没能先于西欧发展出普遍用机器替代劳动力的生产方式。

手工纺织对英国实现产业革命起到了十分重要的作用。在当时英国工业中，棉纺织业获利尤为丰厚，生产规模发展迅速，为技术发展奠定了基础。18世纪中期，棉纺织业开始使用机器。飞梭、纺纱机的发明与成熟实现了纺机和织机的联动配套，极大地提升了生产效率。但纺织工业的推进受到了动力不足的制约，这推动了蒸汽机的发明。蒸汽机这一划时代的技术革新逐渐运用到化工、冶金、采掘等领域，引起了生产关系上的重大变革。珍妮纺纱机的发明和蒸汽机的使用是英国工业革命的技术标志，可见，纺织业对英国实现工业革命的意义十分重大，可以说纺织业是英国工业革命的先导部门。

工业的迅速发展促进了城市化，大量农村人士涌向城市，成为产业工人，脱离了自给自足的生产方式，成为了纺织品和其他商品的终极"消费者"。到19世纪，工业革命逐渐从英国辐射到西欧，并发展至其他地区。第二次世界大战至20世纪90年代，纺织业不断创新，化学纤维的出现和发展改变了天然原材料的限制，化学纤维材料的大量供应极大降低了纺织品的成本，扩大了纺织业的效益和规模。

第二次世界大战后，美国纺织工业迅速成熟，为时尚产业和成衣业奠定了丰厚的物质基础。19世纪中后期，因财富聚集、文化产业需求以及时尚媒体的出现，美国时尚产业得以萌生，并逐步建构了完善的时尚体系。并且，战后经济繁荣，人们对服装的需求急速增加，在商业化和全球化的过程中，时尚与商业的界限模糊起来，这为以大规模生产为基础的成衣产业提供了机遇。美国时装业在吸收法国时装的过程中，不断改革创新更新商业模式，复合多元文化、当代艺术、商业氛围等要素积极谋求时尚创业转型，发展起了自己的成衣制造业和服装商业，并培养了本国的设计师，占据了世界纺织服装产业的先导位置。

到了 20 世纪 50 年代，本土设计师开发了更加适合大批量生产的服装款式，服装生产商扩大生产规模，服装工业整体组织更加有序，美国真正开始了现代意义的成衣生产体系。随着社会、经济、文化的发展，美国、意大利和英国的成衣工业日渐成型。到了 20 世纪 90 年代，世界服装业完全进入以成衣为主的时代。

总而言之，服装产业是近现代工业革命和技术进步的产物。商业经济的发展，服装裁剪、缝纫机械的发明，使服装从传统的以家庭为主的手工生产转变为工业化的大量生产。纺织业现代化则为服装成衣产业奠定了基础。随着服装商品增多，人们对服装的需求也日渐多元化，服装产业便形成了。

1.1.3　与服装密切相关的几个概念

服装（clothing），伴随着人类的诞生而后出现，指用织物等材料制成的，穿戴于身的生活用品。服装包括上衣、裤子、帽子、手套、鞋子等。其最大的特点是遮覆性，同时具有装饰性。广义的服装，也被称作服饰，可以理解为跟随人的衣服一同塑造个人形象的物品，包括包包、领带、珠宝等。

比服饰更加广泛的概念是**外观（appearance）**。外观指除了服装以外，对身体的装饰或改变。从原始人的文面、文身，到现代人的文眉、文唇以及整容等都被包含在内。当然最普遍的还是自古以来在脸上的涂抹，也就是化妆，包括给指甲涂色，相当于现代的美甲。对身体的改变则包括减肥塑形、刺青、穿耳洞、烫发、染发等。

服装和身体紧密相连，我们不仅要了解服装本身，还要把服装所装饰的身体一并考虑进去。在理解服装消费行为时，除了从服装消费的行为本身出发考虑，也要考虑到所消费的产品对人的整体外观起到的作用。

时尚（fashion）是指在一段时间内被一个群体中的多数人普遍接受并自动遵从的一种风格。时尚商品可以是服装（而且大部分是服装），也可以是其他和外观有关的商品，比如饰品、化妆品、手机、可穿戴设备等。时尚是一个动态的过程，随着时间的推移新的风格逐渐被消费者采用，并替换旧的风格。根据时尚流行范围的大小、持续时间的长短来区分，时尚的形态会经历兴起、流行、最后消退的过程。时尚商品不遵循非时尚商品的消费循环规律；消费者通常不因为时尚商品的使用寿命到期而购买新的产品，而因为旧的款式不再时尚，或新的产品更加时尚就购买新的产品。时尚的更迭在时尚产业的系统中得以运作，是由时尚产业的各种组织和消费者共同推动的。

高级定制（high fashion haute couture），也可以写作高级订制，简称为高定，源于法语 haute couture，haute 意为"高的"，couture 意为"制衣"。18 世纪，被称为"时尚之父"的查尔斯·弗雷德里克·沃斯（Charles Frederick Worth）到法国做设计师，为富裕阶层人士提供了新的选择服装的模式。他让模特穿上他设计的服装给贵族人士展示，并且提供定制服务。定制的潮流在法国和欧洲逐渐蔓延开来。直到 1945 年，法国政府出台了法律严格规定高级定制的范围，高级定制协会也为高定制定了严格的标准和流程，要满足以下 4 个条件才能称之为高定：(1) 纯手工量身定做；(2) 在巴黎有 35 人的手工制衣坊；(3) 35 个员工中至少有 20 位是制衣师傅；(4) 每年参加 2 次时装周，每一次要展示 50 套原创设计。熟知的高定品牌有迪奥（Dior）、纪梵希（Givenchy）、香奈儿（Chanel）、梅森·马吉拉（Maison Margiela）等。中国当代设计师郭培，玫瑰坊创始人，是亚洲首位且中国唯一一位法国巴黎高级时装公会受邀会员。

高级成衣（advanced ready-to-wear，法语同义词是 prêt-à-porter），指在一定程度上保留或继承了高级定制的某些技术，以中产阶级为对象的小批量多品种的高档成衣。它是介于高级定制和以一般大众为对象的大批量生产的成衣之间的一种服装产业。高级成衣初用于第二次世界大战后，本是高级定制的副业。到 20 世纪 60 年代，由于人们生活方式的转变，高级成衣业蓬勃发展起来。我们熟知的高级成衣品牌有香奈儿、路易威登（Louis Vuitton，简称 LV）、古驰（Gucci）、纪梵希等。

成衣（ready-to-wear），指根据大众的需求，采用普通面料、工业规格化制板，机械化大批量生产的服装，具有品种多样、适应面广、价格低、消费群体广的特点。可以简单地理解为在商城买了直接就能穿走的衣服。成衣店最早产生于英国，主要生产男子日常服装及围巾、帽子、领带等服饰品。由于早期的成衣款式单一，产品质量和企业管理也不成熟，其产品基本上服务于中、下层的消费者。19 世纪后期，法国出现了女装成衣店。美国作为大众成衣的发源地，首先在美国纽约的第七大道发展现代成衣产业并形成规模，从而影响了世界的成衣业。成衣是在社会经济、政治和科技文化发展的影响与推动下服装文化发展的必然结果，并且具有自身的规律和内在属性。我国现代成衣业是从 20 世纪 80 年代改革开放之后发展起来的，尤其是 2001 年中国宣布进入 WTO（世界贸易组织）以后，极大推动了基于出口贸易的服装加工业的发展。由于经济发展而不断扩大的中等收入群体所形成的消费市场，使得中国服装业具备了从加工业向更完整的成衣业发展的市场条件。

1.1.4　时尚产业

随着自由支配收入的增加，消费者的服装需求必然呈现多样化、个性化的特点，这为时尚产业的发展提供了动力。时尚产业是围绕一定审美价值、为满足人们对时尚消费，通过对各种传统产业进行资源整合、提升和组合后形成的，以服装业为核心，对生活环境进行装饰和美化的产业。服装产业是时尚产业的主要组成部分，除此之外，还包括家居和消费类电子产品，这类对人的生活和工作环境起到装饰和美化作用的产品。简单地说，时尚产业围绕人和人的审美价值而展开，它不仅是经济也是文化，不仅是技术也是艺术，不仅提供商品也提供服务。

1.1.5　时尚的推动者

服装设计师在时尚产业中无疑承担着重要角色。设计师是大多数时尚的创造者，许多时尚由设计师推向市场。这些设计走在时代的前面，如迪奥推出的"新风貌"、伊夫·圣·洛朗（Yves Saint Laurent）推出的吸烟装。同时，新的设计是否能够成为时尚也取决于消费者。某种程度上设计师也需要预测消费者的需求，将消费者的情感需求表达为具体的、满足需求的服饰商品，这时的产品才可能被消费者接受并成为一种时尚。在时尚产业中，营销者是时尚的共同创造者（许多设计师是出色的营销者）；他们通过设计、创造和传播产品的意义，赋予产品附加价值，完成从作品向商品，从商品向时尚的转化。

大众传媒，所谓"大众传媒"是指组织通过现代化的大众传播媒体如报纸、广播、电视、杂志等，对极其广泛的受众所进行的信息传播。大众媒体分为电子媒体和平面媒体，电子媒体包括广播、电视等，平面媒体包括报纸、杂志等。服装专业性媒体和与服装联系紧密的一部分时尚生活类媒体，则被称为"时尚媒体"。时尚媒体与时尚产业密不可分，二者相互影响，彼此促进。时尚媒体扩大了服装信息的传播范围，对大众着装产生了直接的影响，加速了大众消费者的时尚需求的更迭。同时，时尚媒体也促进着服装业的发展。一方面，时尚媒体对服装设计的评论作用和对服装市场状况的分析促进着服装设计的发展；另一方面，时尚媒体帮助企业进行大量宣传，为企业争取到了更大的消费市场。

时尚引导者如明星、社会名媛等在社会活动中高曝光的人往往有机会演绎他们的穿着方式，并被大众所接受。随着互联网时代的到来，社交媒体的兴起推动了这一群体的诞生和泛化，任何有高时尚感知力的人都有机会通过社交媒体传播自己的时尚穿搭，他们被称之为"网红"或意见领袖（key opinion leader，简称 KOL）。

社会大众在时尚系统的缔造过程中也扮演着重要角色。20 世纪 60 年代末，伴随工业化国家中产消费者群体的扩大，时尚系统的阶级特征逐渐瓦解。美国社会学家戴安娜·克兰（Diana Crane）不仅将时尚作为一种现代现象，而且还是一种后现代现象，她指出今天的时尚不再是阶级驱动的，而是大众消费者驱动的。和所有产业一样，时尚产业也是以经济为目标，以市场为手段的，这个本质也决定了消费者需求对于时尚产业的决定性作用。

1.2 服装消费行为的特点

1.2.1 服装消费的社会属性

服装从起源开始，就集合了保护身体、维持生命的实用性和满足自身表现的作用。服装与其他物品最大的不同在于其与人之间的关系。人们无时无刻不在创造和使用服装。它与人类生活的亲密程度不言而喻。不仅如此，服装还具有直观和鲜明传达信息的功能，他人也能够通过观察和识别服装来接收信息。因此，服装具有很强的社会属性。

社会的进步使服装不断增添新的社会属性。在封建社会时，服装是固化阶级的工具，中国三六九等的朝服制度、欧洲贵族的高级定制都能够体现服装的社会阶级属性。进入现代社会之后，服装又是一种政治理念和思想意识的外化，例如中国经历的"绿军装"年代。随着消费社会的形成，恩格尔系数逐步下降，消费平民化、大众化成为社会的重心。服装由在等级社会中纵向划分阶级的符号，转变为横向划分群体、划分阶层的符号。服装的道德功能和社会认同功能被弱化，表达个性、追求自我的作用逐渐突显。人们通过服装确定自己在社会中的位置与群体，以区别于他人，构建自我认同感，同时使自己获得归属感。服装既代表着个人的社会地位、经济收入、教育层次和文化修养等，也承载了个人性格的表达，成为社会环境中自我的一部分。

由于服装消费的这些转变，越来越多的企业开始注重其品牌力的打造。服装品牌赋予商品独特的意义和文化特征，体现目标消费者群体的地位、品位和审美趣味，以吸引其注意力，唤起他们的购买欲望。

1.2.2 服装消费对时尚创新的追求

服装的更迭速度极快，这不仅仅是由一年四季的气候变化所造成的，还在于服装已经成为了大众追求审美与时尚的消费品。在物质匮乏的时期，服装消费理念是谨慎的，考量因素是服装的保暖性和耐穿性。但是在现代社会，可能只是场景需求、喜新厌旧的心理，甚至没有原因，都可以进行服装消费。在生活水平提高，人们审美意识提升，服装商品极大丰富的条件下，消费者对服装消费有了更多的诉求。在消费主义热潮下，时装与普通服装之间的距离极大缩短，大众时尚日益普及，出现了大众化时尚消费现象，时尚成为大众的狂欢。

通过品牌运作，时尚以服装为载体出现在人们的生活空间中，将时尚与生活品牌、文化理念紧密相连。在大众传媒的帮助下，社会中的人能时时刻刻接触大量有关时尚的信息。在这样的过程中，时尚消费已经很大程度地具有大众化的特征。加之，时尚的本质是变化，时装的生命周期日益缩短，流行元素从兴起到衰落的持续时间逐步下降。在以互联网为背景的时代下，服装企业、媒体和商业的相互协作中，时尚的更迭速度愈发迅速。

近两年，快时尚的成功得益于"快速反应"。举个例子，快时尚品牌飒拉（ZARA）能够做到每个季节上市12 000多个款式，其他同类品牌在每个季节推出的新款通常只有2 000到4 000款，该品牌紧跟潮流时尚的能力使得它成为快时尚的领军品牌。尽管目前消费者大呼理性消费，但是他们追求时尚潮流的脚步难以停下。

1.2.3 服装消费既是消费过程也是创造过程

与其他消费品不同,消费者在服装消费的过程中具有较强的主动性,消费者既是产品消费者也是时尚的创造者和推动者。许多流行的时尚风格,如街头风、嘻哈风、JK 风和汉服风等都起源于世界各地的无意识消费行为,再借产业的力量传播到不同地区和文化中。

得益于互联网技术的革新和虚拟社交平台的发展,消费者能够在社交媒体上与志同道合的同龄人及品牌进行交流、沟通以及分享想法和意见,这样的互动有利于形成新的创新思想。奢侈品时尚品牌开始重视起社交媒体社区的消费者,为了更加有效地与消费者交流,他们正在扩大对社交媒体社区的使用。许多顶级奢侈品牌在中国主要的数字社交媒体平台上开通了账号,以与客户建立数字联系,并将其作为中国本土化战略的一部分。例如,在 2020 年,古驰开通抖音账号,路易威登在小红书上开通直播。

社交媒体为用户生产内容(user generated content)提供了平台。消费者可以在社交媒体上发布与产品相关的看法,也可以同其他用户交流产品和服务方面的经验,这样的消费者参与能够为品牌提供关于产品改进以及新产品开发的思路。消费者也乐于在虚拟社区中实时分享个人对产品的感受,服装消费则更为明显。以小红书为例,其公布的《2020 年小红书双十一行业投放报告》显示,时尚行业(含服饰穿搭、鞋靴、箱包等)以 15 436 836 篇的笔记互动增量排行第一。

社交平台也丰富了意见领袖(KOL)的内容形态和互动方式。服装领域的意见领袖通常有敏锐的时尚嗅觉,会通过时装搭配、服装改造等手段对时尚注入新的内容,甚至引发新的时尚。目前,KOL 营销在所有社会化媒体营销中,已经成为广受认可的方式之一,KOL 营销策略和玩法也成为业界普遍关注的重心。

1.3 当代服装消费的一些趋势

随着经济高速发展,人民生活水平提高,可支配收入增长,消费者的消费观念和消费方式随之改变。互联网不仅促进了新零售商业模式的成熟发展，也使得媒介技术和媒介环节丰富化。并且，作为互联网的原住民，以重视社交、关注自我、追求时尚为特点的 Z 世代正在成为消费的主力军，他们的生活态度和消费理念，使得服装消费呈现出一些新特征。

1.3.1 小众文化服饰成为主流服饰之一

各类小众文化元素兴起，不断追寻个性存在，构筑出百家争鸣之势，更多年轻人倾向于用小众服饰去展现自己的个性。主要包括洛丽塔（lolita）、汉服、JK 制服、cosplay（角色扮演）等服饰。小众服饰的消费者有较强的身份认同和群体归属感，其用户具有圈层化的特点，其黏性更大，容易产生复购，并且对于小众圈层的爱好者来说，虽然爱好很"烧钱"，但是为了精神上的满足，他们对于自己所热爱的东西很少会考虑价格上的因素。

根据 2021 年《京东 618｜Z 世代时尚潮流消费趋势》报告，Z 世代（新生代）网购用户数占全站用户的 10%，却买走了近 30% 的 JK 制服、汉服。2021 年以来，JK 制服成交额同比增长 260%。汉服市场规模也稳步增长，2019 年仅淘宝平台的汉服成交额就超过了 20 亿元。汉服已经从过去的一个亚文化"小圈子"，变成了一门拥有数千万消费者、数十亿产值的"大生意"。

1.3.2 服装消费回归体验

近两年，我国服装行业市场格局被电商新势力所改革。实体店仅仅提供产品或服务早已不够，营造具有丰富感受、引发消费者内心共鸣和将体验也转化为品牌价值的一部分的氛围，已逐渐成为服装实体店的发展方向。因此，在线下服装门店装修和装饰上，应该更加注重对于整体情景和氛围的打造，给到当代年轻人所需要的认同感和归属感，从而进一步提升线下店面的坪效。例如，迪卡侬的实体店设有大面积的运动场，让顾客能够尽情体验运动的快乐，将品牌理念潜移默化地传达给消费者。优衣库的实体店以超市型自主购物为特点，并提供线上线下联动的方式，为消费者提供了更为便捷和灵活的消费体验。

除此之外，对体验的重视也体现在线上购物中。消费者会花费大量时间在社交平台上浏览与商品相关的信息，或者通过观看直播等方式了解产品及穿搭效果。电商平台也开始注重其消费者的消费过程，期望消费者能够在消费过程中获得更多的愉悦感。淘宝、京东等购物平台纷纷开发了社区功能，方便消费者相互交流、彼此借鉴。

1.3.3 消费者文化自信

随着中国消费者生活水平不断提高，生活方式呈现出消费升级、娱乐多样的趋势。在国家综合实力提升的基础上，文化自觉和文化自信也反映到消费领域，消费者对更具中国文化时尚内涵的认同感增加，国潮兴起是这个背景的反映。

"国潮"服装品牌不断发展，从最初复制国外潮牌生硬"照搬"，到如今"国潮"服装品牌已慢慢探索出来一条有特色的本土化发展道路。以李宁旗下专营的国潮品牌中国李宁为首。各类本土潮牌的涌现唤起了大众对中国文化的信心，消费者对具有中国文化标识的服装好感度激增，国潮序幕就此拉开。

国潮在多个消费领域兴起，例如服饰、美妆、潮玩、茶饮等行业。国货产品往往有着独特的"中国风"潮流设计风格，自带着中国传统文化的IP属性。国货品牌的创新创意吸引了大批的新生代消费者。年轻人特别是"95后"正在成为国货品牌的消费主力军。服饰行业的国潮化已经率先突破了IP合作，从单纯的情怀营销过渡到了品牌设计和品质提升。例如，波司登将"国潮""时尚"元素融入，树立"国潮品牌"的新名片。安踏完成了从职业体育品牌到大众体育品牌的多品牌战略布局，即收购兼营多个子品牌，品牌组合为不同消费者提供了更多选择。

1.3.4 内涵式消费突出

消费者不再一味追捧大牌，更多地开始接受轻奢品牌、设计师品牌和户外品牌等，更加关注产品设计理念，对生产工艺和制造理念也产生了兴趣。同时消费者会了解品牌特征，选择真正符合自身内涵的产品，愿意为符合自我表达的服装产品支付溢价。服装品牌为了符合消费预期，开始从价值观层面寻找核心竞争力。

近两年，年轻消费者对自然有机健康的消费理念推动和促进了可持续时尚的形成。二手服饰消费热潮蔓延全球，闲鱼、多抓鱼等二手平台也受到越来越多的消费者追捧。此外，穿着"古着"服饰被视为时装爱好者表达个性和风格的途径之一。在淘宝上，贩卖"古着"的商家数量不断创下新高，一线城市的"古着"市场也逐渐向二线城市蔓延。此外，消费者还会通过服装改造或自制的方式来创造个人风格。

品牌也开始重视起消费者重视内涵式消费的特点。中国品牌之禾（ICICLE）将可持续定位成品牌理念；鄂尔多斯（Erdos）开辟了一条新的可持续产品系列，名为"善SHAN"。除了可持续概念，有的品牌还重视人文、社区支持，比如内衣品牌内外（NEIWAI）以女性价值为品牌理念，设计师鞋履品牌 Untitlab 关注 LGBTQ（性少数者）群体和其社群等。

本章小结

服装穿着学说主要分为两类：一类是出于人的生理需求，以自然学科为基础的身体保护说；一类是社会心理方面的羞耻说、装饰说和性差说。学说是我们作为现代人对原始人的逻辑推理，但各种理论还不能确切地说明人类服饰的起源。

服装产业是近现代工业革命和技术进步的产物。商业经济的发展，服装裁剪、缝纫机械的发明，使服装从传统的以家庭为主的手工生产转变为工业化的大量生产。伴随人类经济和社会进程发展，服装服饰引发出了更多全新的概念，如外观、时尚、高级定制、高级成衣等。

服装产业是时尚产业的主要组成部分，时尚产业围绕人和人的审美价值而展开，它不仅是经济也是文化，不仅是技术也是艺术，不仅提供商品也提供服务。时尚的推动者主要包括：（1）服装设计师；（2）大众传媒；（3）时尚引导者；（4）社会大众。

从服装消费行为的特点来看，主要体现在社会属性、创新需求、创造消费过程这三个方面。而随着经济和产业结构快速发展，消费者的消费观念和消费方式随之改变，使得服装消费呈现出一些新特征：（1）小众文化服饰成为主流服饰之一；（2）服装消费回归体验；（3）消费者文化自信；（4）内涵式消费突出。

重点概念

1. 装饰理论——这种理论认为服装和其他为了展示、吸引和表达审美观念所作的各种外观管理工作一样,都可以用来装饰人类的身体。

2. 外观——除了服装以外,对身体的装饰或改变。

3. 时尚——在一段时间内被一个群体中的多数人普遍接受并自动遵从的一种风格。

4. 成衣——根据大众的需求,采用普通面料、工业规格化制板,机械化大批量生产的服装,具有品种多样、适应面广、价格低、消费群体广的特点。

讨论与思考

1. 时尚产业的推动者有哪些,他们的角色分别是什么?

2. 消费者也可以是时尚创新的来源,据你的观察有哪些时尚创新来自大众消费者?

作业与练习

除了书中列举的一些消费趋势,你还观察到了哪些消费趋势?请说明其脉络,并论述其成因及走向。

第二篇

服装消费决策

第二章　服装消费的动机、需求与价值

被誉为现代管理学之父的彼得·德鲁克（Peter F. Drucker）曾提出，顾客购买和消费的绝不是产品，而是价值。营销的任务是将商品的价值清晰地传达给消费者，使他们认可这个价值，并且愿意拿出自己收入的一部分来购买它。为了明确消费者想要从商品中获得的价值，我们需要回到消费者需要这个本质问题上来。本章围绕消费者的动机、需求和价值探讨以下问题：消费动机如何产生？消费者有哪些类型的需要？服装能给消费者带来哪些价值？

2.1 需要和动机

2.1.1 需要

需要是市场营销学的一个核心概念。在竞争激烈的市场环境中，能否准确识别消费者的需要至关重要。消费行为来源于消费者的需要。需要来源于人心理或身体上的一种缺乏或不平衡的状态，如饥饿产生了吃饭的需要，干渴产生了喝水的需要，吃饭和喝水就是我们身体产生的生理需要。有一些需要是人类为了维持生命所必要的需要，是伴随我们出生即存在的，我们称之为**先天需要（innate needs）**。先天需要除了对食物和水的需要以外，还包括对空气、衣装、居所的需要。与之相对的就是后天在文化以及环境的影响下培养出的需要，我们称之为**习得需要（acquired needs）**，如对自尊、声誉、感情、权力和学习的需要。

习得需要大部分都与个体的心理状态和个体与他人的关系有关。先天需要和习得需要并不一定非此即彼，多数情况消费者可能需同时考虑。为了更清楚地阐释，我们假设这样一个状况，此时有一个大学生，为了舒适，他需要购买一些应季的衣服。舒适的需要可被认为是一种先天需要。但购买什么品类、什么款式、什么价格的衣服很可能受习得需要影响。如果他面临一次重要的面试，那他很可能会购买一件白衬衫；如果他接下来打算去和朋友外出游玩，那他很可能会选择便于活动的卫衣；如果他打算认识一些新朋友，那么他很可能会选择一些潮牌服饰。最终，他购买的衣服将会是先天需要与习得需要共同作用的结果。

由于需要可以由后天习得，因此需要可以被营销活动所创造。一个耳熟能详的例子是 1947 年艾耶父子广告公司（N. W. Ayer）为钻石公司戴比尔斯（De Beers）创作的英文广告词——"A diamond is forever"，也就是我们熟知的"钻石恒久远，一颗永流传"。这也入选了美国《广告时代》20 世纪经典广告创意之一。戴比尔斯宣称坚硬的钻石象征的是忠贞不渝的爱情，并通过铺天盖地的广告和各种营销手段，成功地强化了钻石和美好爱情的联系。另一个例子是"口红营销"。2015 年圣罗兰的"星辰"系列口红风靡全网，原因就是它贩卖的并非仅仅是一支口红，而是一种感情契约。它利用"送口红＝送惊喜""YSL 口红＝爱我"这样的等式，将口红与恋人之间的感情联系在一起，并通过营销促使消费者在心中建立起这种情感联系。此时女性需要的不再是一个化妆品，而是需要一份被证明的爱意。于是，一种新的需求就被创造出来了。

2.1.2 动机

动机是驱使个体行为的驱动力。当消费者因某种需要未被满足而产生了紧张感，并由此催生的行动的动力就是消费动机。消费行为学家将动机分为**理智动机**（rational motives）和**感情动机**（emotional motives）。在传统理性经济行为概念中，"理智"指的是消费者经过慎重考虑后选择能给他们带来最大效用的购买方案。在理智动机驱动下，消费者做出的消费行为是基于客观的标准，比如价格、质量、使用频率和性价比等因素。与之相对，感情动机驱动下的购买行为则是根据消费者个人或者主观标准进行的，如喜爱程度、品牌忠诚度、地位等。

值得注意的是，理智动机与感情动机的判别是因人而异的。就拿奢侈品而言，它高附加值的属性会导致价格远远超过其实用价值。因此，在注重实用性的人眼中，高价购买奢侈品是一种不理智的行为，也就是说，购买奢侈品是一种受感情动机驱动的行为。但是在另外一些人的眼中，奢侈品是一种必要的身份象征，它身上无形的价值对得起它高昂的价格。正如人类学家温妮斯蒂·马丁（Wednesday Martin）在她所著的社会学入门书《我是个妈妈，我需要铂金包》中说的那样："纽约这座城市看重特权与成功的标志（甚至到了执着的程度），铂金包是一个符号，代表着人上人的地位，特别是对女人来说，铂金包意味着最终极的身份地位。"对于她而言，铂金包这种奢侈品是她在纽约生存的必需品，如果没有一件铂金包作为她在社交场上的刀与盾牌的话，她的社交行为将处处受限。因此，她的购买行为是完全理智的，是出于理智动机支配下的购买行为。

人的消费过程中充满了理智动机与感情动机的斗争。这给了营销人员空间来激发消费者的购买动机，达到营销的目的。如研究证明，当两种不同档次的巧克力都降低了同样的价格时，大多数顾客会选择购买高档巧克力；但当两种巧克力的价格都大幅下降同样的价格，以至于低档巧克力已经免费时，大多数消费者反而会选择低档的那种。这说明"免费"二字激发了顾客感情化且不理智的消费行为，导致了和小幅下降价格截然不同的结果。

动机的测量

了解消费者的动机对营销者制定合适的策略至关重要，因此如何测量动机成了市场研究的一个课题。动机是一个抽象概念，它无法被看到、触摸或实实在在地感知，很难进行直接观测。研究人员通常结合多种研究技术来间接地测量动机。他们借助的手段主要有消费者问卷调查、焦点小组会议和深度访谈。这几种方法的结合使用，可以比单一研究方法得出更可靠的结论。有时受调查者不会察觉到自己的行为动机，面对问询时也不愿意直白地回答，在这种情况下，研究人员可以通过定性研究来调查消费者无意识或隐藏起来的动机。许多定性研究又被称为"投射"研究，即通过要求被访者对别人的行为进行解释，间接地投射出自己的动机、信仰、态度及情感。定性研究的结果与分析员受到的训练和经验相关，可能存在实验者偏差，比如下意识忽略对假设不利的数据，夸大对能够支持假设的数据的作用。因此，研究结果不但是数据本身，还包括分析员对这些问题的主观看法。

2.1.3 动机过程模型

需要和动机是一个硬币的两面，它们的联系可以用**动机过程模型（motivation process model，简称 MPM）**来描述，如图 2.1 动机过程模型描述了动机形成的过程。根据 MPM 模型，动机产生的源头是需要，确切来说是未被满足的需要。未被满足的需要会带来一定的紧张感，为了缓解这种紧张感，消费者往往会形成一个行动目标，同时紧张感还带来了驱动力，驱动消费者的行为。在需要被满足之前，这种紧张感始终存在。若是目标一直没有办法达成，个体也可能会通过更改目标来安抚和缓解紧张感。此外动机过程模型认为消费者的个性、认知、学习和态度等因素在动机形成过程中会起重要作用，这些作用特别体现在消费者对目标和具体行为的选择上面。

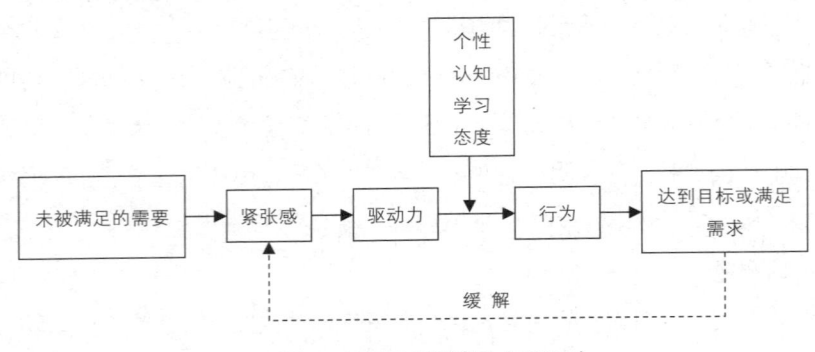

图 2.1 动机过程模型（MPM）

2.2 需要的类型

人类的需要有很多类型，从不同角度可以划分成不同类型。除去之前说到的先天需要和习得需要，以及主动需要和被动需要之外，心理学家们做过多个方向的探索，试图列出人类需要的清单。其中最为著名且被广泛认同的是**马斯洛需求层次理论（Maslow's hierarchy of needs）**[1]。

临床心理学家亚伯拉罕·马斯洛（Abraham Maslow）研究了人类的各种需要，提出了五类可以由低到高排列的需要。它们通常被绘制为需要金字塔，如图 2.2 所示。从层次结构的底部向上，分别为生理需要、安全需要、社会需要、尊重需要和自我实现需要。其中生理需要、安全需要和社会需要都属于较低级别的需要，这些需要可以通过外部条件满足；而尊重需要和自我实现需要则是较高级别的需要，只有在内部因素的作用下才能满足。

---

1 确切的翻译应为马斯洛需要层次理论，这里译为马斯洛需求层次理论是采用了习惯译法。

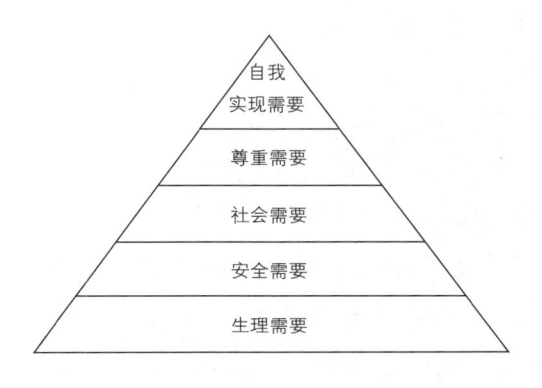

图 2.2 马斯洛需求层次理论

生理需要

在马斯洛需求层次理论中,生理需要作为人最基本的需要排在了金字塔最底层。它对应的是人类维持生命所需的必需品,如食物、空气、水、住所和性。研究表明,当生理需要长期处于无法满足的状态时,它们会占据主导地位,产生巨大的驱动力,驱使人做出能够达到目标的行为。此时,人的思考能力和道德观都会变得脆弱。马斯洛认为:"如果一个人极其饥饿以至于有生命危险,他不会对食物之外的事物感兴趣。他所思所想是食物,只有食物能牵动他的感情,他察觉到的全是食物,他想要的只有食物。"需要特别指出的是,和服装相关的生理需要包括保暖的需要。

安全需要

在第一层次,即生理需要得到满足后,安全需要就成为重要的驱动力。除了身体处于一个安全的、不会动辄有生命危险的外部环境外,安全需要同时也包括稳定的内部环境,如秩序、规则熟悉度以及对个人生活和环境的控制。银行账户、保险单、教育以及职业培训都是个体满足安全需要的途径。当安全需要没有被满足时,人就会认为一切事物都是危险的,变得紧张、焦虑、彷徨不安,对世界充满怀疑。当人们在面临安全威胁的时候,往往会不自觉地裹紧自己的服装,来弥补自己安全感的缺失。在动乱的社会中,女性也会选择或被选择更加保守的服装,以保护人身安全;反之,在安定的社会中,女性被给予更宽松的环境,可以更加自由地选择展现自己身材曲线的服装。

社会需要

社会需要包括对爱、感情、归属感和被接受感的需要。这些需要的满足对于个体十分重要，人们天然就有寻求舒适的感情、在家庭与友谊中找到归属感、在人群中获得接受的需要。这要求我们与他人建立情感联系，取得群体的身份，获得群体成员的认可。当社会需要没有被满足的时候，人们也会获得紧张感，从而激发一些行为，如为了被某个群体接纳而改变自己的习惯或放弃某些信念。服装可以是获得归属感的一项工具。想象一下，在正式的工作场合，你的最佳服装选择是严谨的衬衫、西装，还是紧身弹力裤？

尊重需要

当社会需要得到满足后，马斯洛需求层次中的尊重需要则被唤醒。尊重需要属于较高层次的需要，它包括成就、名声、地位等。尊重需要不仅包括自我对成就或价值的感觉，也包括他人对自己的评价、认可以及尊重。当尊重需要得到满足时，人会对自己充满信心，对社会充满热忱，体验到自己的价值。当年轻的消费者走出社会，用自己第一个月的薪水购买了一个名牌包时，是否已让自尊心得到了满足呢？

自我实现需要

"一个人想成为什么样的人，他就必须成为这样的人。"马斯洛为自我实现需要做出这样的注解。自我实现需要是最高层次的需要，它是指人们希望能够最大限度地发挥自身的潜能，不断完善自己，直至实现理想的愿望。马斯洛认为出现这一层次需要的人是少数的，只有那些低级别需要得到了真正满足的人才会走上自我实现之路。服装可以体现消费者的个人品位、独特的鉴赏力及不随波逐流的态度，它与消费者的自我定义密切相关。

马斯洛的核心论点在于需要是有层次之分的，是由低到高逐级形成并得到满足的。只有在低级别的需要得到充分满足后，高级别的需要才会显示其激励作用。马斯洛的理论较为全面地概括了大多数个体的需要，在一定程度上反映了人类行为和心理活动的共同规律，在众多社会学科中被广为接受。同时，他指出在人的每一个时期都有一种需要占主导地位，而其他属于从属地位，这一点对于营销工作也有启发意义。它可以帮助营销人员进行市场细分和广告诉求开发。营销人员可针对处于不同层次需求的消费者制定对应的策略，也可将广告诉求聚焦于某个层次的需求上。

然而必须承认，马斯洛的理论在应用层面也会受到挑战。该理论模型较难被经验检验，我们很难精确衡量某一层次的需要是否被完全满足，或是满足到何种地步才会使更高层次的需要开始发生作用。并且在现实中，在人的主观能动性的影响下，人们的需求可能比理论假设更为复杂，很难简单地用"由低到高"的方式来描述。

> **案例：怀旧产品的营销**
>
> 近年来"怀旧"产品层出不穷，"娃娃头"雪糕、娃哈哈奶茶店、美加净等老字号品牌的复兴，都在社交平台上掀起讨论的热潮。事实上，"怀旧"这一现象为全球所共有。美国X代的消费者也呈现了"复古潮"，且与怀旧有关的消费突破了以前所认知的年龄界限。
>
> 借助马斯洛需求层次理论，我们可以对该现象作出以下的分析：现代社会中，人们在生活中面临着快节奏、多变动、高竞争、过度紧张的问题，导致心理压力增大，精神生活相对匮乏，心理长期处于不稳定、动荡的状态，因而对安全感的需要日趋强烈。也就是马斯洛需求理论中的第二层次。然而过去只可追忆，消费者只能通过转移替代目标来满足自己的安全需要，而怀旧产品通过唤醒消费者对过去稳定生活的追忆，满足了他们缓解生存威胁、寻求认同归属和获取社会支持的产品心理上的需求。研究证明，消费者对外部环境的不安全感知与直接体验的个人怀旧之间关系显著，也就是说，当消费者因为环境变化陷入到恐惧、不满、焦虑和不确定状态下，更容易唤起过去的美好回忆，通过怀旧消费来寻找安慰和缓解不安全感的可能性也会增加。营销人员通过贩卖怀旧产品，抓住了有安全需要这一层次的消费者群体。
>
> 来源：张莹.消费者怀旧产品购买行为主要影响因素的实证研究[D].上海：东华大学，2011.

2.3 消费者价值

2.3.1 什么是消费者价值

在管理学者彼得·德鲁克（Peter F. Drucker）提出顾客购买和消费的绝不是产品而是价值这个观点后，消费者价值就一直是营销人研究消费行为的重点问题。

消费者价值（consumer value）指的是消费者从某一特定产品或服务中获得的一系列利益。在营销沟通中，营销人员需要考虑的问题是其品牌或产品能够为消费者带来什么样的利益。

消费者价值和需要也紧密相连，只是在语境上各有侧重。需要是消费行为产生的前提，是价值的来源；价值是商品的属性，是消费者"购买商品的理由"。需要和价值是购买行为的两端，商品作为中间桥梁连接了需要和价值。

消费者感知价值（perceived value）是消费者所能感知到的利得与其在获取产品或服务中所付出的成本进行权衡后对产品或服务效用的整体评价。也就是说，消费者感知价值的核心是顾客所感知到的利益与因获得和享用该产品或服务而付出的感知代价之间的权衡，这完全基于消费者的个人主观判断。如海底捞火锅提供的美甲服务，就是通过附加服务提升了消费者的感知价值。

2.3.2 消费者价值的类型

为帮助营销人更好地认识消费者价值，消费者行为学家做了许多工作。具有代表性的是莫里斯·霍尔布鲁克（Morris B. Holbrook）的消费者价值分类模型。霍尔布鲁克认为消费者价值可以从三个相互独立的维度进行划分，分别是外在价值（extrinsic value）与内在价值（intrinsic value）维度、自我导向价值（self-oriented value）与他人导向价值（other-oriented value）维度、主动价值（active value）与被动价值（reactive value）维度，如表2.1所示。

表 2.1 霍尔布鲁克的消费者价值分类模型

		外在价值	内在价值
自我导向	主动价值	效率（efficiency）	乐趣（play）
	被动价值	卓越（excellence）	美感（aesthetics）
他人导向	主动价值	地位（status）	伦理（ethics）
	被动价值	尊敬（esteem）	心灵（spirituality）

外在价值与内在价值维度

所谓外在和内在是对消费者而言的，比如由商品的物理属性、功能性带来的利益对消费者而言是外在的，而消费商品这个过程中带来的体验、审美、乐趣等对消费者而言则是内在的。

自我导向价值与他人导向价值维度

自我导向指当购买一件产品或者服务时是以消费者个人为出发点，重点在于"我"如何使用它或者它将怎样影响我。他人导向则将他人的利益或反应纳入了考虑范围，如他们将如何利用它，或者它将如何影响他人。这里的他人可以指具象的家庭、朋友、邻居等，也可以指抽象的国家、大自然或宗教中的神。

主动价值与被动价值维度

主动价值指的是需要消费者的身体或精神参与其中才能体现出的价值。更确切地说是需要顾客主动参与，并与商品或服务建立关系才能创造出的价值。与之相对，被动价值指的则是顾客受消费情景刺激而产生的理解和反应，重点在于商品对消费者造成的影响，不需要消费者的参与。

通过以上三个维度的交叉，霍尔布鲁克将消费者价值分为八个类别：效率、卓越、地位、尊敬、乐趣、美感、伦理和心灵，如表2.1所示。其中效率价值一般通过消费者在交易关系中所获得（包括商品、服务等）和所付出（时间、金钱、努力等）的对比来衡量，比值越高代表效率越高；乐趣价值是指满意、享受和其他享乐性的消费经验；卓越价值被霍尔布鲁克视为与质量价值相似的概念；美感价值是指消费者对商品或服务的外观和体验形式产生的良好心理反应；地位价值不仅来自取得有价值的产品，也来自消费行为本身可以起到向其他消费者传达信息的作用，比如显示自己的成功；伦理价值源于利他性的购买行为，是个人道德判断的表现；尊敬价值是指消费者通过对物品的拥有和使用获得尊重的满足感；心灵价值表现在消费者通过对某一事物的忠诚与着迷而获取的内心平衡与圆满。

霍尔布鲁克对消费者价值的划分给营销人提供了一个如何向消费者传达自己的商品和服务的价值的思维框架。这个框架比马斯洛需求层次理论更具有可操作性。比如一个网店在设计服务时需要考虑的是：应突出购物的效率（外在价值）还是购物的体验（内在价值）？提倡环保主义的时尚品牌在传播品牌价值时需要强调的是利他主义动机（主动价值），还是强调消费者在消费产品时带来的心理满足（被动价值）？

2.4 服装的消费者价值

对消费者来说，服装可以是一种实现特定功能的工具、一种娱乐的方式、一种身份地位的象征和一种自我表达的语言。这些功能分别对应着：**功能性价值**（functional value）、**享乐价值**（hedonic value）和**符号价值**（symbolic value）。与许多其他商品相比，符号价值是服装商品最为显著的特点。鲍德里亚（Baudrillard）在《符号政治经济学批判》一书中对符号价值进行了具体的论述。所谓符号价值，是指物或商品在被作为一个符号进行消费时，是按照其所代表的社会地位和权力以及其他因素来计价的，而不是根据该物的成本或劳动价值来计价的。服装是日常生活中容易受到注意的并可随时提供的自我表达的工具，是直观地展示自我的沟通渠道。尽管许多其他品类也具有符号价值，但其直观性和便携性很难和服装商品相比。如豪车豪宅可以展示经济地位，但它们无法随身携带并予以展示；购入的艺术品、书籍等文化产品可以助力自我表达，但它们并不那么直观。

2.4.1 功能性价值

服装的功能性价值是由产品的实用功能带给顾客的价值，是通过解决顾客具体需求而带来的价值。就服装而言，往往指的是它的某些突出性能带来的价值，如舒适性、透气性和吸湿性等。羽绒服的防寒保暖功能就是它的功能性价值。

对于运动品牌来说，功能性是它能为消费者提供的最主要的价值之一。特别是在竞技体育方面，服装的功能性价值被特别强调。如针对游泳运动员而生产的竞速泳衣，轻薄和紧身就是它最显著的特点。作为专业度极强的服装，竞速泳衣可以压缩包裹住身体，避免肌肉和脂肪在水中晃动，维持其在水中的稳定性，提高有效做功；同时，也可以减少摩擦阻力，最大限度地保持身体的流线型，达到提高速度的效果。

为了彰显其优越的功能性价值，很多运动品牌都会请专业运动员代言。2019年，安德玛（Under Armour）正式签约时任中国女排队长朱婷作为品牌代言人，她也是安德玛正式签约的首位中国运动员。在赢得2014年女排世锦赛亚军、2015

年女排世界杯冠军和 2016 年里约奥运会金牌后，朱婷已然成为排球场上的核心选手，商业价值不言而喻。有朱婷为其专业度背书，安德玛功能性价值也被排球爱好者们所认同。

2.4.2 享乐价值

我们购买服装，往往并不是因为我们此时此刻急需一件衣服，而是因为"这件衣服很漂亮""旧的衣服穿腻了，我想要一件新衣服""这家服装店的氛围吸引我买下这件衣服"，以上这些原因都是基于享乐价值。能够为消费者带来精神上的愉悦感的因素都可以被纳入享乐价值中。

"美"和"新"是我们购买服装最直接的两个原因，它们分别对应了审美价值与新鲜感。我们很难给美下确切的定义，但我们都曾有过美的感受，体验过美带来的愉悦，所以我们本能地追求美。服装的生命周期可以很长，但时尚的周期却很短，因此消费者很容易在新鲜感刺激下产生购买行为。审美价值和新鲜感刺激也是享乐价值的一部分。

当我们走入一家奢侈品的服装零售店，我们首先会被店内精心设计的氛围所打动：恰到好处的灯光、精心设计的留白、似有若无的香氛和寸步不离的导购等。体验是线上购物与线下购物最大的区别之处。线下购物强调消费者的感受性满足，重视消费行为发生时的消费者的心理体验，给消费者带来愉悦的感受，这些价值能激发购买行为。

享乐价值的一种体现是避世感（escapism）。当消费者购买或穿着一些特定服装时，他们可以从"我"的框架中挣脱出来，通过逃避平日里的自我来获得一定的享乐价值。汉服在年轻人中的流行与它提供的避世感不无关系，消费者可以沉溺于一个全新的自我定义中，和原有的自我身份认知拉开距离，获得一种愉快感。需要特别指出的是，避世感这个概念在此处没有贬义，它只是一种正常的心理机制，没有负面色彩。

2.4.3 符号价值

符号价值是服装消费者价值中的重要一环，它指的是同类产品在使用功能和制造成本上没有差异，但由于符号意义的不同而产生的价值差异。这种符号上的差异可构成商品的独特性，使其与其他同类商品可以区分开来。

许多社会心理学者认为服装是一门语言，因为它也具备向他人表达意义的功能，这是服装的符号价值体现。

服装的符号价值主要体现在两个方面：一是通过穿着特定的服装，消费者可以获得社会认可；二是消费者通过服装的选择和搭配来表达个性。德国社会学家格奥尔格·齐美尔（Georg Simmel）认为时尚是对社会的顺应和对社会要求的叛逆之间的冲突的结果。对顺应社会的同类人的认同和个性之间的区分是推动时尚变革的主要驱动力。也就是说，对于社会要求，人们会同时存在顺应与叛逆两种截然不同的反应，时尚是两种反应之间调和的结果，人们对趋同和个性的需要推动了时尚的变化。齐美尔的话很好地说明了服装的符号价值。寻求他人的认可是人的基本需要，寻求差异化同样也是人的基本需要，许多消费行为都是在这两方面折中的结果。

生活在社会中的人，时时刻刻都在与他人发生关联。社会身份是人的重要属性，它往往不是固定不变的，而是随着场合和时间的变化而变化，如家庭情况、年龄和职业等。通过他人身上所穿着的服装来推断其身份和地位是人们普遍的倾向。因此，这种随时都被"凝视"的可能，成为人们努力使穿着和社会身份保持一致的重要原因。此外和他人保持一致会让人感到安全，因为这意味着更容易被大众所接受而非排挤，这是减少焦虑和增加社会认同的途径，满足了马斯洛所认为的社会需求。

马斯洛的自我实现需要，在服装消费中可体现为人们表达自己的需要。服装商品因为其直观性，是人们表达自己个性的有效途径。通过服装和饰品的搭配，消费者可以创造出独一无二的个人形象。每个消费者都会有自己偏好的服装风格，也有无法接受的风格。穿着喜爱或讨厌的风格的服装时，消费者的感受也不同，前者让人感觉自在和放松，后者则会产生抗拒和别扭的情绪，仿佛手和脚都不是自己的。这是因为人们常根据自己拥有的物品来界定自己的身份。某些拥有的物品不仅是自我概念的外在显示，也是自我身份有机的组成部分。从某种意义上讲，消费者是什么样的人可由其使用的产品来界定，消费者可以通过购买商品来定义自我。就个性表达这一点，服装可以极大满足消费者的需要，这也是服装品类超越其他商品产生无数的品牌与风格的原因。

服装的符号价值还包括权力和社会地位的标志。中国自古就有"服色贵贱、辨等级"的思想，通过对黄色进行垄断与严格分配来彰显皇权。明太祖朱元璋登基后所颁布的第一条服饰禁令即是"禁庶人服色用黄"。清朝的服装颜色规定更被细划成：皇帝专用赤黄色；皇太子用杏黄色；皇子用金黄色；下属各王及职官，只有赏赐才能"着黄"，如黄马褂。无独有偶，欧洲许多国家都颁布过"禁奢法"（sumptuary law）来阻止通过贸易致富的早期资产者对贵族饮食和服装的模仿。在英国1337、1363、1463、1483年颁布的禁奢法中，都规定根据社会等级控制服装的样式和花费，如仆人和工匠的衣服花费不能超过2马克，农夫、农业工人和其他人不能超过40先令，且只能穿粗呢和赤褐色毛呢。现代社会虽然没有了法律意义上的社会阶级，但通过服装显示社会地位和财富仍然是一种普遍存在的行为。

除此之外，服装具有表达文化认同和政治认同等方面的符号意义。如当消费者购买"国潮"服装时，商品代表的文化和政治符号意义，也可以成为消费的动机。而当购买鄂尔多斯再生羊绒制造的环保系列产品时，消费行为也表达了消费者对可持续时尚理念的认同。

延伸阅读：轻奢时尚的符号价值

轻奢时尚在中国的流行很好地体现了符号价值对于消费者的意义。随着"奢侈品市场的民主化"，轻奢品牌开始受到年轻消费者的青睐。轻奢品牌的定价接近于中档品牌，但其声望接近于传统奢侈品牌。因为这个原因，消费者十分愿意在有他人在场的场合而非私人场合使用轻奢品牌，这体现了商品彰显社会地位的功能，是符号价值的体现。同时由于传统奢侈品的过度消费和仿制品的泛滥，传统奢侈品的稀缺属性受到很大的挑战，消费者不愿意购买一件主流的、在公共场合频繁出现的奢侈品，转而投身于更为独特的轻奢品牌。这也体现了商品在个性表达上的符号价值。

来源：WANG Y, QIAO F. The symbolic meaning of luxury-lite fashion brands among younger Chinese consumers [J]. Journal of Fashion Marketing and Management, 2019, 24（1）: 83-98.

2.5 消费者价值的两种作用机制

服装的消费者价值是多样的，一个品牌或一件商品可能同时体现多个维度的价值。对于营销人员来说，一个重要的问题是，这些不同类别的价值是否同等重要。特别是当品牌资源有限时，营销人员如何权衡营销沟通的重点？行为科学家弗雷德里克·赫茨伯格（Frederick Herzberg）的双因素激励理论提供了分析此问题的框架。

双因素激励理论认为消费者价值对行为的驱动机制有两种类型，分别称为**保健因素（hygiene factors）**和**激励因素（motivating factors）**。保健因素得名于它的作用机理类似于卫生保健对身体健康所起的作用。卫生保健从人生活的环境中消除对健康有害的事物，它无法直接提高身体素质，但有预防疾病的效果。保健因素的核心在于"预防"，它即使达到最佳程度，也仅仅中和消费者的"不满意的可能"，形成一种中性的状态。当保健因素恶化到人们可以接受的水平以下时，消费者就会因不满意而拒绝接受。一般来说，保健因素主要包括商品的基础功能或核心服务。企业应当意识到，保健因素是必须的，不过它一旦中和了"不满意"，就很难产生更多的效果。

激励因素是能带来积极态度、满意和激励作用的因素。激励因素的缺失会降低消费者对商品或服务的感知价值，但消费者并不会因此感到不满意；激励因素的增加会产生更多的竞争力，对消费者的正面情感和再次购买产生促进作用。激励因素常体现在商品的功能性、社会性、知识性、审美体验和自我实现等价值上。需要注意的是，激励因素自身只能作为加分项存在，它必须和保健因素一起才能构成完整的商品或服务。

激励因素和保健因素的不同作用机制，体现在许多服装品类中。近年来国潮服装在中国年轻消费群体中产生了相当大的影响力。

对于国潮服装而言，其保健因素和其他服装品类类似，是产品的质量，这一点生产商大都可以做到，仅靠产品质量不会造成消费热潮。国潮品牌的激励因素体现在产品上中国文化元素的运用和营销叙述中对国家属性的强调。这些元素契合了当代年轻消费者"文化自信"的思潮，激发了消费动机，是许多国潮品牌快速成长的关键因素。同时我们也看到一些品牌将大量资源投入到国潮概念的营销中,忽视了产品质量,导致了一系列负面口碑。

对于营销者而言,区分品牌带给消费者的价值中的哪些因素是激励因素,哪些因素是保健因素十分重要。对于保健因素,如果品牌已经达到一定水平,继续投入更多的资源并不会得到相应的产出,此时应将资源投入到激励因素中,增加消费者的感知价值。但是,当保健因素不足时,消费者将产生不满,此时更多激励因素的投入不但不能产生价值,反而可能导致相反的效果。

本章小结

消费行为来源于消费者的需要。在竞争激烈的市场环境中,能否准确识别消费者的需要至关重要。我们常把需要分为先天需要(食物、空气、衣装、住所)和习得需要(自尊、声誉、感情、权力和学习),按照马斯洛需求层次理论将需要分为五个层次:(1)生理需要;(2)安全需要;(3)社会需要;(4)尊重需要;(5)自我实现需要。

动机是驱使个体行为的驱动力。当消费者因某种需要未被满足而产生了紧张感,并由此催生的行动动力就是消费动机。消费行为学家将动机分为理智动机(价格、质量、使用频率和性价比)和感情动机(喜爱程度、品牌忠诚度、地位)。而由于动机是一个假设性概念,无法被看到、触及或实实在在地感知,研究人员通常借助于消费者问卷调查或调查数据,以及焦点小组会议和深度访谈等技术手段来测量"动机"。

消费者购买的不是产品而是产品价值,消费者价值是营销学界研究的重点问题。对消费者来说,服装可以是一种实现特定功能的工具、一种娱乐的方式、一种身份地位的象征和一种自我表达的语言。消费者价值的类型包括:(1)外在价值与内在价值;(2)自我导向价值与他人导向价值;(3)主动价值与被动价值。对服装消费者而言,服装消费者价值类型可分为:(1)功能性价值;(2)享乐价值;(3)符号价值。

企业为了将商品的价值清晰传递给消费者,需要准确把握消费者的需要和动机,分析服装消费者的类型需要,厘清服装为消费者带来的价值。

重点概念

1. 动机过程模型(MPM)——需要和动机是一个硬币的两面,它们的联系可以用动机过程模型来解释。

2. 马斯洛需求层次理论——研究了人类的各种需求,提出了五类可以由低到高排列的需求(生理需要、安全需要、社会需要、尊重需要、自我实现需要)。

3. 消费者价值——消费者从某一特定产品或服务中获得的一系列利益。

4. 消费者价值的作用机制——双因素激励理论认为消费者价值对行为的驱动机制有两种类别:保健因素和激励因素。

讨论与思考

1. 回忆你上次服装购买的经历,分析那次购买的动机是什么?这些动机是理智动机还是感情动机?这些动机是为了满足先天需要还是习得需要?

2. 服装可以满足马斯洛需求层次理论中的哪些层次的需要?请举例说明。

3. 服装可以向消费者提供哪些价值?请举例说明。按照霍尔布鲁克的消费者价值分类模型,它们分别属于哪些价值类型?

4. "古着"是一个小众的服装品类,为了扩大消费群体,营销者应如何激发消费者的购买动机?

作业与练习

1. 选取一个服装品类,收集这个品类的主要品牌,分析现有品牌所满足的需要及向消费者提供的价值,并据此分析市场空白点。

2. 选取一个服装品类并收集这个品类中的重要品牌的广告,分析这些广告向消费者传递的价值,以及传递这些价值的方式,分析这些方式的有效性。

第三章　服装消费的认知与态度

在消费过程中消费者会面临诸多选择，在众多选择中消费者为何青睐某件产品或某个品牌，这关系到消费者对这件产品或品牌的认知和所持有的态度。

消费者的认知方式和品牌态度影响着消费者的购买决策。消费者的态度并非一成不变，在实践中企业需积极主动地深化消费者的认知，建立和保持消费者对本品牌积极正面的态度，提高消费者在购买决策中选择本品牌的可能性，才能在市场竞争中更胜一筹。

本章将从消费者对产品的认知和态度入手，探讨态度与行为的关系，并立足于态度的载体——品牌，来探讨态度的形成和作用。

3.1 消费者的态度

3.1.1 什么是态度

当某个消费者在说喜欢某个广告，青睐某个品牌，或欣赏某个明星时，该消费者就是在表明一种态度。态度是对一个话题、一个人或一件事采取的一种立场，它影响着态度持有者的感觉、认知、学习过程以及后续行为。态度有正面或负面的性质，有价值判断，也有行为倾向。一个人对其有态度的事物都被称为态度对象，消费者对不同的态度对象有不同的态度。

对一个品牌持有积极态度的消费者更有可能购买此产品，那些喜欢产品广告的人也会更可能购买相应的产品。因此，对营销人员来说，如何让消费者对自己的产品和品牌产生正面态度是一个极为关键的问题。态度一旦形成将具有一定的持久性，会随着时间的推移保持下去，因此消费者对品牌的正面态度能为企业带来持续盈利的能力。

3.1.2 态度对消费者的意义

人们对有些事物持有态度，对另一些事物则可能没有明确的态度。比如追星族可能对自己喜欢的明星有强烈的好感，而对另一些明星则没有明确的喜好或厌恶的感觉。态度对人类来说有一定意义。消费者研究表明，态度具有驱动购买决策、节约时间、带来便捷和降低风险等意义。

态度功能论（the functional theory of attitude）是心理学家

丹尼尔·卡茨（Daniel Katz）提出来解释态度的作用以及如何促进社会行为的理论。该理论认为，态度之所以存在，是因为它们对人具有一定的作用。比如预期在未来需要处理相似情况的消费者更有可能立刻先表明某种态度；两个消费者由于不同个性或其他缘由对同一事物也可能会持不同的态度。因此，营销人员在试图改变一种态度之前，了解这种态度形成的原因是很有帮助的。态度功能论认为态度的作用有以下几种：

（1）功利性功能。我们对产品的态度是由产品带来的快乐或痛苦决定的。比如一个人买了一支火爆的大牌口红，涂上嘴唇让其整个人的气色提升了不少，并得到他人的赞赏，也因此获得了快乐，这样他就会对这个口红甚至这个品牌产生积极的态度；又如一个人考完试后在商城挑来挑去终于买了自己想要的大牌粉底液作为嘉奖，结果在给面颊上色几小时后出现了氧化变黑的现象，甚至出现了过敏反应，这次购买行为给自己带来了苦恼，那么她自然就会对这瓶粉底液甚至是品牌产生一种消极的态度。功利性功能即为态度的这种奖惩功能。

（2）价值表达功能。人们对产品的态度不仅取决于产品的功能，还取决于该产品所代表的消费者类型。例如，喜欢穿香奈儿夹克的女性往往追求复古和优雅的风格，而喜欢运动的人则更喜欢运动休闲的风格。具有价值表达功能的态度与生活方式密切相关。生活方式分析关注的重点是消费者如何形成自己的一系列活动、兴趣和特点，以表达自己特定的社会地位。因此消费者对某个产品形成态度是出于自己核心价值观表达的需要，即认为此种产品所传达的价值观念与自我想表达的价值观念一致。

（3）自我防御功能。在20世纪50年代时，有些家庭主妇抵制购买速溶咖啡，因为它威胁到她们自认为是能干持家者的观念。万宝路香烟被视为是可帮助消费者树立"男子汉"形象的产品，这也许会吸引到那些对自己的阳刚之气较为缺乏信心的消费者。我们为了保护自我形象不受威胁或在受贬抑时形成的态度具有自我防卫功能。

（4）知识功能。有些态度的形成是人们对次序、结构和意义认识的需要。当一个人处于模棱两可的状况（比如穿休闲裤去上班是可以的，但只能在周五）或他面对一种新产品（比如华熙生物科技股份有限公司想让你了解医用面膜）时常会产生这种需要。

3.1.3 态度的构成

3.1.3.1 态度 ABC 模型

态度是日常语言中经常使用的词汇，不难理解，但消费者研究人员仍然希望对这个重要的概念给出一个明确的学术化的定义。一个被普遍接受的概念模型（conceptual model）是**态度 ABC 模型**。所谓态度 ABC 模型指态度是由**情感**（affect）、**行为**（behavior）和**认知**（cognition）三个部分组成，如图 3.1 所示。其中情感是指消费者对事物的感觉；行为是指人对事物做某事的意图（不一定导致实际行为）；认知是指消费者对事物属性的认识。比如正处于南方冬天的你为了保暖可能需要一件外套，那么你可能会产生购买外套的行为；你认为一件轻薄羽绒服可以满足你的需求，这是对于事物属性的认知；有了认知需求后你开始在购物平台浏览商品，通过浏览你发现一件双面羊绒大衣既能相对满足保暖需求，又可以满足穿搭显瘦的需求，由此你产生了对产品的好感即情感，也因此你有了购买这一件双面羊绒大衣的意愿。

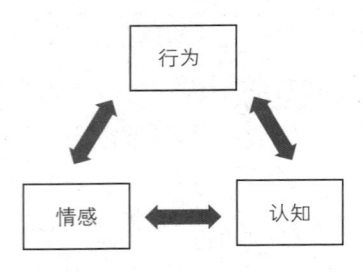

图 3.1 态度 ABC 模型

态度的三个组成部分是相互联系的，同时又具有独立性。比如，认知并不一定意味着偏好或有所意图。例如说消费者知道了一件特定服装，其面料成分为 70% 的聚酯纤维，25% 的锦纶以及 5% 的氨纶，原产国是中国，但这并不意味着他们认为这些特性是好是坏、重要的或无关紧要的，也不代表他们是否真的会购买此件衣服。因此，在研究消费者态度的时候，对这三个组成部分进行区分有一定的意义，特别是在不同的情况下，这三个组成部分的相对重要性和层次结构会发生变化，尤其是在消费者动机水平不同的情况下。态度的研究学者发现**态度的层次结构**可能呈现三种模式，分别是标准学习层次、低卷入层次和体验层次模式。

标准学习层次

比如消费者知道了牛仔裤耐穿且弹性好，这是对产品的认知；如果耐用性和弹性对消费者来说很重要，消费者可能会对产品产生好感，即牛仔裤很适合我，我喜欢穿它们；最后，基于这一评估，消费者可能会产生购买牛仔裤类产品这一行为。这一过程是由认知到情感再到行为的过程，是基于认知信息处理的学习模式，我们称为标准学习层次（standard learning hierarchy）（图 3.2）。

认知 → 情感 → 行为 → 态度 基于认知信息处理

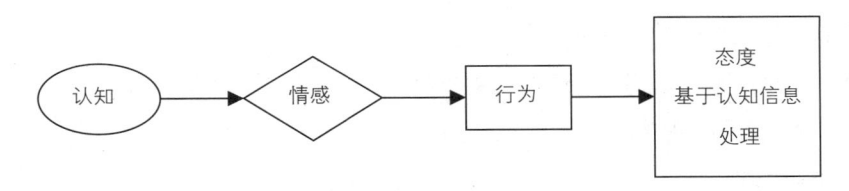

图 3.2 标准学习层次结构

大多数态度都被认为是通过类似过程形成的，消费者将产品决策视为解决问题的过程。这是一种谨慎的选择过程，往往会形成牢固的态度，带来消费者忠诚度。随着时间的推移，消费者会与产品"建立联系"。此时消费者不会轻易被别人说服去尝试其他品牌。在标准学习层次里，消费者在态度形成的过程中是高度参与的，也就是说态度的形成通过理性的思考上升到感情的连接。

低卷入层次

消费者因促销活动而购买了某个化妆品的试用装，在使用体验后才会对这个产品产生一定的评价。在这个序列中，消费者最初并没有对某一品牌产生强烈的偏好，而是在有限的知识基础上采取行动，然后在购买发生后才形成评价的，即在购后通过产品体验产生了好坏的评价。这个过程是由认知到行为再到情感的过程，是基于行为的学习过程。与标准学习层次模式相对，这个模式被称为低卷入层次（low involvement hierarchy）（图 3.3）。

```
认知 → 行为 → 情感 → 态度 基于行为
```

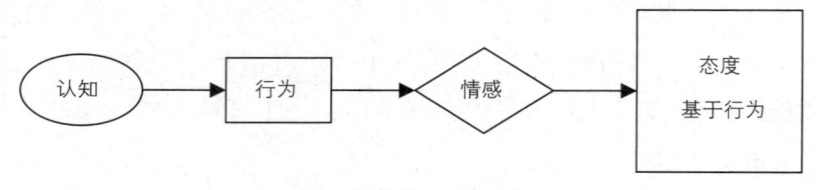

图 3.3 低卷入层次结构

低卷入层次的重要特征是消费者对购买的决策关切程度有限，这种情况我们称为低卷入度（low involvement）。我们一般认为服装中的时尚类商品是高卷入度的，比如消费者愿意去投入大量的时间在社交平台上浏览时尚博主的穿搭或是时尚产品的测评，愿意消耗时间精力去购物网站上选购时尚类产品或对比不同的时尚品牌。而像袜子和内衣等对于普通消费者来说可能是一种低卷入度产品（但女性内衣已经成为时尚导向的产品，通常一定程度上可以表达女性的身份）。对于低卷入度的产品而言，销售端的营销刺激设计，比如购买点的陈列设计、包装设计和折扣活动等可能是最为简单有效的手段。

体验层次

比如某一消费者认为某小众品牌的香水外壳设计很独特后立即购买此香水；又如另一消费者的偶像官宣代言了某一大牌口红后，此消费者立即下单购买此品牌的口红。消费者最终的态度会受到享乐动机的影响，如产品让其感知到什么或它的使用会提供怎样的乐趣。这个过程中，消费者的行为基于他们的情绪反应，态度的形成是由情感到行为再到认知和态度的过程。这种基于享乐主义的学习模式，我们称为体验层次（experiential hierarchy）（图 3.4）。

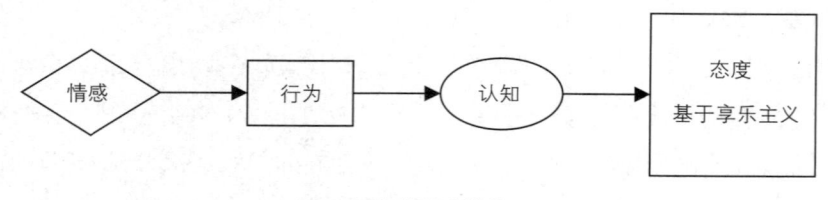

```
情感 → 行为 → 认知 → 态度 基于享乐主义
```

图 3.4 体验层次结构

时尚产品的享乐性价值决定消费者态度可由体验层次的路径产生。因为时尚是情感的，不一定是理性的，以时尚为导向的消费者不一定会遵循一种公式化的路径来购买他们绝对喜欢和必须拥有的一件物品。

3.1.3.2 费希贝恩模型

另一个深具影响力的态度的概念模型是**费希贝恩模型（Fishbein model）**，它以主要开发者马丁·费希贝恩（Martin Fishbein）的名字来命名。费希贝恩模型的核心观点是消费者的态度是由消费者对产品的各种属性的认知综合决定的，因此这个模型又经常被称为多属性态度模型（multi-attribute model）。费希贝恩模型包括了三个变量：消费者的态度（attitude）、对产品属性的认识（belief[1]）、该属性对消费者的重要程度（importance）。这三个变量的关系由以下公式确定：

$$A_{jk} = \sum B_{ijk} I_{ik}$$

其中：

i= 属性；

j= 品牌；

k= 消费者；

I= 消费者 k 赋予属性 i 的重要性权重；

B= 消费者 k 对品牌 j 拥有属性 i 的认识；

A= 某一消费者 k 对品牌 j 的态度得分，是由消费者对所考虑的所有品牌的每个属性的评分乘以该属性的重要性评分得到的。

费希贝恩模型认为消费者的态度取决于他们对事物属性的看法。由于每个消费者对事物属性的认知不同，并且各属性的重要性也因人而异，因此就产生了不同的态度。比如国潮服装同时具备潮流属性和民族属性，有些消费者对潮流属性较为敏感，另一些消费者则较看重品牌的民族属性，对潮流属性和民族属性的认知以及他们的重要性共同决定了消费者对国潮品牌的态度。

1　"belief"原译为信念，为方便读者更好地理解该模型，常译为"认识"。

费希贝恩的多属性态度模型可以看成是一个属性补偿模型,即一个品牌在一个属性上的优势可以补偿它在另一个属性上的缺陷,所有属性的总和将决定消费者对该品牌的态度是喜欢还是不喜欢。这个假设当然未必能适用所有情况,但这个模型为营销者如何影响消费者的态度提供了简洁明了的框架,因而获得了营销者的广泛认同。该理论影响消费者态度的两种途径。营销者可以通过树立消费者对品牌的某些属性的认知来获得期望的消费者态度,也可以通过强调某些属性的重要性来改变消费者态度。比如2021年的"新疆棉事件"引发了许多年轻消费者的民族主义情绪和对一些国际品牌的不满,许多国产品牌因此特意在营销宣传中突出品牌来源国和原料产地这些以前可能无关紧要的属性,来激发消费者对品牌的正面态度。

研究案例:如何二选一、青睐某一品牌?

费希贝恩模型表明态度是消费者认为产品包含某些属性的程度的结果。例如在两个牛仔裤品牌中,消费者可能会更青睐哪一个呢?根据费希贝恩模型,消费者对这两个品牌的态度可能是综合考虑牛仔裤品牌一些重要属性的结果,如合身度、纤维含量、价格和风格等,这些可以通过模型中的计算公式简单预测,即

对品牌1的态度得分 = [(对品牌1合身度的认识)×(合身度的重要性)+(对品牌1纤维含量的认识)×(纤维含量的重要性)+(对品牌1价格的认识)×(价格的重要性)+(对品牌1风格的认识)×(风格的重要性)];

对品牌2的态度得分 = [(对品牌2合身度的认识)×(合身度的重要性)+(对品牌2纤维含量的认识)×(纤维含量的重要性)+(对品牌2价格的认识)×(价格的重要性)+(对品牌2风格的认识)×(风格的重要性)]。

从表3.1中我们可以更直观地判断出消费者对两个品牌的态度。

表3.1 基于费希贝恩多属性态度模型:品牌态度与选择

属性	重要性	认识	
		品牌1	品牌2
合身度	4	7(28)	6(24)
纤维含量	3	8(24)	10(30)
风格	2	7(14)	7(14)
价格	1	3(3)	2(2)

（续表）

属性	重要性	认识	
态度得分		69	70

注：认识得分 1~10 分，数字越高代表"越好"；重要性等级为 1~4，数字越高代表"越重要"；将重要性评分和认识评分相乘，最后得到态度得分。你也可以基于信念的重要性给品牌打分，通过计算你发现了什么？有什么样的结论？

来源：WITTER B S, NOEL C. Apparel advertising: A study in consumer attitude change [J]. Clothing and Textiles Research Journal, 1984, 3（1）: 34-40.

人物简介：马丁·费希贝恩

马丁·费希贝恩于 1936 年 3 月 2 日出生于纽约布鲁克林，于 2009 年 11 月 27 日在伦敦旅行时逝世。他在 1961 年加入了伊利诺伊大学社会心理学和传播研究学院，于 1992 年移至疾病预防控制中心。他曾担任预防艾滋病毒（人体免疫缺陷病毒）和性传播感染等行为干预和研究处代理处长。自 1997 年以来，其担任宾夕法尼亚大学安宁伯格传播学院公共政策中心的传播学和健康传播项目的主任。

他在理解态度及其对行为的影响方面起到了开创性的作用。他开创性地阐述了信念和态度之间的联系，并形成了相应的期望值模型。他在对态度和行为之间的关系进行研究时提出了理性行为理论。这些模型在解决社会问题的应用的同时极大地影响了健康心理学、传播学和消费者行为研究。除了他的专业成就外，他还因其良好的幽默感，对艺术、戏剧、美食的热爱以及对社会事务的浓厚兴趣而被人们铭记。

3.1.4 态度的测量

消费者对产品的总体评价有时很大程度上取决于他们的态度。既然态度如此重要，那营销人员自然需要一些方法来对态度进行测量。许多有关态度的研究使用的是李克特式量表（Likert-type scale），即同意/不同意五分量表，或语义差异（两极）量表，示例如表 3.2 所示。

表 3.2 使用李克特式和语义差异量表测量服装消费者购物态度的例子

李克特式量表					
	非常同意	同意	中立	不同意	非常不同意
对买衣服					
1. 我喜欢和我朋友一起买衣服	5	4	3	2	1

(续表)

2. 我很在意配件的结合	5	4	3	2	1
3. 我很注意色彩的搭配	5	4	3	2	1
对环保服装					
1. 人们在买衣服时应该考虑资源节约	5	4	3	2	1
2. 衣服是一种经常被浪费的资源	5	4	3	2	1
舒适性					
1. 我总是把舒适性和可移动性看的比现在的时尚更重要	5	4	3	2	1
2. 我会尽可能的选择宽松的服装	5	4	3	2	1
语义差异量表					
服务是有礼貌的	9 8 7 6 5 4 3 2 1			服务是失礼的	
位置是便捷的	9 8 7 6 5 4 3 2 1			位置是不便捷的	
价格低	9 8 7 6 5 4 3 2 1			价格高	
环境是令人愉快的	9 8 7 6 5 4 3 2 1			环境是令人不愉快的	

来源：改编自 BUTLER S M, FRANCIS S. The effects of environmental attitudes on apparel purchasing behavior [J]. Clothing and Textiles Research Journal, 1997, 15（2）: 76-85.

FRANCIS S, BURNS L D. Effect of consumer socialization on clothing shopping attitudes, clothing acquisition, and clothing satisfaction [J]. Clothing and Textiles Research Journal, 1992, 10（4）: 35-39.

3.2 态度与行为

态度之所以被营销者重视是因为很多情况下态度是行为发生的前提条件。罗伯特·伊斯特（Robert East）等人在《消费者行为：基于数据的营销决策》中指出态度是我们对一个概念对象的感受，此对象可能是某品牌、某品类、某个人或者某种理论，或是任何我们对其产生看法或感受的事物。行为是非常重要的概念，特别是与商业相关的具体行动，诸如购买、租借、使用和投注等。我们关注消费者对这类行为的态度是因为这些态度能够帮助我们预测消费行为。

3.2.1 态度与行为的关系

一些研究发现态度和行为之间的关系可能并不像看上去那样直接。如艾伦·威克（Allan W. Wicker）在 1969 年一篇文章中分析了态度与行为的 47 项研究后总结到"与其说态度与行为密切相关，不如说态度与外在行为极有可能无甚关联或者关系微弱[1]。尽管费希贝恩的多属性态度模型已被研究人员使用多年，但其一直被一个重要问题所困扰，即在许多情境下，了解一个人的态度并不能很好地预测其对应的行为，不是所有的正面态度都必然会带来相应的行为。如人们在面临一些政治立场时，会宣扬和秉持一种"支持国货品牌"的态度，但在实际的购物行为中，仍然会受到一些产品设计、价格等因素的驱动从而与原始态度相悖。众多研究表明行为不仅受态度的控制，还受控于其他因素，如对被访者重要的人或群体的期望、个人能力及环境促进或抑制行为的方式。这些研究对营销的启示是如果仅向消费者提供价值却忽略了制约因素的话，未必能推动消费者的行为。

延伸阅读：测量相容性问题

态度与行为的无甚关联或关系微弱还与态度与行为测量不匹配和不兼容有关，即态度与行为测量的相容性（compatibility）问题。艾泽恩和费希贝恩（Ajzen and Fishbein）在1977年的一篇文章中指出研究人员经常会测量出错误的态度从而导致行为的不准确预测。能够预测行为的正确态度是针对某个特定行为所产生的态度。比如你想要预测戒酒，你就需要测量目标人员对戒酒的态度而不是对酒本身的态度，甚至不是笼统的对喝酒的态度。你想要预测环保服装市场，你就需要测量消费者对环保服装的态度，而不是对环保的态度，更不是对可能会产生污染环境的服装材料的态度。另一个错误使用态度测量的例子是试图通过对以往行为的满意度去预测未来可能的行为。满意度对未来行为的预测效果是糟糕的，因为我们不能针对消费者对过去某产品的优良体验而认定其在未来一定会再使用它。消费者的需求在不断地变化，产品也在不断地更新，过去的满意度并不能预测未来的满意度，我们能够更好预测的是消费者对"再次购买这个产品"的态度。态度与行为测量越具有相容性，两者的相关性就越强。相容性可从目标（T）、行动（A）、环境（C）和时间（T）即TACT这几个方面作出细化。艾泽恩和费希贝恩将相容性标准应用于142个针对态度－行为关系研究的分析当中，其将研究分为三类，即低相容性、部分相容性和高相容性，并将高相容性进行细分，如表3.3所示。

表3.3 态度－行为关系研究案例数

相容性	态度－行为相关性程度		
	零	低	高
低	26	1	0
部分	20	47	4
可疑地高	0	9	9
恰当地高	0	0	26

在消费者调查中，相容性原则意味着当我们要预测购买或租赁产品等行为时，我们应直接测量关于这些行为的态度分别是什么。然而很多研究者并非如此，如人们通常会研究对某品牌的态度而非对购买此品牌的态度。总而言之，相容性概念极大地推动了态度的研究。

3.2.2 态度与行为预测理论模型

既然态度不必然导致行为，那么态度应该是行为发生的必要条件而非充分条件。行为的发生不仅受到态度的影响，还应受到其他因素的制约。个体的行为并非绝对出于自我意愿，而是处在一定的约束和控制之下。基于此，相关学者在费希贝恩的多属性态度模型上进行了修正，建立了相关的态度与行为预测理论模型。

3.2.2.1 理性行为理论

理性行为理论（theory of reasoned actions，TRA）是费希贝恩多属性态度模型的扩展。费希贝恩模型的不足是它没有包含某些关键变量，削弱了模型对行为的预测作用。比如模型中并没有明确指出：(1) 行为意向是行为的前置因素；(2) 特定境况的重要影响作用；(3) 社会影响的潜在作用。基于此，费希贝恩和艾泽恩提出了理性行为理论（图3.5）。该理论认为一个人表现出的某一种行为的倾向是基于：他在某一特殊情况下，对该行为的态度与在当时情况下对有关行为规范的信念和依从规范的动机。

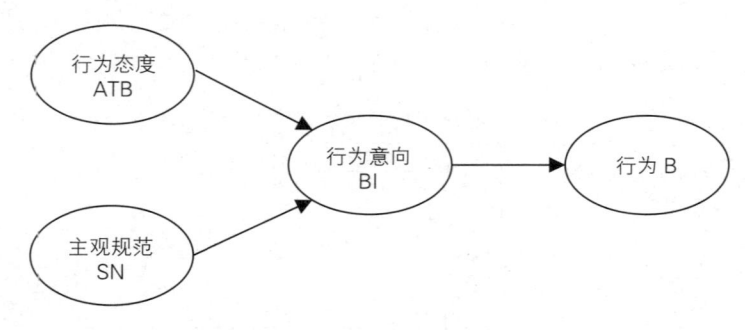

图 3.5 理性行为理论（TRA）

费希贝恩在多属性态度模型的基础上，引入了消费者的行为意向（behavior intention，BI），即个体对实施某种行为（behavior，B）的意愿。消费者的行为意向由两个因素决定：（1）对该特定行为所持有的态度，即行为态度（attitude towards the behavior，ATB）；（2）消费者为了迎合整个社会或者自己所属群体的规范而去接受和采取某种行为，即主观规范（subjective norm，SN），也称从众心理。SN 测量的是关于"他人认为他们应该做什么"的个人信念。

3.2.2.2 计划行为理论

伊塞克·艾泽恩（Icek Ajzen）在理性行为理论的基础上对消费行为发生的条件进行了进一步补充。他认为消费者采取某个行为的意向还与消费者的行动能力有关，比如时间、金钱、途径等。因此他添加了感知行为控制（perceived behavior control，PBC）这一变量，来表示消费者基于环境和自身能力，对自己采取行动的可能性的判断，这个更新后的理论被他称为**计划行为理论（theory of planned behavior，TPB）**。这一名称来源于该理论的核心观点，即人们对一件事付诸行动往往是经过深思熟虑计划后的结果。

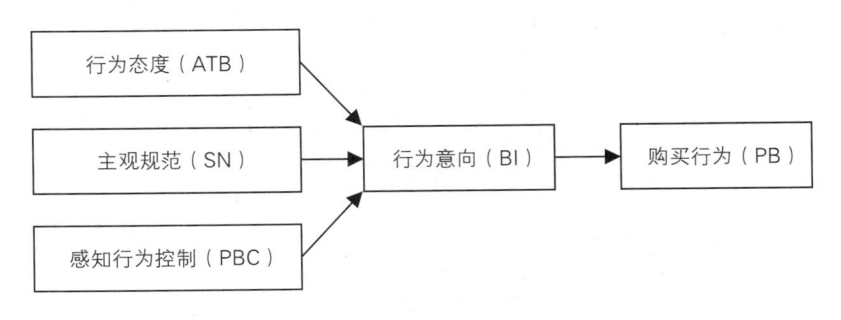

图 3.6 计划行为理论（TPB）

计划行为理论认为消费者对某个购买行为（purchase behavior，PB）的意向受到个人态度、社会规范和对行为难易程度的感受三方面因素的影响，分别以行为态度（ATB）、主观规范（SN）和感知行为控制（PBC）三个变量表示（图 3.6）。行为态度（ATB）指个人对某一特定行为喜爱或不喜爱的感觉。主观规范（SN）

指个人实施某一特定行为时所感受到的压力,这压力一般来自与个人有重要关系的个体或团体,如亲人或朋友等。感知行为控制(PBC)指个人表现特定行为时所感觉到的难易程度。这个感觉可以由两个因素决定:一是便利条件,它反映了资源的可获取性,例如从事某种行为所需的金钱、时间和个人努力等;二是自我效能,即某人对自己实施某种行为能力的认知或自信。行为意向(BI)反映的是个人执行某一特定行为的主观意愿。

研究案例:虚拟社区时尚意见领袖对服装消费行为的影响

互联网和信息技术时代,以用户为单位主体的社交网络蓬勃发展,虚拟社区及新型意见领袖也强势来袭。虚拟社区作为消费者分享和交流产品消费经验的开放型平台,不断涌现出时尚、科技等领域的意见领袖,而这些意见领袖们通过社交平台如微博、小红书和淘宝直播等多渠道对多领域用户的生活方式、互动模式和消费行为等产生了重要影响。基于此相关学者以计划行为理论为框架,探究了虚拟社区时尚意见领袖的特征对服装消费行为的影响。

研究提出时尚意见领袖具的特征对消费行为产生的关键因素(行为态度、主观规范和感知行为控制)有显著影响。这些特征包括专业性(如个人IP的显著性、沟通能力和个人风格、产品相关性等),同质性(如个体认为自己与他人之间在共同的喜好、观念、生活方式、社会地位等方面的相似度),和活跃性(如互动性及发表内容频率)等三个方面,如图3.7所示:

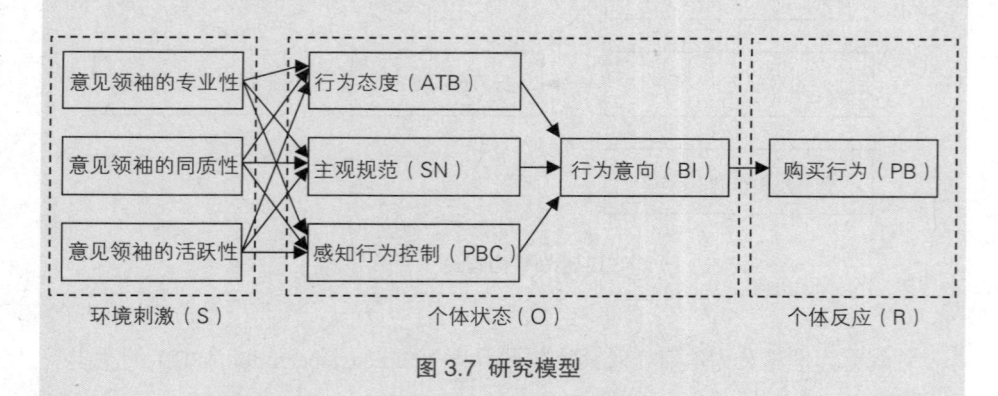

图 3.7 研究模型

研究结果表明时尚社区意见领袖的专业性、同质性和活跃性均对行为态度、主观规范和感知行为控制具有显著的正向影响。其中,意见领袖的活跃性对消费者的影响最大,尤其对主观规范和行为态度影响较大。

因此,社区时尚意见领袖未来在与消费者的沟通中需要特别重视自身的活跃性,如可经常发布有趣、独特和创新性的内容来维持自身影响力和消费者的关系,增加消费者黏性。同时,意见领袖也要注意提高自身的专业性。服装消费者具有较强的审美性和时尚性需求,意见领袖在解答消费者疑问时往往需要掌握丰富的服装专业基础知识、消费经历,并且需要主动的分享意识,以促进商品的购买转化。意见领袖的同质性也非常重要。意见领袖将自身形象与普通消费群体融为一体,将自身的真实性展现给消费者,能够增强与粉丝的亲近感,进而提升消费者的购买意愿和购买行为。

来源:叶晶,梁赛俊. 虚拟社区时尚意见领袖对服装消费行为的影响[J]. 丝绸,2021,58(8):60-66.

3.3 品牌与品牌态度

态度理论在营销实践中的一个重要应用是品牌理论。对于营销者来说,品牌建设是他们工作的一项重要内容。品牌是消费者态度的对象和载体,所谓品牌建设即通过营销手段使品牌在消费者脑海中占据牢固位置并形成正面态度的过程。由于消费者会对品牌持不同态度,在消费的旅程中,被消费者持正面态度的品牌有更大机会被消费者考虑,也有更大机会成为被最终选择的品牌。因此消费者的品牌态度是品牌盈利能力的来源。正面的品牌态度和清晰的品牌认知使得品牌能获得更高效的商业产出。

3.3.1 品牌知识

3.3.1.1 什么是品牌

品牌是经济社会发展的产物,品牌的出现最初是为了区别不同产品。品牌管理学者大卫·艾克(David A. Aaker)对品牌的定义是品牌是用来辨识产品的标识,是一种产品独有的符号,代表产品所具有的特殊且区别于其他产品的功能。类似地,美国市场营销协会(AMA)对品牌的定义为一种名称、术语、标记、符号或设计,或是它们的组合运用,可用于辨认某个或某群销售者的产品或服务,并使之同竞争对手的产品或服务区别开。奥美广告公司创始人大卫·奥格威（David Ogilvy）对品牌的定义是品牌是一种错综复杂的象征，是品牌属性、名称、包装、价格、历史、声誉和广告风格的无形组合；同时品牌也因消费者使用的印象、自身经验而有所界定。奥格威的定义强调了品牌对消费者的意义。品牌的无形资产来源于消费者对品牌形象的联想。根据奥格威的品牌形象理论，由于一个品牌或产品具有它的品牌形象，消费者所购买的是品牌或产品能够提供的物质利益和心理利益，而不是其本身。

人物简介：大卫·奥格威

大卫·奥格威（David Ogilvy）于1911年6月23日出生在英格兰的一个小镇，是现代广告业及品牌理论见解代表性人物。1948年其以6000美元创办了奥美广告公司，总部设在纽约。他启蒙了对消费者研究的运用，同时创造出一种崭新的广告文化。

20世纪50年代，奥格威第一次提出品牌概念，他从品牌定位角度提出的品牌形象论（brand image）是广告创意策略理论中的一个重要流派，对品牌营销及管理影响深远。他希望通过塑造产品外在与品牌形象之间的差异来体现产品的差异。他认为品牌形象不是产品固有的，而是消费者联系产品的质量、价格和历史等形成的态度，此观念认为每一则广告都应是对构成整个品牌的长期投资，因此每一品牌和产品都应发展和投射一个形象。消费者购买产品时不只是追求理性的物质利益，更追求感性的心理满足。尤其是在产品同质化越来越严重情况下，只有那些在实物基础上建立了虚拟品牌形象的产品才能够脱颖而出打动消费者。

奥格威在《一个广告人的自白》中阐述了很多关于品牌的观点，如："每一则广告都应该被看成是对品牌形象这种复杂现象做贡献；品牌和品牌的相似点越多，选择品牌的理智考虑就越少；品牌都有局限性，不能奢望它对人人都适用，否则产品就什么个性都没有了。"在《奥格威谈广告》中，他也再次表达了对品牌形象的见解，如："对大多数产品有益的一个做法是赋予产品高品质的形象。"其对品牌理论知识的见解对学界和业界都有一定的思考价值。

3.3.1.2 品牌的心理表征

研究消费者对一个品牌的看法时，一个有用工具是**心理表征理论（mental representations）**。心理学家用心理表征理论来解释和认知世界，其基本概念是人的记忆是一张联想网络（associative network），此网络由内部相连的节点构成，每个节点就是一个概念，每个概念的含义都源于与其他概念的互动关系。心理表征理论的基本观点有：

（1）感知（perception）会激活与知觉对象相对应的节点；

（2）当激活节点扩散引起其他相连节点激活时，思考（thinking）就此产生；

（3）此激活作用会逐渐加强节点之间的联系；

（4）与经常被激活的节点相对应的概念更容易从记忆中提取；

（5）节点是有效价的（valence）（积极或消极），此为态度形成的基础；

（6）长期记忆是独立庞大的联想结构，覆盖了所有概念，短期记忆是当前被激活的子结构；

（7）不同概念网络的同时激活有可能发生（即并行加工），但此种加工大多是无意识的。

为阐释这一理论的应用，我们用一张香奈儿品牌的心理表征图（图3.8）来说明。香奈儿的心理节点与诸多概念相互联系，这里我们只绘制了部分。首先看到或听到Chanel，我们会联想到其品牌标识（logo）、创始人嘉柏丽尔·香奈儿（Gabrielle Bonheur Chanel）、产品特征（高溢价、奢侈、优雅等）、代言人（黛安·克鲁格、玛丽莲·梦露等）、产品类别（皮包、服饰、香水等）等；而提起创始人我们又会联想到她的国籍、个人风格形象等；看到logo我们可能也会好奇它的来源和背后的故事；提起代言人我们不难联想到她们的职业或特征；想到品牌品类我们也会联想到拥有同样品类的其他品牌［如爱马仕（Hermès）、LV、普拉达（Prada）、迪奥（Dior）等］，而这些品牌也同样会与演员和时尚明星相联系。

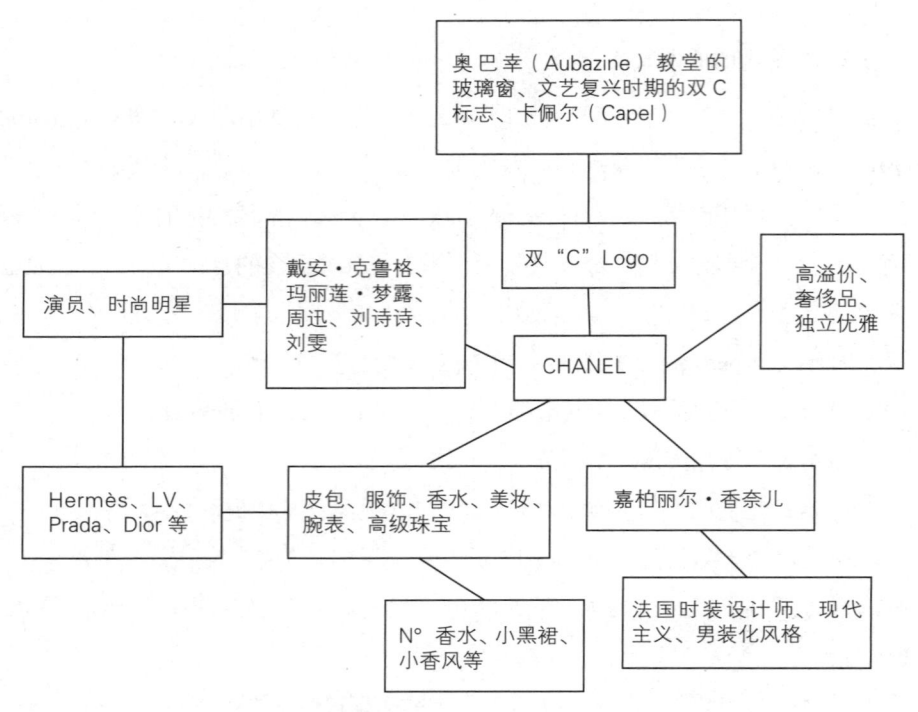

图 3.8 香奈儿品牌的心理表征图

3.3.1.3　品牌知识

品牌学者凯文·莱恩·凯勒（Kevin Lane Keller）认为消费者由于对特定品牌掌握知识的不同而对品牌产生不同的态度，进而对营销手段做出不同反应。**品牌知识（brand knowledge）由品牌意识和品牌形象两个部分组成。**

品牌意识（brand awareness）是指人的想法是如何被代入心智的，有回忆（recall）和识别（recognition）两种机制。当人们回忆时他们会用心理表征中概念之间的连接来唤醒记忆中的概念。比如一提到时尚奢侈品牌，大脑就会浮现出路易威登、香奈儿、迪奥等品牌。通常这种线索是某个品类或是对某个品类的需求。营销人员的工作是让其品牌比其他竞争品牌更容易被回忆起来。品牌回忆的强度可以通过消费者调研中的"第一提及"来衡量，即询问消费者当提到某个品类时"首先"想起的会是哪个品牌。比如说需要买一双功能性篮球鞋的时候，许多消费者可能会第一个想到耐克（Nike）品牌。

与回忆不同的是识别，识别是指当人们看到一个物体或其图像时能知道这是什么，这涉及外部刺激和心理表征的匹配。若外部刺激不完全，或者心理表征中对该物体的定义不明确，识别就会有困难。识别的容易程度可以用品牌刺激出现时人们的反应速度来衡量，比如请人们瞥过一组品牌图片，并让他们指出某个特定品牌是否在其中出现。

品牌会在不同环境中被想起或被选择，而这些环境会影响人们在记忆中提取某个品牌的时候是回忆还是识别在发挥作用。比如一个人想买几双保暖袜子就会想到趣趣安娜（tutuanna）品牌，这属于回忆机制；一个人在逛商场时一进门看到 tutuanna 品牌时就会认出它，并且回想起正好需要买几双保暖袜，这属于识别机制。有实体店的品牌通常更适用于识别模式，因为在商店里品牌"自己会展示"给消费者。而服务经常难以在环境中展现，通常都是先产生对某类服务的需求并且体验后人们才会回忆起某品牌。罗西特和贝尔曼（Rossiter and Bellman）在 2005 年的一篇文章中提到回忆和识别可以作为设计有效广告和选择合适媒体的基础。视觉媒体如电视对实体品牌的识别是有帮助的，因为实体品牌可以展示产品，而电台媒体有利于加强从品类到品牌的联想，所以此种媒介有助于品牌记忆。

品牌形象（brand image）是指消费者记忆中与品牌相关的一组联想。品牌除了实体属性之外，还具有社会意义和心理意义。这些有关品牌的情感和概念指导着消费者的选择，这种思想也可以从"购买物的象征符号"、"品牌个性"和"品牌内涵"等术语中凸显。某个品牌形象的概念网络会通过消费者对此品牌的体验、他人的口碑及大众传媒在消费者大脑中浮现。经历了相似的顾客体验、听到相似的口碑以及看到相似的大众传媒信息，这些经历积累到一定程度后消费者对产品会产生相同的品牌联想。

服装品牌在宣传中常有意与"业界精英"和"成功人士"挂钩，目的是通过塑造一定的品牌形象来建立有关的品牌联想。比如来自罗马的布里奥尼（Brioni），凭借其面向高端客户的品牌定位和面向娱乐界、政界及商界精英人士的着装基准形象，在 1950 至 1960 年间品牌快速壮大，被视为是国际上最负盛名的顶级男士定制服装品牌。又如意大利高级品牌诺悠翩雅（LORO PIANA）在品牌的宣传标语上写到"为富有品位和格调的顾客提供上乘佳品"。从明星到政要人物，LORO PIANA 都试图将其目标消费者群体塑造成精英中的精英的形象。

运用心理表征理论可知，品牌形象是由与品牌相联系的概念所赋予的。这些联系有不同数目、独特性、连接强度及效价（积极或消极）。因此，我们可以将品牌形象分解成一个具有效价的概念即**品牌态度（brand attitude）**和一个认知概念即**品牌强度（brand strength）**。品牌态度指的是对品牌特征积极、消极或中立的感受。如好看、优雅这类特质是积极感受，昂贵、不耐用这类概念是消极感受，一般、还好就是中立感受。而连接的数量、独特性和强度则构成了品牌强度。拥有更丰富更积极的连接的品牌更有可能被消费者所考虑，被消费者舍弃的可能性更低。

> **研究案例：品牌形象的来源国效应**
>
> 品牌形象影响品牌态度，而品牌形象又受多种因素的影响。在品牌及其产品评估时，品牌来源国被认为是消费者对品牌形象做出判断的重要外在线索之一。斯库勒（Schooler）最早开始来源国效应（country of origin effect）的研究，他发现来自经济发达国家的产品比来自经济较不发达国家的产品更受欢迎，如美国消费者通常认为日本、美国、德国的产品质量好于韩国。有学者认为文化差异也会导致来源国效应。其发现个人主义色彩浓厚的国家如美国，在自利的原则下消费者较倾向于选择外国产品，而在集体主义色彩浓厚的国家如日本，基于群体利益，消费者较倾向于选择本国产品。
>
> 在平时生活中我们也不难发现一些品牌来源国效应，如过去在购买运动服饰中，许多年轻人对美国耐克、德国阿迪达斯（Adidas）的态度要高于中国的李宁、安踏品牌。很多人觉得前几年中国的服饰品牌缺乏设计、不够潮流，因此对本土服饰品牌的设计与时尚性缺乏自信，而部分人总是认为一些国外的品牌更具专业性和时尚性；又如提到奢侈品牌或高级定制人们自然会联想到它的来源国可能是意大利和法国等一些欧洲国家。在服装品牌的推广中也有不少宣扬其面料或材质来源于某国进口羊绒或真丝，从而塑造高端品牌形象，引导消费者产生积极正面态度，建立品牌信任度与忠诚度。
>
> 有学者进行了服装品牌来源国效应的实证研究，选取了美国、法国、英国、日本、韩国和中国六个国家进行探讨。结果发现消费者对来自不同国家的服装品牌的产品评价和品牌态度有显著性差异。当产品品牌来源国是具有高来源国形象的国家如法

国时，被访者的产品质量和设计质量感知评价显著高于低来源国形象的品牌产品。而且服装品牌的来源国形象与消费者的产品信念和品牌态度呈正相关关系，来源国的形象越好，消费者对其产品和品牌的评价越高。研究最后相关学者也针对品牌来源国提出了建议（表3.4）。

表 3.4 品牌来源国建议

营销战略与来源国形象的匹配		
市场营销组合	高来源国形象	低来源国形象
产品	强调来源国（来源地）	强调品牌
价格	高端定价	中低定价，扩大顾客价值
渠道	建立独家专用分销渠道	合作构建分销渠道
促销	以政府为依托强调来源国（来源地）形象	企业牵头，强调品牌形象

来源：严超. 服装品牌来源国效应实证研究［D］. 北京：北京服装学院，2008.

3.3.2 品牌度量

对品牌进行度量是评估品牌价值、管理品牌资产、制定品牌策略及策划营销活动的前提和基础。基于不同目标，品牌度量可分为财务视角、市场视角和消费者视角的度量。基于财务视角品牌度量考虑的因素有成本、股票市值、品牌收益等；基于市场视角的品牌度量比较有代表性的是 Interbrand（国外一公司名称）和世界品牌实验室（World Brand Lab）等机构。营销人员由于关注品牌传播和产品销售的问题，所以会更加关注基于消费者视角的品牌度量。实际应用中，消费者视角的品牌度量往往落实在对品牌形象的度量及营销漏斗的运用中。

3.3.2.1 基于品牌形象的度量

基于品牌形象的度量是对品牌形象各构成维度进行度量。品牌资产理论中的品牌形象维度为品牌度量提供了可操作的框架。如图3.9，凯勒对品牌形象的维度框架强调品牌联想的几个层面，包括品牌属性、品牌利益（即对消费者的意义）和品牌态度。其中品牌属性又包括和产品相关的属性和与产品不直接相关的属性，如使用者形象、使用场景等。品牌在这些维度上的表现给营销人的决策提供了依据。在操作上，品牌通常会以一定频率对本品和竞品在这些维度上的表现进行跟踪，并针对最重要的指标为营销计划设定目标。

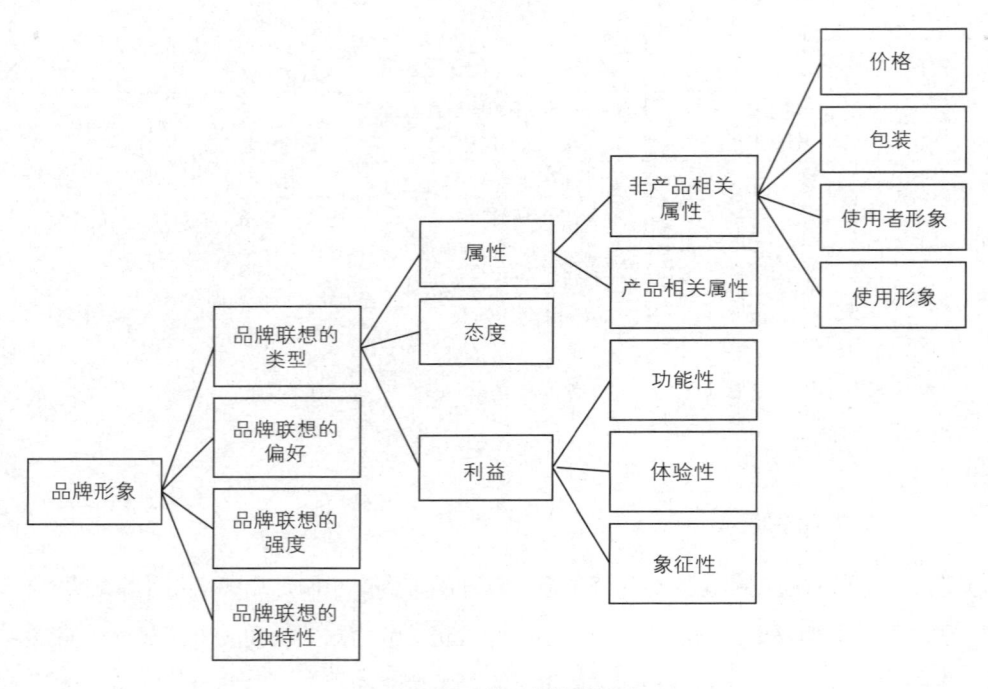

图 3.9 凯勒品牌形象构成维度

3.3.2.2 营销漏斗

营销漏斗（marketing funnel）的概念最早由美国知名广告人埃利亚斯·圣埃尔莫·刘易斯（Elias St. Elmo Lewis）在 1989 年提出，叫做消费者购买漏斗，也叫消费者漏斗或者营销漏斗等。漏斗模型是一种品牌广告的营销策略，它概括了消费者关于产品或者服务的流程。其度量品牌的方法大体是将消费者与品牌的关系，如认知、喜爱、考虑、购买、推荐等按照一定的逻辑顺序进行排列，然后对每个指标的值进行度量，并计算指标之间的转化率。这种方法简明扼要且容易解读，是业界品牌跟踪研究中最常使用的方法。营销漏斗模型并不是固定不变的，会根据用户购买情况进行变动。目前常用的品牌营销漏斗模型是 AIDMA（attention， interest，desire，memory，action）模型，具体模型展示如图 3.10 所示。

```
            注意
          (attention)
        兴趣
      (interest)
    兴趣
  (interest)
欲望
(desire)
行动
(action)
```

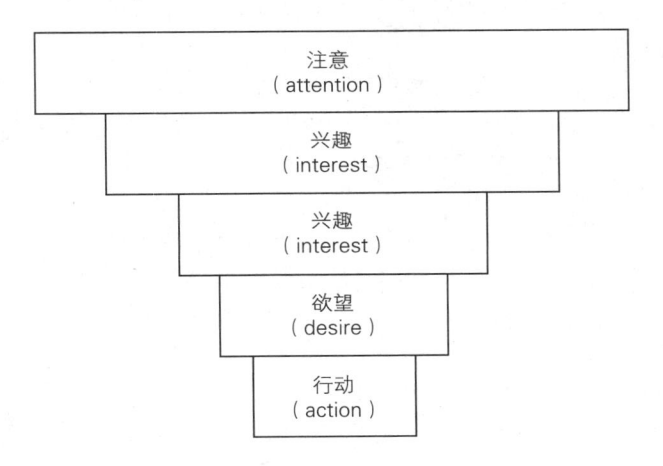

图 3.10 AIDMA 营销漏斗模型

延伸阅读：品牌度量方法新探索

传统的品牌度量方法是通过调研对消费者心智进行测量，着重于消费者对品牌的认知和关系，它们在营销实践中的缺点比较明显：成本高、效率低和敏感度比较差。另外，在互联网环境下消费者购买旅程和漏斗发生了变化，从逻辑上讲，现在很多成功的新锐品牌很难用营销漏斗来度量。因为新锐品牌不靠认知兴起，它的漏斗头部可能很窄，但却不影响它底部是宽的。传统的品牌漏斗会通过看漏斗的形状及不同环节的转化率制定不同的策略，对于偏窄或者转化率低的部分可以针对性强化。但是营销漏斗的方法在解释新锐品牌的增长方面却不一定有效。目前营销界对新的品牌度量方法的探索有以下几个方向：

（1）大数据

品牌度量应该打破现有框架，回归消费者行为的本质。如果我们认为微观数据反映的是消费者行为，则我们应该让度量反映消费者的行为，而不是套用某个营销框架。对于重用户运营的品牌而言，可以通过大数据度量的方法追踪消费者旅程。这种方法的前提是品牌度量必须与商业目标关联，从行为的角度看消费者的购买旅程，如果我们把消费者在数字世界的移动看做他购买旅程中的考察点，消费者的移动和最终的购买行为肯定是有关联的，大数据给了品牌观察的机会。在这种方法下，除了最终的购买行为，品牌还能对早期的各种行为做一定的观察，并分析其对最终购买的影响。比如部分新锐品牌可以通过用户运营带动消费者购买。它们会通过自己拥有的用户数据,度量用户的行为判断其是否对品牌感兴趣以及是否忠诚。

(2) 社交聆听

通过社交聆听的方式,把品牌的网络声量和正负面等同于认知度、喜爱度等指标,将其视为数字化世界里消费者的表达。它的优势在于更为敏捷,数据维度多,分析可以更为细化,但劣势在于数据不够稳定,受环境干扰大。

(3) 神经科学

神经科学的度量方法,旨在用更加精细的脑电工具来探测品牌在人脑当中的情感体验到底如何。主要有三种方法:一种是反应时,认为反应快就代表着强连接;一种是脑电的方法;还有一种是脑区激活的方法,用来度量消费者看到某个品牌、内容或者得到某种体验时,最客观的潜意识的反应。

(4) 将消费者行为和体验纳入度量范围

体验,包括线上线下,都需要纳入度量模型中。消费者行为也需要纳入品牌度量体系。消费者线上的行为,可以基于用户运营数据分析,线下行为也可以基于到店数据或其他数字化的体验数据分析,当然,行为的分析必须建立在保护消费者个人隐私的基础上。

本章小结

消费者的认知方式和品牌态度影响着消费者的购买决策,进而影响企业的营销效果,这种认知方式是消费者在表明一种态度。态度是对一个话题、一个人或一件事采取的一种立场,它影响着态度持有者的感觉、认知、学习过程以及后续行为。消费者研究表明,态度具有驱动购买决策、节约时间、带来便捷和降低风险等意义。关于态度对消费者的作用和促进社会行为的理论,一般从态度功能论角度认为态度的作用包括四个方面:(1) 功利性功能;(2) 价值表达功能;(3) 自我防御功能;(4) 知识功能。

态度的构成是消费者行为学科一直持续探讨界定的概念维度,例如态度 ABC 模型、态度层次构成和费希贝恩模型等。心理学家进而将内在的"态度"转化为一个可操作测量的变量,有关态度的研究中,对消费者的态度评价经常使用李克特式和语义差异量表来测量服装和购物态度。

研究者在费希贝恩的多属性态度模型上进行了修正,建立了相关的态度与行为预测理论模型。具体理论涉及理性行为理论和计划行为理论，但两个理论的视角有所不同，理性行为理论引入行为意向这一变量，认为特定行为由所持有的态度和从众心理决定，计划行为理论认为购买行为受行为态度、主观规范和感知行为控制三个变量复合影响。

对于营销者来说，品牌是营销的工具，是消费者态度的对象和载体。品牌是一种名称、术语、标记、符号或设计，或是它们的组合运用，可用于辨认某个或某群销售者的产品或服务，并使之同竞争对手的产品或服务区别出来。在品牌与品牌态度中，基础知识点包括：(1)品牌的心理表征；(2)品牌意识；(3)品牌形象；(4)品牌态度；(5)品牌度量。

重点概念

1. 态度功能论——解释态度的作用以及其如何促进社会行为的理论。

2. 态度ABC模型——指态度由情感（affect），行为（behavior）和认知（cognition）三个部分组成，情感是指消费者对事物的感觉；行为涉及人对事物做某事的意图（不一定导致实际行为）；认知是指消费者对事物属性的认识。

3. 计划行为理论——人的行为是经过深思熟虑后计划的结果，该理论认为消费者对某个购买行为的意向受到个人态度、环境压力和对行为难易程度的感受这三个因素的影响，分别以行为态度、主观规范和感知行为控制三个变量表示。

4. 品牌态度——指对品牌特征积极、消极或中立的感受。它决定了品牌长期盈利能力和营销效率。

5. 品牌意识——人的想法是如何被代入心智的，有回忆（recall）和识别（recognition）两种机制。

讨论与思考

1. 假设你是市场调研公司的研究人员，正在为一个品牌提供情况分析，为此需设计一份问卷用以研究本品和竞品的优势和劣势，根据本章内容，请描述问卷的题项可以从哪个维度来帮助品牌了解自身情况？

2. 态度的作用有哪些？这些作用如何在营销中应用？请举例说明。

3. 为什么要进行品牌度量？

作业与练习

设计一个费希贝恩模型来研究一个职业装品牌（或其他品类）。根据这个模型，说明该品牌可以采取哪些营销手段来提升品牌形象，给出理由。

第四章　消费者决策过程

与消费者进行有效的沟通始终是营销的核心任务，营销者的目标是通过广告、促销、展示和公关等手段激发消费者的需求，引导消费者购买产品。消费者的购买行为是一个或简单或复杂的过程，在这个过程中，消费者会受到多种因素的影响，其中营销活动就是诸多因素中的一个。消费者的兴趣、经验、目的、购物环境和场景等许多因素都会对购买过程产生影响。为此营销者需了解目标消费者的购买过程，研究购买过程如何推进或终止，从而发现这个过程中的营销契机。消费者行为学已经向我们提供了一些有用的理论框架和一定的实证研究支撑。本章内容包括消费者决策的过程及类型、影响消费者决策的因素、消费者如何做出选择以及产品的使用与评价对未来决策的影响。

4.1 消费者决策过程

消费者每天都在进行大量的决策，大到房屋和汽车等资产类商品，小到牙膏、牙刷等日常生活用品。服装购买也和消费者的生活息息相关，换季和衣服破损需要购买，出游想要新衣服也需要购买。服装品牌、颜色、图案、剪裁和价格等各种因素都可能影响消费者的选择，如果要将所有因素全部考虑在内，消费者可能需要经历漫长而又复杂的过程。而实际情况中，消费者决策可能很漫长，也可能很简单。

1968 年，恩格尔（James F. Engel）在《消费者行为学》中首次提出**消费者决策模型（consumer decision process model）**，用来描述一次标准的消费者购物过程。一个完整的消费者决策过程是指人们从在某一瞬间因为外界或内心的种种原因产生了想要购物的冲动开始，随后仔细搜集与整合能够获取到的与产品相关的信息，在脑海中形成一个或多个可供选择的购物方案，再根据消费者自身已有的知识和购物经验对每一个备选方案的优劣进行衡量，最后做出一个令自己满意的决策。恩格尔提出的消费者决策模型将消费者的购物过程划分为五个阶段：问题识别、信息搜寻、方案评估、购买决策与购后行为，如图 4.1 所示。

问题识别 → 信息搜寻 → 方案评估 → 购买决策 → 购后行为

图 4.1 恩格尔消费者决策模型

第一阶段：问题识别

问题识别是消费者购买过程的第一阶段。**问题识别（problem recognition）**是指消费者意识到现有状态与理想状态之间存在一定差异从而产生了购物需求。需求的产生有两种方式。一种是理想状态提升后与实际状态产生差距。如一位开始大学生活的女生迫切想要绚丽夺目的服装提升自己的外在形象。另一种是现实状态下降导致与理想状态产生距离。譬如一个人的雨衣被划破了，需要重新购买一件雨衣来满足其需求。消费者对问题的识别除了能自发产生，也能被一些营销活动所激发。如每年的"双十一"活动，各式各样的折扣和促销活动都在不断地激发消费者产生新的需求。

第二阶段：信息搜寻

一旦消费者识别出问题，就需要利用信息来解决这个问题。**信息搜寻（information search）**是指消费者在环境中获取适当资料以制定合理决策的过程。消费者首先会回忆过去在遇到类似需求时自己的做法。一个消费者想要买几双冬天的袜子，他回想去年冬天在某品牌购买的产品体验，或者因最近看到的广告回想起某个品牌，这个过程就称为**内部信息搜寻（internal search）**。而当过去的经验或已有的知识并不能满足本次的购物需求时，消费者会尝试寻求外界信息的帮助，即开始**外部信息搜寻（external search）**。

在内部信息搜寻时，哪些品牌或产品能进入消费者的脑海就变得非常重要。消费者并不会把所有知晓的品牌都考虑进去，比如曾经有过糟糕购物体验的品牌和了解较少的品牌极有可能被剔除出去。对于品牌来说，第一时间出现在消费者内部信息搜寻时的考虑范畴内，有更大的可能性进入消费者的备选方案之中。

在完成内部搜索后，如果消费者发现脑海中储备的知识还不足以满足此次购物的需要，则消费者可能会进入外部信息搜寻阶段。消费者可能从诸多渠道对信息进行搜集，如与亲朋好友交谈、听取意见领袖的建议、搜索相关产品信息和阅读其他消费者评论等。不同的消费者对所购产品的了解程度与购买经验不同，他们表现出的外部搜索行为可能千差万别。经验丰富的消费者可能会享受到处浏览的乐趣，或者热衷于了解喜爱的品牌的最新动向，有些"购物狂"可能还会享受在信息的海洋中遨游的感觉。而对于第一次购买某类产品的消费者来说，品牌和知名度可能会成为其首要考虑的因素。并且显然当购买活动很重要时，消费者在信息搜寻时就会更加谨慎，以尽可能多地了解产品信息，降低购买风险。此外，消费者愿意进行的信息搜寻量也可能不同。在同样的情况下，年轻、受过良好教育、喜欢逛街、寻求真相的人往往会进行更多的信息搜寻。女性比男性也会更倾向于搜寻信息，那些更重视时尚和自身形象的人也有类似倾向。

> **延伸阅读：感知风险**
>
> 很多时候消费者进行信息搜集是为了降低购物的风险。感知风险（perceived risk）的概念最初是于1960年由哈佛大学的瑞蒙·德鲍尔（Raymond Bauer）从心理学延伸出来的。他认为消费者任何的购买行为，都可能无法确知其预期的结果是否正确，而某些结果可能令消费者不愉快。所以，消费者购买决策中隐含着对结果的不确定性，而这种不确定性，也就是风险最初的概念。鲍尔认为"感知风险"包括两个因素：
>
> （1）决策结果的不确定性。以网购为例，服装网购相较于实体店购买而言，给消费者带来了更大的感知风险。因为消费者网购时不能切实地触摸、试穿服装，只能通过相关的图片和服装参数了解产品信息，这就导致有些消费者在网购服装后发现产品与图片不相符的现象。同时也给商家带来了一定风险，因为消费者只有在完成购物并不退货之后，这笔交易才算完成。
>
> （2）错误决策后果的严重性。例如小明很想跟上近期的潮流，于是购买了一件今年流行色的服装。但是颜色太过鲜艳究竟适不适合自己？如果明年不流行了那岂不是浪费了？穿到公司会不会被同事嘲弄说自己一把年纪了还要假时髦？这些都是小明如果做出错误决策后可能会承担的风险。这些因素也深深地影响着消费者的决策。
>
> 消费者在进行购买决策时感知到的风险通常有以下五类：
>
> 功能风险（functional risk）：产品不具备消费者所期望的性能；
> 身体风险（physical risk）：产品可能对使用者及他人造成危害；
> 财务风险（financial risk）：产品可能定价过高，超过本身应有的价值；
> 社会风险（social risk）：因决策失误而导致自己面临尴尬的局面；
> 心理风险（psychological risk）：因决策失误而使自尊心受损；
> 时间风险（time risk）：如果该产品的性能没有达到要求，还要花费额外的时间来寻找替代品。
>
> 不同的消费者对风险的接受能力是不同的。新投放市场的产品，往往被认为比成熟的产品具有更大的风险。对于希望规避风险的消费者，他们往往选择更加成熟的产品，而对风险承受能力较强的消费者则有更大的可能尝试新产品。消费者都有自己降

低风险的策略。消费者常用的策略有：

（1）搜寻信息：消费者通过各种途径收集产品信息，包括咨询朋友、家人，和其他消费者交流，浏览产品评论等。如果消费者认为风险比较高，他们将花费更多的精力来搜寻信息，以降低决策的风险。

（2）品牌忠诚：因为以往的使用经验，消费者可能会对某个品牌的产品感到满意。消费者可以通过保持品牌忠诚和拒绝其他品牌来规避风险。

（3）选择头部品牌：如果消费者对某个品类不熟悉时，他们可能会选择头部品牌来规避风险。消费者对于哪个品牌是头部品牌的认识未必十分准确，很多时候广告的频率会促使消费者建立头部品牌的印象。当危机发生时，消费者也会倾向选择头部品牌来规避风险。

（4）寻求保证：有些消费者会寻求退款保证、保修服务等。另外，电商平台推出的7天无理由退货无疑也大大降低了消费者的风险，提高了销售的成功率。

第三阶段：方案评估

通过先前内部或外部的信息搜寻后，消费者或多或少在脑海中产生了一个或多个可能购买的方案，此时消费者将凭借自身经验对这些购买方案进行评估。影响消费者形成备选方案的因素有很多。就服装而言，包括品牌、价格、购买渠道等非产品因素以及产品本身的款式、颜色、图案、材质、搭配等。有时也会受到商家营销活动的影响，如各种折扣优惠。营销的一个重要作用在于不断向消费者传播其产品的价值，以增加品牌进入备选方案的机会。

第四阶段：购买决策

一旦消费者收集和评估了诸多备选方案，接下来就要从中选出一个。消费者决策的规则有些是非常简单、迅速的决策原则，而有些则是需要大量精力和认知处理的复杂过程。如今电子商务发展迅速，服装品牌的数量也随之大幅增长，同类型同价位的品牌数量越来越多，这给消费者进行购买决策时增加更多的难度。消费者如何做出选择，我们将在4.4节做更详细介绍。

第五阶段：购后行为

经过一步又一步或简单或复杂的决策过程后，消费者终于完成了产品的购买。**购后行为**（post-purchase behavior）是消费决策过程的最后一环，消费者在使用产品后心中自然会产生一定的评价。有些消费者会选择自己默默消化，而有些消费者可能会选择与周围人交谈，或者在网上发布自己的使用感受，等等。

随着数字化媒体的日益发展，消费者可以在购物平台发布评论，可以在专门分享个人生活的软件上发布帖子，可以在微博、微信等平台上与品牌进行沟通。因此，商家与消费者之间的距离也越来越近。企业可以通过聆听消费者"声音"来对自身品牌或产品进行评估、优化等。关于消费者的购后行为，我们将在4.7节做更详细说明。

> **研究案例：内衣消费者的决策过程**
>
> 相对于外衣而言，对内衣购买过程的研究相对较少，消费者在购买内衣时所产生的购物心理及购物过程与购买其他服装有何不同？针对这样的问题，凯西·哈特（Cathy Hart）等2001年的一篇文章以女性内衣出发，探索了消费者的购物过程及她们的购买动机、价值观、态度和行为等。研究发现，购买过程越复杂的消费者以及对品牌越忠诚的消费者在购买内衣时会更享受长时间、高投入的购物决策过程；而具有高度感知风险的消费者则对漫长的购物过程感到疲惫和厌烦。该研究分别使用了投射技术、开放式讨论和盲测实验三个方法，对48名受试者的内衣购买行为进行了研究。
>
> 第一个实验运用了投射技术（projective technique）。投射技术是人格评估的一种重要方法，是一种无结构的非直接的询问模式。受试者需要用40个褒义词和贬义词对选出的8个不同内衣品牌进行评价，目的是为了了解受试者个人对主流内衣品牌的看法。
>
> 第二个实验是将受试者分成几个小组后进行半开放式结构化讨论。讨论的内容主要是受试者购买内衣的过程。讨论借助了恩格尔的消费者购买决策模型，该模型将消费者的购物过程分为五大基本阶段：问题识别、信息搜寻、方案评估、购买决策和购后行为。在分组时，研究员将有共同背景的人或类似的购买使用经验的人分为一个小组。
>
> 第三个实验是使用实际服装的盲测实验。研究者选择7种内衣品牌的设计代表当前主流的内衣风格。这一实验的目的是为了了解个人对产品评估和设计偏好的情况，以及受试者对于品牌与自我形象一致性的考量。
>
> 通过上述三个实验，该研究发现消费者的购物过程与恩格尔模型的五大基本阶段吻合。在问题识别阶段，大多数受访者描述了他们最初是如何被情境因素促使进入内衣购买过程的。这些情境因素包括：产品出现了功能性退化如弹性效果减退；产品美观度下降；季节性因素；消费者自身生理变化导致对不同尺寸的内衣的需求。

在对产品进行评估时，消费者首先会对内衣的外观进行评价，而这些评价很大程度上来源于商家对自己产品的定位，之后才是内衣穿着的舒适度。消费者更倾向于在白天穿着新的胸罩，而晚上则换回以前的旧胸罩。这是因为白天消费者大多在外工作，相较于舒适更看重自己的形象，而新买的内衣可以很好地满足消费者的美观需求。晚上回家后，消费者追求的不再是美观而是舒适，那些以前穿旧的内衣在经过时间的洗礼后，与消费者心理上与生理上的联结都更加紧密。这也说明内衣与消费者的自我表达之间存在很强的联系。因此，了解消费者的心理可以使营销人员开发有效的营销计划，帮助确保营销方式与消费者期望的自我概念之间的一致性。

研究还发现，消费者一年要购买三到四次的内衣，间隔时间取决于内衣的质量，每次购物消费者往往会购买一件以上，因为合适的内衣并不那么好找，错过这次机会下次购买又需要重新来过。为了避免每次购买内衣时繁琐冗长的信息搜索和评估，重复购买是内衣所特有的购物方式。在可支配收入有限的情况下，重复购买的策略是首选。而营销者明白了消费者这样的购物心理，便可以定期向消费者询问内衣穿戴意见，并鼓励她们再次购买，培养品牌忠诚度。

来源：HART C, DEWSNAP B. An exploratory study of the consumer decision process for intimate apparel [J]. Journal of Fashion Marketing and Management, 2001, 5（2）: 108-119.

4.2 消费决策的类型

恩格尔模型描述了一种标准的购物过程。而实际情况是，在不同的情形下，消费者的购物过程可能非常不同。比如并不是所有的购物过程都需要相同程度的信息来支撑。如果所有的购买决策都需要大量的时间和经历，那么消费者会认为做出购买决策是一个令人疲惫的过程。另一方面，如果所有的购买都是例行公事，那么它们就会变得非常单调。根据消费者在购物过程中花费的努力程度，从高到低可以将购物决策分为扩展型决策、有限型决策和例行型决策三种类型。

扩展型决策

当消费者没有既定的标准来评估一个产品类别或特定的品牌时，通常会采用较复杂的购买决策规则。消费者通常不知道有哪些品牌可供选择或不了解评价品牌和产品的标准，一般会"货比三家"，从中收集信息，并比较各种品牌的优劣后再做决定。这样的决策过程被称为**扩展型决策**（extensive problem solving），一般出现在消费者第一次购买昂贵的、重要的产品或服务时。

有限型决策

有限型决策（limited problem solving）是指消费者对产品很熟悉，并深知所需要的质量知道评价该产品质量或性能的标准，且知道自己想要购买的产品质量或性能等级，但对购买的品牌不太熟悉。因此，在选购产品前，需询问很多人，或是从各种广告中了解与该类产品相关的品牌。也就是说，此类型的消费者已经建立了评价产品或品牌的基本标准，但他们还没有完全确立对特定品牌的偏好。对此类消费者，由于他们想收集更多的信息来降低购买风险，因此营销人员应该精心设计一套沟通方案，以便增进消费者对品牌的认识和信心。

例行型决策

例行型决策（routinized response behavior）是最简单的购买决策过程。一般在购买价格低且经常购买的产品时，由于消费者已经熟知产品的性质、各种主要品牌，并且对于各品牌之间已有非常明显的偏好，故他们只需做很少的决策。这种行为一般发生在消费者购买内衣、袜子等类型的产品时。

消费者解决问题的任务到底有多广泛，取决于消费者对产品选择标准的完善程度、对每个品牌的信息考虑程度以及进行考虑的品牌数量。显然，广泛问题解决意味着消费者必须寻求更多的信息来做出选择，而例行反应行为意味着几乎不需要额外的信息。

4.3 影响消费者决策的因素

随着消费水平的日益提升，服装品牌数量不论是线上还是线下都如雨后春笋般增长起来，各种各样的店铺让消费者眼花缭乱。购物通常不是跑进一家商店、快速挑出商品这样简单又程序化的事情。商场里门店的布置与陈列等环境因素会影响消费者是否愿意进店逛一逛，实体店中的导购对消费者的最终选择起着关键性的作用。现如今，消费者对自己的穿着打扮有着独特的见解，消费者越来越强调自己的风格，这增加了实体店的销售难度。

此外，消费者的选择还受到许多个人因素的影响，如人们的情绪、购物时感到的时间紧迫性、购物动机等等。表 4.1 列出了购物过程中影响消费者决策的一些因素。

表 4.1 购物过程中影响消费者决策的因素

	购物前	购物时	购物后
影响因素	消费情境 购物动机 时间压迫	消费者情绪 购物体验 购物时刺激 销售/客服互动	消费者满意度 产品处置 二手市场 品牌售后

消费情境（consumption situation）

常识告诉我们，人们会在特定场合下表现出特定的购买行为，特定时间的心情影响着我们想做的事、想买的东西。消费情境包括购买者、销售者、产品或服务，还包括许多其他因素，如人们购物的理由，以及周边物理环境给人的感觉等。聪明的营销者深谙这些因素的影响，并根据人们最可能购买的情境，规划相应的营销投入。例如，几乎所有的品牌都在"双十一""618"等购物节来临之际进行大规模的促销活动，刺激人们消费。

我们每个人一生中每个阶段所扮演的角色不同，不同阶段下，所面对的消费情境也往往是不同的。在消费行为学中，将在某段时间个人所扮演的角色称为**情境性自我形象（situation self-image）**。一个试图突出自己，吸引异性的男性出手会更加阔绰；心系孩子教育的父母在培训班、兴趣班上的开销上也从不吝惜；追求时尚的年轻女性会倾注更多精力在研究和购买衣服和包包上。

即便是购买相同的产品，当购物情境发生转变时，消费者的购物动机和对产品所持的看法也是不同的。譬如同样是购买羽绒服，年轻的消费者想要看起来更显身材的款式，而为女儿购买羽绒服的母亲则更看重保暖性。

时间因素

时间是消费者最珍贵的资源之一。我们常说"抽时间"或"花时间"，时间就是金钱。一般来说，人们购物时，只有在时间充裕，没有紧迫感的情况下，才会放慢步伐、仔细浏览各类信息并货比三家，以做出最满意的购物决策。早期的

"双十一"购物节仅在当天有优惠活动，即便是平日里最谨慎的消费者也会在零点前结束自己的挑选；而如今的"双十一"，卖家们早早地便开始了预售活动，人们也开始更早地做出购物计划或花更多的时间在心仪的产品上。有无时间的压迫会对消费者的购物决策过程产生极大的影响，如果消费者在前期花费了大量的时间进行信息的搜集和评估，但最终缺少了最后的一点刺激而没能完成购物，会让消费者觉得前功尽弃，先前的努力都白费了。商家正是抓住这样的心理，为消费者精心打造了一个又一个购物节，以短期内的折扣诱惑消费者购物，越是到了活动即将结束的时候消费者越感到心理压迫，而已经付出的沉没成本迫使消费者必须快速做出决策。

4.4 消费者如何选择

4.4.1 品牌考虑

试想一下，如果你要为自己购买一双运动鞋，你脑海中能够回想起的运动品牌有哪些呢？耐克、阿迪达斯、安踏、李宁、特步……你或许会惊讶的发现，尽管国内外运动品牌数量浩如烟海，但是能够浮现出来的品牌却屈指可数，并且最终购买的产品品牌很大程度上就是你刚刚回想起的品牌集中的其中一个。身为营销者，一定希望自己的品牌能够在第一时间被消费者回想起来，因为这表示自己的品牌有更大的机会被消费者选中。

当我们要购买某一品类时，第一时间浮现在脑海中的品牌集合称为**唤醒集**（evoked set）。通常消费者会在信息搜寻和方案评估两个阶段回想其唤醒集里的品牌或产品。另外两种品牌集也会在评估备选产品时出现：排除集和惰性集。**排除集**（inept set）是指那些消费者因自身购物体验不好或听闻他人负面评价而持否定态度的品牌集合。即便消费者想到了这些品牌，也不会将其作为备选方案进行评估。**惰性集**（inert set）是指消费者关注到某些品牌但对这些品牌既无正面评价也无负面印象的品牌集合。追溯消费者的购物旅途中，这些品牌不论在哪一个阶段都没有出现，他们与消费者之间产生的联系非常少，导致消费者对他们的了解也微乎其微。因此，大多数情况下，只有唤醒集中的品牌会被消费者纳入考虑范畴。

对营销人员来说，如果自己的品牌不在目标客户的唤醒集中，营销人员就应该开始担忧了。如果消费者曾考虑并否决过一种产品，那么它就不大可能进入消费者的唤醒集。相比于排除集中的产品，新品牌更容易进入消费者的唤醒集，有研究表明即便额外提供已有产品的正面信息，情况也是如此。因此，营销人员应该确保自己的产品在第一次进入消费者视野时就有良好的形象，同时避免负面事件对品牌形象的冲击。

在很多情况下，消费者的考虑范围可能非常有限。当消费者的品类卷入度较低时，消费者关注的是决策的快速与方便，可能不会进行大范围的信息搜寻，消费者很有可能只会在首先浮现在脑海中的几个品牌当中做出选择。因此，营销的策略应强调品牌的突出性，而不应过分强调品牌的特殊属性。只有在消费者脑海中较容易浮现的品牌，才有较大机会获得考虑。例如在购买袜子、秋衣裤时，消费者可能只想快速完成购买任务，让自己在寒冷的冬天有衣服穿，他所能想到的内衣品牌不超过三个，因此他每次总是直接在这些店铺中购买，也不会花时间去了解新的品牌。

4.4.2 多属性评估

消费者如何在多个备选方案中做出选择？第三章费希贝恩的多属性态度模型给我们提供了基本的逻辑框架。当消费者对购买结果高度关切时（如高卷入度），这个理论对理解高卷入度类型的消费者的选择来说最为贴切。消费者在评估产品时通常会考虑一系列品牌，**多属性评估法**是指消费者对一个品牌的态度来源于品牌在产品或品牌多个属性上的表现以及这些属性对消费者的重要性。若某产品的某种属性对消费者来说十分重要，同时消费者对其评价较高，那么消费者就很有可能产生购买行为。例如，李梅想要购买一件大衣，她十分重视大衣的品质，想要购买一件纯羊毛的，A 品牌以羊毛纯正品控较高见长，因此，李梅最终购买了一件心仪的 A 品牌产品。

同样是购买大衣，有些消费者注重大衣品质，有些消费者更关注是否是时下最新的款式。对于营销人员来说，抓住目标消费者感兴趣的产品属性十分重要。从整合营销的角度来看，向消费者提供有关品牌表现的信息是关键。品牌方可以通过多种方式将信息传达给消费者,如可以通过广告或在品牌官网上进行展示,或通过营销推送信息等将产品特性输送至消费者面前。在广告中,创意人员通常通过设计一系列信息来突出具有多重好处的产品。但在每条消息中往往只显示其中的一两个好处,否则,广告就会过载信息。消费者通过接二连三的广告,便会慢慢对产品的全貌有所了解,从而逐渐拥有评估此产品的能力和信息储备。

4.4.3 心理捷径

并不是每一次需要做出购买决定的时候,我们都要进行复杂的处理。有时候为了简化决策,消费者通常会依靠头脑中的经验法则或**心理捷径(heuristics)**,快速地做出决定。这些规则用于时尚决策和其他一般的消费产品决策,有的很普遍("价格高的产品质量就高"或"买我上次买的同一品牌"),有的很具体("买内外,我妈妈经常买的内衣品牌")。有时候这种捷径并不能使消费者的利益最大化。比如,一个想买运动鞋的人发现身边大部分人所购的品牌都是耐克、阿迪达斯,可能就会觉得自己也应该购买这些品牌的运动鞋,不想"掉队",这样可能会失去发现新品牌的机会。表 4.2 概括了几个常用且常见的心理捷径。

表 4.2 常见的心理捷径

类别	内容
品牌	销量最大的品牌是最好的品牌 拿不定主意时,知名品牌总是最安全的选择
价格/折扣/大降价	大降价是专门用来卖掉滞销商品的 常年有大降价活动的商店其实并不会让人省钱 在特定的商店里,高价通常代表高质量
商店	大商场的信用及退货条件是最好的 专卖店的销售比其他商店的更专业 刚开张的店里价格总是比较优惠的
广告及促销	附赠的样品是不值钱的 优惠券可以真正帮消费者省钱,因为他们不是由商店提供的 当你买了大做广告的商品时,你是在为品牌而不是高质量付钱
产品/包装	大包装产品的单价通常要比小包装产品的单价低 人工合成材料的产品质量要比天然材料的差 产品刚上市时最好别买,因为厂商需要时间来弥补产品的缺陷

来源:DUNCAN C P. Consumer market beliefs: A review of the literature and an agenda for future research[J]. Advances in Consumer Research,1990,17(1):729-736.

第三章中提及的来源国效应（country of origin effect）是一种常见的消费者心理捷径。比如法国和意大利的奢侈品牌拥有卓越的设计和质感，德国的机械产品是精密可靠的象征，瑞士的钟表是品质的保证。这些都是消费者对一国产品或服务的价值评价或消费者形成的一种刻板印象。来源国效应源于产品的来源国形象，该形象是消费者基于产品来源国的认识、声誉和刻板印象而对产品形成的主观印象。这种现象让营销者发现了商机，有时候同样的产品，如果更强调人们喜欢的来源国信息，销量便会上涨。

4.4.4 情感推荐

影响消费者决策的另一个因素是**情感推荐（affect referral）**，它是指消费者进行购物决策时往往会选择那些他们最喜欢或是有一定情感联结的品牌。这种情况下消费者往往不会评估品牌或考虑产品属性。购买牙膏、番茄酱、内衣、饮料等消费者往往遵循此项原则。消费者购买这些产品时往往只有低卷入度，且这些产品需要定期购买。那些曝光度高、知名度高的品牌也会和消费者产生情感联结，因此消费者也愿意为此类品牌买单。

情感推荐解释了以下三件事情。其一，消费者采用此种方式购物会节省许多心力，有些产品不必花费太多时间进行购物，只需选择那些自己信赖的产品即可。这些产品往往是消费者的日常用品，如内衣、袜子等。

其二，消费者在过去购物时往往已经运用过多属性评估法对产品的各维度进行考量，已经花费了大量的时间了解这些产品中的哪些特性对自己而言更重要，如此一来，再次购买同类型产品时就不必再从头来过。例如，一名中学生在过去购买牛仔裤的经历中，对牛仔裤的颜色、品牌、风格、面料和款式等均有比较。花费如此的时间和精力后，只要以往的购物经历给消费者留下了良好的印象，那么以后他想再次购买牛仔裤只需在此品牌中进行挑选即可。

其三，消费者与品牌之间往往会产生情感联结。有时候，这样的情感联结比产品本身的优点更能促使消费者购买。成功的品牌会通过许多方式与消费者之间建立情感联系，如邀请品牌会员参与线下活动、定期询问用户体验等，让消费者更了解品牌文化。消费者与品牌的情感联结越强，购物时越有可能跳过常规评估的阶段，直接在信任的品牌中进行购买。

延伸阅读：补偿性原则与非补偿性原则

心理学家发现消费者决策的原则有补偿性原则（compensatory rule）和非补偿性原则（non-compensatory rule）两种类型。

补偿性原则是指一个产品在某方面的不足可以由其他优秀的方面弥补。有两种基本的补偿性原则。一是简单加法原则（simple additive rule），该原则是指选择那些具有更多优秀属性的产品。当难以获得更多信息时，可以采用这种方法。这并不是最好的解决方法，因为某些属性对于消费者可能并没有意义。二是加权加法原则（weighted additive rule），该原则指的是消费者可以通过加权考虑属性的相对重要性，最终做出购买决策。例如，小明在购买一件外套时，虽然其款式不够新，但是价格实惠、材质优良，对于还在上学手头不够宽裕的小明来说，这是个不错的选择。采取补偿性原则的消费者往往在购买某件产品时并没有特定的要求，只要产品整体能够让消费者满意即可。

补偿性原则要求决策者认真考虑竞争选项的属性，但是我们都知道，有时不需要那样做。当进行习惯决策或情感决策时，消费者可能使用非补偿性原则。非补偿性原则是指，消费者在考虑消费对象时，产品在属性上的某个或某些缺点无法由其他属性的优点来弥补，也就是说，只要备选产品达不到某些基本标准，消费者就会将其否决。"我从来没有听说过那个牌子"或者"颜色太糟糕了"就体现了这一原则。

基本的非补偿性原则有以下三种：

（1）词典编撰式原则（lexicographic rule）：指选择在最重要属性上表现最好的品牌。如果决策者感觉有两个或两个以上的品牌在某一属性上不相上下，他就会比较第二重要的属性。这个选择过程会一直持续到分出优劣。

（2）逐次排除式原则（elimination-by-aspects rule）：和词典编撰式原则类似，消费者也是在最重要的属性上评价品牌。但在这一情形中，消费者会利用特定的"排除点"。比如，如果李梅对裙子的款式有一定的要求，她在选择时就会以自己设定的款式作为第一重要性，在这一类款式的裙子下再进行挑选。

（3）联结式原则（conjunctive rule）：前面两个决策原则都是根据产品属性进行选择，而联结式原则需要考虑品牌。如同逐次排除式原则，决策者对每一个属性都设置了"排除点"。他会选择满足了所有设定的"排除点"的品牌，而只要有一个"排除点"未能满足，品牌就会被拒绝。如果没有品牌达到"排除点"要求，消费者可能会延迟选择，或者改变决策原则，或者改变所用的"排除点"。

4.5 服装购买过程的特点

许多服装与一般的产品有所不同,消费者在购买服装时,除了满足最基本的防寒蔽体的需求外,还会出于追求个性、表达自我的目的进行购物。而随着电商平台的出现,服装购买的渠道从实体店逐渐向线上购物转移。2011—2020 年间,我国电商行业发展迅速,电子商务交易额持续增长。据国家统计局电子商务交易平台调查显示,2020 年全国电商交易额已高达 37.21 万亿元。各类 APP(手机应用程序)的快速发展,为消费者提供了多种浏览服装信息的方式与途径,消费者可以在淘宝上浏览各式各样的服装产品,可以在小红书上看 KOL 的时髦穿搭,可以在微信小程序里看各大品牌的线上展览等。服装购买过程也因此具有一些鲜明的特点。

冲动性购买

享乐主义消费指人们将消费看作一种提供娱乐的行为,目的是获取消费体验中的乐趣,它关注购买行为的情绪和非理性方面。除了部分细分品类,许多服装购买可以看成是非必要消费。并且随着人们生活水平的提高,消费者购买服装的享乐属性日益凸显。许多消费者不再将购买服装当作一项任务完成,而是作为一种让自己愉悦的体验。有些人为了释放压力,会在商场一次性购买很多服装,其中不乏**冲动性购买(impulse buying)**。相对于**计划性购买(planned buying)**,冲动性购买是一种突然发生的、具有一定强迫性的、享乐主义的购买行为;在这种行为中,购物决策行为的快速性妨碍了消费者对各种信息和不同商品选项进行深度的考虑。

由于很多冲动型消费者是情感驱动型的,他们在购物前,没有进行仔细搜索和深思熟虑地评估,而是冲动性地、心血来潮地购买很多计划之外的商品。即便消费者在进入商店时处于某种负面的情绪状态,一旦进入商店,他们也许会精神一振,实际花费金额比预期更多。一些都市女性有时候因为工作繁忙,没有太多的时间进行购物。而一旦工作压力积攒到一定程度,她们就会通过冲动购物的方式释放压力。因追星而造成的冲动性消费也不在少数。一些消费者因为是某位明星的粉丝,在看到明星代言某个服装品牌后,为了支持其事业而购买过多的产品。

高卷入度

时尚类商品通常被认为是高卷入度的品类，消费者常愿意花费许多时间去收集和阅读与服装相关的信息，有时只是一个不经意的短视频就能激发消费者的购买兴趣，对于这些消费者来说，购物需求可能是持续的。此类消费过程没有明确的问题识别阶段，因此，对商家来说，什么样的营销活动能够刺激消费者的购物欲望是他们需要关心的内容。对消费者来说，购买具有享乐属性的服装并不是一个必须完成的任务，消费者可以选择购买产品 A、产品 B 或者不购买。对于时装品牌而言，如何做到与其他品牌的差异化将变得尤其重要。因此，服装品牌不约而同地选择通过文化内涵和品牌历史等内容来凸显品牌的独特性。

4.6 消费者旅程

作为一个理论模型，恩格尔模型为我们提供了一个分析消费者行为的框架，但是在实际商业运营中，对消费者购物阶段的测量则是一个难题。数据收集的困难是限制理论模型在营销实践中应用的重要因素。随着线上购物的普及，消费者只要拿起手机就可以开启一段购物旅程，并且可能随时终止和开始。这样一来，消费者购物旅程便不再是连续不断的，而是由一段段时间碎片组合而成，且消费者可能在各个阶段之间来回穿梭。这些"时间碎片"中消费者的行为便称之为行为数据。许多企业利用大数据技术抓取消费者的行为数据进行研究，以期望能对消费者进行更精确的管理。这些利用大数据描绘的消费者购物过程被称为**消费者旅程（consumer journey）**。

一个在业界应用的消费者旅程模型是 AIPL 模型。AIPL 模型最初由美国的营销人员提出，其中 A 表示认知（awareness）、I 表示兴趣（interest）、P 表示购买（purchase）、L 表示忠诚（loyalty），该模型描述的是消费者从认知产品或品牌，到感兴趣，到购买，再到忠诚的整个过程。目前 AIPL 模型得到了淘宝平台的落地化应用。用 AIPL 模型来解释消费者网购过程就是，从打开产品界面，到点击产品，到收藏、加购、比较，到下单，再到再次购买的过程。A、I、P、L 也分别对应着一类人群，比如 A 人群是仅浏览过的用户、P 人群是购买过的用户。

企业利用收集到的行为数据，可以分析品牌当前的问题，再针对问题提出相应的解决措施。例如，A 人群的量太少了，那也就意味着品牌的曝光率不够。解决措施：品牌可以通过站内的开机广告增加流量，或整合品牌市场部的资源来做投放拉新。再比如，I 人群到 P 人群的转化率过低，说明店铺的销售能力欠缺。那么可以先将 I 人群根据标签分成不同的人群，一部分对促销折扣感兴趣，一部分对明星代言感兴趣，针对不同人群的特点实施相应的营销策略，从而提高转化率。

> **延伸阅读：中国奢侈品消费者旅程调研**
>
> 波士顿咨询公司（BCG）联合腾讯营销洞察（TMI）的一项调研中发现，85% 的中国奢侈品消费者决策周期集中在一个月以内，购买决策环节相对多元，近 50% 的消费者在购买奢侈品之前会去了解产品的款式、设计，听取店员意见或是重复购买。完成购物后，55% 的消费者仍会用不同的方式去增强对产品或品牌的了解，如查阅了解品牌或设计师故事、查看已购品牌信息加深了解、翻看时尚咨讯了解已购产品搭配、咨询品牌店员的使用建议等。30% 的消费者在购买后自发关注分享相关话题，15% 的消费者购买后将品牌理念融入生活方式，如积极参与品牌活动展览、参加品牌 VIP 活动等。由此可见，奢侈品购物旅程立体多维，购买仅仅是品牌和消费者交流和互动的集群之一，消费者可以自己了解产品、品牌，浏览 KOL 分享的内容、与品牌互动、与朋友交流等等。
>
> 该调研通过对超过万条活动进行分析整理，找出了消费者的三大奢侈品路径原型，并针对不同路径下的消费者提出品牌建设管理的建议。
>
> **路径原型 1：认知升级 专属服务**
>
> 有约 30% 的消费者采用此路径，他们由认知驱动购买活动，通过服务进行转化，个性化服务是持续运营的关键。因为消费者购物体验横跨线上线下多触点，消费者可以随时随地被种草，凸显了线上线下全渠道购买特征。在整个购物过程中，一对一导购对消费者的购物决策有很大影响，数字化方式让店员跨出门店范畴，实现全天候、全渠道服务。询问此类消费者在购买环节和再次购买时最重要的影响因素时，答案都是一对一店员导购，同时也有对专属信息和服务的明显诉求。
>
> 认知驱动路径下的消费者，他们的购物旅程较短，且渴望专属服务，因此商家应加速全渠道布局，推进服务和购买线上化，缩短购买决策链路。在未来，升级全渠道导购个性化顾客运营能力是致胜关键。

路径原型 2：社交驱动 引导转化

根据本次调研结果，路径 2 的消费者平均通过 6 个以上触点持续关注产品或品牌信息，平均通过 3 个以上触点分享。由此可见，此路径的一大特点就是多触点联动，多元化社交媒体为奢侈品牌的拥趸们搭建平台，消费者可以多触点关注与分享，最大化发挥个人社交影响力，塑造人设，分享态度。此路径下的消费者乐于分享、追随圈子，购买决策受品牌社交影响力驱动，品牌社交影响力是购买转化和保持忠诚度的重要抓手，且数量广泛，占据所有调研消费者的 35%。

社交驱动路径下的消费者由于触点较多，应进行多触点营销联动，触及海量用户，汇聚流量，促进分享，打通线上线下体验，打造集社交、体验和零售为一体的新模式。

路径原型 3：融入生活 占领心智

此路径有以下三个特点。一是品牌价值认同。消费者更关注品牌历史，寻求个人价值与品牌理念的融合，成为品牌理念的践行者。二是生活交集驱动。与品牌互动是该路径消费者购买路径的关键环节。在此路径中，品牌互动直接或间接引发的购买占比约 70%。三是全渠道沉浸式体验。在数字化浪潮下，品牌价值得以通过全渠道多维触点，自然融入消费者日常生活。品牌占领消费者心智，购买由心而生。此路径下的消费者多是收入较多，追求生活的质量，彰显自己的品位。在触点调研中发现，品牌官方账号是消费者了解活动信息的重要渠道，且大部分消费者都参与过品牌相关活动，他们重视对品牌历史的关注，与品牌互动意愿强，超过 70% 的购买直接或间接由品牌互动引发。

品牌驱动路径下的消费者追求自身价值，同时重视品牌价值。品牌可打造沉浸式艺术体验空间，通过线上纪录片、线下快闪店等形式传播品牌价值，同时通过跨界合作不断突破边界，拓宽品牌场景。

来源：中国奢侈品消费者数字行为洞察报告（2020 年版）。

4.7 购后行为

4.7.1 消费者满意

消费者在购买一件产品后的满意度，会对消费者今后的行为产生非常重要的影响。如果产品第一次销售彻底失败，要想再次售出，就要比第一次困难得多。消费者会在使用所购商品时不断评估商品的优劣，并把评估结果纳入日常消费活动中。随着电子口碑的发展，人们在各种各样的平台上发表着自己对某个品牌的产品或服务的看法，商家也越来越重视消费者对品牌的满意情况，要知道，现如今的一个差评所带来的负面影响不容小觑。

消费者期望从消费中得到令自己满意的产品和服务，即质量和价值。然而这些词并不具体直观，消费者很难明确判断产品的质量和价值。消费者通常根据品牌名称、售价、产品保证书，甚至估算一家公司对广告的投入来推断产品质量的高低。此外，消费者对产品或服务满意与否还取决于消费者期望。

消费者期望是消费者根据自己以往的购物经验、购物特性及品牌形象，对购买的产品或者服务及整体感知质量的一种预期。而**消费者满意度**则是消费者实际接收到的产品与服务和预期相比较后产生的一种心理感受，是一种比较主观的看法。消费者根据他们以往的经验或者那些暗示产品质量水平的沟通信息，来对产品的表现进行预估。当产品的表现与消费者预期一致时，消费者可能会不以为意。如果产品的表现不能达到消费者预期时，则可能引发负面感受，消费者可能会怪产品公司或广告营造出高期望的假象，结果名不副实。反之，如果产品表现超出消费者预期，消费者就会非常高兴。

如此看来，正确管理消费者期望十分重要。我们发现，消费者之所以会有达不到期望的情况是因为产品或服务的宣传营造了一个非常完美无缺的形象，而实际体验与期望不符。营销人员在做产品推广时，在激发消费者购买欲的同时也要考虑消费者的使用体验，切勿"虎头蛇尾"。

影响消费者满意度的因素有很多，如产品属性、消费者购买动机、品牌营销手段、线下门店布置等等，许多营销触点都会对消费者满意度产生影响。因此，对消费者满意度的管理应从全渠道整合营销的角度来开展。

研究案例：Y 服装公司全渠道整合营销对消费者满意度影响研究

全渠道零售（omni-channel retailing）是指零售商在销售过程中通过多个触点（touch point）与消费者产生互动，并满足消费者在任何地点、任何时间及任何方式的购物需求，采用多渠道结合的方式销售自己的产品与服务，实现线上、线下无缝链接。零售商可以通过包括实体店、上门服务、呼叫中心、直邮和目录、网站、移动设备、社交媒体、服务终端等各类渠道与顾客进行互动，顾客也可以利用互联网进行信息比较和选择，在实体店内进行试穿或者试用，最后选择在移动端完成购买支付行为。全渠道零售由多渠道零售演变而来，全渠道零售包括了实体零售、电子商务和移动商店等多种渠道的融合，需要零售商向顾客提供无缝链接每个零售环节的渠道整合策略，并保证在每一个环节都能够增加顾客价值。

此研究根据全渠道整合营销需要整合的四个维度及影响消费者满意度的概念，总结出可能影响消费者满意度的四个维度：消费者期望、价格整合、渠道消息整合和服务整合。并添加消费者期望作为调节变量，构建研究模型，提出相关假设。此研究选用 Y 公司作为研究对象，Y 服装品牌为日本某公司于 1984 年创建的一个品牌，经过三十多年的发展，已经成为一个国际知名度很高的快时尚品牌。Y 公司的渠道布局包括线下 700 多家实体店、PC（电脑）端官网及电商平台店铺、移动端的移动商城及移动社交等，渠道齐全。

通过问卷调研、数据分析发现，全渠道整合营销对消费者满意度存在正向的影响，也就说明整合营销程度越高，消费者也就会越满意。从整合营销的四个维度来看，产品整合、渠道信息整合及服务整合对消费者满意度都有着显著的正向影响，但是价格整合对消费满意度并不存在正向的影响，可能存在的原因是：Y 公司品牌的定位，品牌定位是大众可以消费得起的品牌，所以在定价方面与其他快时尚品牌相比价格比较低，消费者对 Y 公司产品的价格并不十分敏感；另外，Y 公司在产品销售价格方面各个渠道都是一致的，尤其是大型活动的时候，极少出现各渠道间价格不一致的情况，让消费者在购买时很少考虑渠道价格方面的差异。

在全渠道时代，消费者成为全渠道消费者，也倒逼零售企业转型实施全渠道零售。在全渠道整合营销环境下，零售企业需要打通各个渠道，实现各个零售渠道之间信息的融合，满足消费者随时随地无缝式的消费需求。零售企业能否满足消费者全渠道消费的需求，也就决定着零售企业能否让消费者满意。而在全渠道整合营销环境下，零售企业在营销方面布局了更多的销售渠道，这些渠道之间并不是相互割裂的，而是相互协同融合，零售企业不仅要在产品、价格和促销折扣等这些消费者可以明显触摸和观察到的服务方面保持一致，在消费感服务体验即渠道信息与服务方面更要保持一致性，给消费者一致的购物体验。

来源：翟芬芳. Y 服装公司全渠道整合营销对消费者满意度影响研究［D］. 杭州：浙江工商大学，2019.

4.7.2 消费者抱怨

虽然品牌的目标是努力使消费者对自己的商品和服务满意，但品牌也需对不满意的情况做好准备。如果一个顾客对产品或服务不满意，他会做些什么呢？研究发现消费者可能会采取以下三种行动。

（1）口头反映（voice response）：消费者可以直接要求零售商赔偿（如退款）。

（2）私下反映（private response）：向朋友表达对商店或产品的不满，并联合抵制这家商店。

（3）向第三方反映（third-party response）：消费者可以采取合法行动对企业进行投诉或给报社写信。

有很多因素会影响消费者最终选择的处理方式，比如消费者的性格、产品价格等等。比如，当消费者对产品不满意时，武断的人比谦和的人更容易采取上述行为；当产品比较贵重时，消费者采取抱怨行为的可能性更大。老年人也较爱抱怨，同时也更相信商店会切实解决这个问题。如果消费者的问题能够得到解决，他们对商店的感觉甚至会比没出什么问题时更好。相反，如果商店没有认真对待和解决消费者的抱怨，他们更可能干脆转换品牌，而不是抗议争取。因此，在出现问题的情况下，营销者实际上应鼓励消费者向他们抱怨，而不是阻止他们提出抗议。那些悬而未决的负面体验更可能意味着私下反映（消费者向他们的亲友进行抱怨），而不是平安无事。

设想一下自己最近网购服装的经历，众多店铺产品可能使你眼花缭乱，各种精美的、颇具氛围感的商品详情图片可能让你一时间无法做出选择。费尽千辛万苦后，你决定在两件价格、风格、喜欢程度相近的服装中进行挑选，这时你发现其中一件衣服的评论中有两条刺眼的差评，说这件衣服的质量很差，那么你是不是会更倾向于选择购买另外一件产品？我想大部分人都会如此。对于网购而言，由于产品看不见摸不着，其他消费者对产品的评价在购物者眼中就是公正的第三方。因此，商家对于差评免不了如临大敌，想方设法让顾客收回对他们的负面评价。那么营销人员究竟该如何回应消费者的负面评价，维持品牌或产品的形象呢？詹妮弗·史蒂文斯（Jennifer L. Stevens）提出了一个管理在线客户投诉的"3T"框架——及时性、透明度、信任度。

及时性（timeliness）是指在对品牌产生负面影响之前，解决顾客的在线投诉。这就要求公司考虑积极主动（招聘和培训合适的人员）和及时回应的投诉管理方法。在互联网出现以前，公司一般会设有一个现场投诉部门或客服服务台，在工作时间处理消费者的问题。而如今线上消费使得消费者随时可以在网上评论，所以企业必须时刻关注消费者的留言，以减少投诉的影响。这就需要有一支训练有素的团队来快速应对在线投诉，并持续监控线上关于该品牌及其产品和服务的内容。

透明度（transparency）是指将所有的客户评论和公司回复都让消费者们看到，即要保持记录公开，不可故意删除负面评论。事实上，存在负面评论比起所有评论都是正面的，更能取得消费者的信任，对许多消费者来说，很少或没有负面评论可能看起来可疑。有报告表明，当有好坏评论混合时，68%的消费者更信任评论。因此，在遇到在线投诉时应该考虑的第一件事不是如何删除或减少它们，如何应对和回复在线投诉也是展示优秀客户服务的绝佳机会。

信任度（trust）是指当有客户进行在线投诉时，公司应该提供个性化、人性化的响应，而不是通过自动系统进行统一回复，否则，会被消费者认为是一种不重视客户，并且非常不负责任的表现，从而对该公司失去信任。另外，这可能还会刺激消费者采取过激的抱怨行为，扩大由投诉带来的负面影响。很多消费者之所以采取线上投诉，是因为他们想要被听到，希望卖家能够给出回应。因此，采用针对性的个性化回复帮助消费者解决问题，也是挽留顾客、降低负面风险的正确做法，同时也能使其他消费者形成这家公司或店铺很负责的印象，从而降低购物时的感知风险。

4.7.3 产品处理

产品处理（product disposal）也是购后行为中一个重要组成部分。"日久生情"除了用在人与人相处以外，也可以用在人与产品的相处上。人们对用过一段时间的产品总是会产生留恋的感觉，即便这个产品不会再给使用者带来任何价值，人们还是不能够轻易做到"断舍离"。但是我们都不得不在某些时候处理掉我们的杂物，随着人们环保意识的提高，对于旧衣服的处理，除了直接作为垃圾丢弃，循环再用和回收行为已经在一些具有环保意识的消费者中扩散。

循环再用

我们生活在一个动辄就抛弃的社会,这不仅造成了环境问题,也带来了大量不合理的浪费。相比人们对回收再用和环境保护的一般态度,切实地为循环利用付出努力的态度更为重要。这种和行为直接有关的态度能更好地预测他们是否不厌其烦的重复使用物资。因此,一种有效的办法就是奖励消费者的回收利用行为,这也成为品牌向社会传达负责任的企业形象的契机。例如某服装品牌连锁店赞助一项衣物回收计划。消费者可以拿着任何品牌、任何状态的旧衣服到其门店,消费者每捐出一袋衣物,品牌奖励消费者八五折购买一件新衣。

横向循环再用

横向循环再用是指,消费者与消费者互相交换它们各自拥有的物品。虽然传统上营销人员不那么重视二手产品交易,但随着人们环境保护意识增强,二手市场变得尤为重要。横向循环利用不仅可以减少频繁购买带来的资源浪费和环境污染,还能够满足消费者"花最少的钱收获最多的体验"的想法。越来越多的消费者会在二手交易市场淘一些原主不适合或略有瑕疵的产品,以一个比原价优惠许多的价格购入,满足自己在时尚上的追求。二手交易市场给那些消费者买回来"不适合"的产品提供了流通的场所,从某种程度上降低了人们的购物风险。

延伸阅读:二手服装市场

时尚行业每年都会产生大量的垃圾,位于最不环保行业的行列之中。随着环保意识的觉醒,大多数消费者和公司开始关注环保。废物利用是资源再利用最直接的方式,因此,二手服装已成为时尚行业减少浪费的重要途径。许多国家都有自己的二手服装市场,但各个国家之间的二手服装市场发展状况不尽相同。欧美国家的二手服装店起源于20世纪50年代的慈善事业。20世纪60年代从伦敦盛行,然后传播到其他欧美国家。研究人员发现,二手服装交易市场的增长率是其他商店的10倍;相较于欧美二手市场起源早发展较成熟,中国的二手市场还处于起步阶段。目前,市场上还没有形成足够成熟完整的二手交易平台。当前,受众最多的二手服装交易渠道是在线交易平台,例如闲鱼,但在这些交易平台中,许多卖家都是个体,服装交易的价格、质量、卫生都缺乏统一标准和来源认证。

有研究表明,中国人对二手服装的负面看法多于正面看法。一些持有负面态度的

> 消费者认为二手服装的卫生情况令人担心，而对于奢侈二手服装，消费者则会宽容许多，因为在物质条件有限的情况下，二手奢侈品会是他们的最好选择。另外，对喜爱收藏的消费者来说，二手市场或许是一个天堂，因为二手服装市场为那些正在寻找已停产或已被淘汰的旧版服装的顾客提供了一个渠道。

本章小结

消费者的兴趣、经验、目的、购物环境和场景等许多因素都会对购买过程产生影响。为此营销者需了解目标消费者的购买过程，研究购买过程如何推进或终止，从而发现这个过程中的营销契机。消费者决策过程包括：（1）问题识别；（2）信息搜寻；（3）方案评估；（4）购买决策；（5）购后行为。

在不同的情形下，消费者的购物过程可能非常不同。根据消费者在购物过程中花费的努力程度，从高到低可以将购物决策分为扩展型决策、有限型决策和例行型决策三种类型。不同决策类型所涉及的决策过程有所区别：扩展型决策，一般出现在消费者第一次购买昂贵的、重要的产品或服务时；有限型决策是消费者对产品很熟悉，知道评价该产品质量或性能的标准，且深知自己想要购买产品的质量或性能等级；例行型决策，一般在购买价格低且经常购买的产品时，消费者熟知产品的性质、各种主要品牌，并且对于各品牌之间已有非常明显的偏好。

消费者在购物过程中受到许多个人因素的影响，牵引出一个新的问题，消费者如何选择？主要有以下四个方面：（1）品牌考虑（唤醒集、排除集、惰性集）；（2）多属性评估（产品属性、整合营销、广告）；（3）心理捷径（品牌、商店、价格/折扣/大降价、促销、产品/包装）；（4）情感推荐。

消费者购买服装过程的特点，主要体现在防寒蔽体的需求、追求个性、表达自我的目的等方面。许多服装企业利用大数据描绘消费者购物过程，如"用户看见产品→点击产品→产生兴趣→购买"的过程，其实就是从认知到兴趣到购买再到忠诚的过程。

重点概念

1. 消费者决策过程——问题识别、信息搜寻、方案评估、购买决策与购后行为。

2. 消费者决策的类型——根据消费者在购物过程中花费的努力程度，从高到低可以将购物决策分为扩展型决策、有限型决策和例行型决策三种类型。

3. 影响消费者决策的因素——购买前（情境、动机、时间），购买时（消费者情绪、购物体验、购物时刺激、销售/客服互动），购物后（消费者满意度、产品处置、二手市场、品牌售后）。

4. 多属性评估法——消费者对一个品牌的态度来源于品牌在产品或品牌属性上的表现，以及这些属性对消费者的重要性。

讨论与思考

1. 回忆你最近一次的购物经历，结合消费者决策模型，描述一下你是如何做出购买决定的？这次购物经历包括模型描述的消费者决策过程的哪些阶段。有没有缺失的阶段，原因是什么？

2. 线上和线下服装购买在感知风险方面有何差异？这些差异对哪些品类表现较明显，原因是什么？

作业与练习

请选择一个品牌，描述这个品牌的目标消费者，描述目标消费者的购物旅程，并针对旅程的各个阶段列出你认为有效的营销触点。

第五章　时尚创新

　　与大多数其他消费品相比，服装商品的生命周期更迭非常迅速——服装品牌每个季度都会主动推出新的产品，并淘汰旧款，消费者对新颖时尚的需要似乎永远不能被满足，是什么力量推动时尚创新不停前进呢？有些产品在短时间内呈现爆炸式的增长，但成为爆款之后又迅速消逝。也有些产品能保持热度，成为时尚常青树，这些产品分别有什么样的特质？

　　本章将围绕时尚的创新与扩散展开探讨。本章探讨的主要问题：时尚创新扩散过程是如何的，需要怎样的条件？消费者在时尚创新传播中扮演了怎样的角色？为什么有些创新只是一时的风潮，有些则能成为一种长期趋势？

5.1 服装产品生命周期

任何服装都有从进入市场到退出市场的过程,这个过程被称为**产品生命周期(product lifecycle)**。产品生命周期是市场营销中一个十分重要的概念。服装产品的开发、设计、发布、上市、促销和退出等策略无不与产品生命周期密切相关。理论上典型的产品生命周期包括导入期、增长期、成熟期和衰退期四个阶段。

导入期:指新产品刚刚投入市场的时期。此时,因为消费者还没有对产品建立认知,只有少数追求新奇的顾客可能购买,故销售量较低。为了扩展销路,需要大量的促销费用,对产品进行宣传。在这一阶段,由于市场接受度和销售渠道等方面的原因,产品不能大批量生产,因而成本较高;销售额增长缓慢,企业不但得不到利润,反而可能亏损。导入期是产品生命周期中的关键环节,品牌常常根据导入期的表现来确定产品的后续生产计划,如果产品在导入期没有形成一定的销量或看到可见的上升趋势,那么很可能不会再继续组织生产。

增长期:产品的接受度大幅度增长,销售额持续提升。这时顾客对产品已经熟悉,大量的新顾客开始购买,市场逐步扩大。产品大批量生产,生产成本相对降低,企业的销售额迅速上升,利润也迅速增长。竞争者看到有利可图,将纷纷进入市场参与竞争,使同类产品供给量增加,价格随之下降,企业利润增长速度逐步减慢,最后达到生命周期利润的最高点。

成熟期:市场需求趋向饱和,潜在的顾客已经很少,销售额增长缓慢直至转而下降，标志着产品进入了成熟期。在这一阶段，竞争逐渐加剧，产品售价降低，促销费用增加，企业利润下降。

衰退期：随着科学技术的发展，新产品或新的代用品出现了，导致原来产品的销售额和利润额迅速下降。于是，产品进入衰退期。

对于服装来说，有三种特殊类型的产品生命周期：风格、时尚与快潮（图5.1）。风格是人们对服装所表达的气质与格调的体会与理解，如休闲风、商务风、运动风等。一种风格可以持续数代人，时而风行，时而淡出。时尚则是在某特定领域被当前认可、受欢迎的一种服装风格，它的生命周期长度难以预测，一般会经历区别、效仿、大众化和衰退四个阶段。快潮指迅速进入公众视线并被疯狂追逐的时尚，其流行的高峰来得快，退得也快。快潮的生命周期非常短，目标客群也较为受限。如在 2021 年上半年流行过的洞洞鞋，在短暂的流行之后又飞快地销声匿迹。

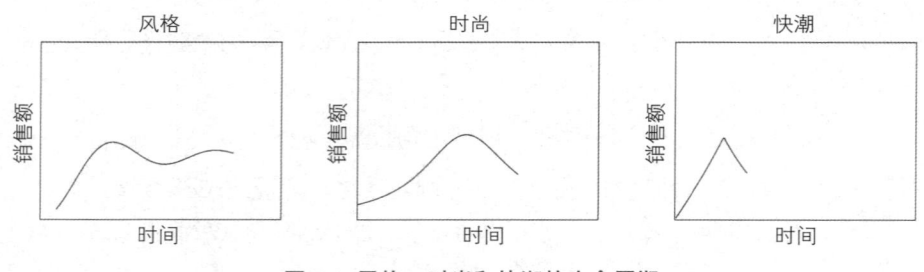

图 5.1 风格、时尚和快潮的生命周期

5.2 时尚创新扩散过程

新品受到消费者认可，并在人群中得以传播的过程被称为**创新扩散**（**innovation diffusion**）。该理论由美国学者埃弗雷特·罗杰斯（Everett M. Rogers）提出，他认为每种产品的扩散速度是不同的。不同消费者对某产品的接受速度和程度不同，因此，各生命周期阶段会呈现出不同的特征。接受一项创新的过程包括感知、信息搜索、评价、试用和接受这几个阶段。

不同的消费者由于对产品的卷入度不同，导致上述各个阶段的相对重要性也有所差异，据此可将消费者分为以下几类：大约有 1/6 的人可以很快接受新产品，他们被称为创新者和早期接受者；另外 1/6 的人接受得非常慢，被称为落伍者；其余 2/3 的人则处于中间，被称为早期多数者和后期多数者（图 5.2）。

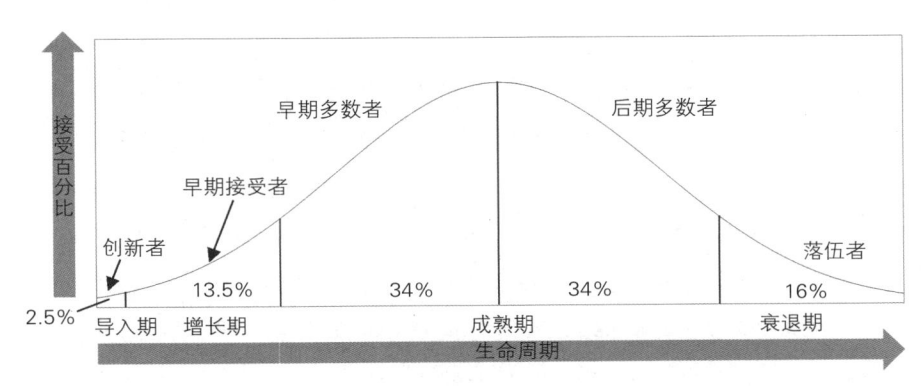

图 5.2 接受者类型

人物简介：埃弗雷特·罗杰斯

埃弗雷特·罗杰斯（Everett M. Rogers）是当代美国著名社会学者和传播学者，1931 年生于美国俄亥俄州，从俄亥俄州立大学研究生院毕业后执教于母校，后赴密西根州立大学任传播学系教授。在 1963 年，他赴哥伦比亚国立大学社会学部任教。于 2004 年 10 月逝世，生前居住在新墨西哥州阿尔伯克基。

罗杰斯是传播学的分支学科——发展传播学的重要开创者。该学科集中探讨大众传播媒介和社会变革之间的关系、发展中国家向现代化过渡阶段中的信息作用和国际传播新秩序等问题。另外，罗杰斯也是"议程设置"理论的杰出发展者和当代主要代表人物。罗杰斯主要探讨了该理论的历史、发展状况和未来趋势，在总结概括以往理论的基础上，进一步延伸了理论的论述范围和检验范围。罗杰斯对传播学发展史也有独特的研究。他沿着传播学的现实轨迹和思想脉络，开创了一种将理论、历史和个人传记结合起来的方式，并在此基础上详实而又准确地论述了这门学科的产生和发展史。

罗杰斯在 1971 年创立了创新扩散模式。在美国传播学史上，该模式被认为是传播与发展的一个"主导模式"。这个模式以接收者变量、社会体系变量和所意识到的创新特征为函数，显示了获知、说服、决定、实施、确认环节。罗杰斯讨论了涉及创新推广过程的因素，比如，创新观念本身、推广渠道中的大众传播和人际传播、接受创新发明的社会成员的社会状况和个性特征等，它们从不同角度影响着创新观念的推广过程。

虽然创新者与早期接受者的占比较小,但他们对推动创新的扩散至关重要。在时尚领域我们把具有引领时尚潮流特质的消费者称为**时尚创新者(fashion innovators)**。他们是具有时尚创新意识的消费者,不但乐于积极追求新的时尚风格,也往往乐于表达自己的观点,是时尚领域的**意见领袖(opinion leaders)**。一个新产品或设计风格能否迅速取得成功,很大程度上取决于该产品能否被时尚创新意识的消费者所认识、接受和推广。时尚意见领袖中的一个分支是在时尚领域具备专业的或有经验的个体。他们利用自身的专业性为目标群体提供具有参考价值的时尚信息,并且对该群体的购买行为产生显著影响,比如时尚博主、**KOL(key opinion leader,关键意见领袖)**等。品牌方总是动员这一部分人来引领创新品的扩散,比如一些品牌会将产品寄给时尚博主免费使用,并鼓励他们在社交媒体上分享,引起消费者对于产品的兴趣。

有些产品也许可以迅速取得成功,但想要维持长久的消费者价值却十分不易。因新潮而被购买的商品一旦成为爆款,时尚新鲜度就难以保持,这对时尚创新者而言就意味着价值的降低,最终将被他们抛弃。时尚创新者们会飞快投入到下一个时尚浪潮中。这种不断的循环是时尚产品创新的动力来源。

行业动态:KOL 营销方式

如今是互联网迅猛发展的信息时代,全民网络和流量网红时代也已经来临,流量在商品营销和时代发展中发挥的作用力是非常值得肯定的。在充斥着大量信息的消费市场中,意见领袖发挥的作用就更能突显了。如今在各行各业中总有一部分人扮演意见领袖。不少消费者在购买一件不太熟悉的商品时,会在小红书、哔哩哔哩、微博和淘宝直播间等各大平台去搜索专业人士推荐的产品,特别是服装和彩妆方面的产品,这些衍生出来的时尚博主和主播可视为是各自领域意见领袖的一员,具有传递其信息和意见的影响力。

不少品牌在营销中会运用时尚意见领袖这一角色来对品牌进行营销宣传。2008年诞生于中国南京的跨境电商快时尚品牌——希音(SHEIN),近年来成为全球快时尚领域最大的一匹"黑马",且被捧为中国目前最成功的跨境电商品牌。在几年的时间里,SHEIN飞速发展,这让业界不禁好奇这个低调又具实力的快时尚品牌的成功秘诀是什么。SHEIN崛起和发展的主要模式是"KOL+供应链"。SHEIN采用的线上线下全渠道的营销策略。SHEIN 非常擅长于运用社交媒体来进行精准营销推广，SHEIN 品牌的流量精准性强且转化率高。该品牌的线上营销方式主要通过时尚类的 KOL，这些 KOL 往往在海外的 Instagram、脸书（Facebook）等平台上有众多粉丝关注，且这些粉丝本身也是对于时尚感兴趣的精准粉。SHEIN 一般会用免费的衣服或商业合作方式换取她们的流量推广和销售转化，用 KOL 在海外主流社交平台分享和推荐自己的购买和穿搭经历来提升品牌的网络热度，以此来吸引更多消费群体。SHEIN 在品牌营销策略上极大地发挥了意见领袖在商业上具有的影响力，这为该品牌带来了不少经济效益。

来源：东华服装品牌研究中心观点。

5.3 创新接受的条件

在面对全新的事物时，人们往往倾向于不改变，这种现象在心理学上被称为安于现状偏差。而且，并不是每一种产品的创新都有被接受并且应用于实际的价值。因此，创新被接受是有条件的。创新扩散理论认为一项创新需要具备以下几个条件才较容易被接受。

相对优越性（relative advantage），即认为某项创新优越于它所取代的旧主意的程度。当创新的产品和旧的产品相比要显著优越时，人们会接受产品的创新。在服装领域，当旧的风格产生了审美疲劳，新的时尚就有了比旧的风格更显著的优势，这产生了新时尚被接受的推动力。

兼容性（compatability），即认为某项创新与现有价值观、以往经验、预期采用者需求的共存程度。当创新的产品与现有的价值观、时尚风貌更相容时，人们倾向于接受创新。就服装的品类而言，百搭的单品可能会比难以搭配的服装更容易被人接受。

易用性（ease of use），即认为某项创新理解和运用的难度。创新越容易被理解，就越容易被接受。在时尚领域，当一种风潮在设计的理念上越容易被消费者理解，就越容易被大众接受。中世纪裙装美则美矣，但当代社会没有人愿意在平日里花费数个小时往身上套五六层裙子，这种风格成为历史是一种必然。

可试用性（triability），即某项创新在有限基础上可被试用的程度。创新越容易被投入实践，就越容易被接受。比如许多美妆品牌采用试用装的形式来提高产品的可试用性，以期达到更快的产品渗透。它们也常雇用美妆达人来宣传产品，以加强产品的可试用性，降低消费者的感知风险。

可观察性（visibility），即某项创新能被他人看见的程度。对于时尚产品来说，通过公关公司雇用明星来穿着和使用新品达到更高的曝光度显然是推广新品的一项有效手段。

5.4 传播创新的动机

时尚创新者们和早期接受者们的行动和信息分享是时尚创新扩散的重要推动力。除了企业有组织的营销策划的推动外，许多普通消费者本身也愿意扮演信息分享的角色。而社交媒体的普及使得这一行为不受空间、时间和文化的限制，可以在很大范围内产生影响。

是什么因素导致了一些消费者对信息分享乐此不疲呢？研究人员对于消费者口碑传播的动机研究为我们提供了很好的参考，口碑传播动机分为**正面口碑**传播动机和**负面口碑**传播动机。其中正面口碑传播的动机包括以下几点。

情绪表达： 消费者感兴趣的、感觉很重要的或是关联性大的产品容易引起口碑传播。消费者往往通过口碑传播来释放拥有和使用产品带来的兴奋感。例如一些喜欢汉服的消费者乐于在社交平台上分享自己的购买经历，通过分享对产品的喜爱来表达兴奋感。

利他主义： 即希望给其他消费者提供帮助，让他们做出更好的购买决策。例如在淘宝为消费者设置的"问大家"的功能中，热心的买家能向未购买消费者所关心的问题提供建议和回答，如是否掉色、是否起球等无法通过展示页获得答案的问题。

自我提升： 消费者希望通过口碑传播来提升自己在其他人面前的形象，如表现自己是一个明智的购物者、显示自己的时尚品位、展现相关领域的知识、提高地位、获得赞赏等；社交媒体的点赞功能无疑增强了信息分享者满足感的获得。

帮助公司：即口碑传播是为了帮助喜欢的公司取得利益。一些消费者尤其是一些喜爱小众风格的消费者，或出于对产品的喜爱，或担心公司运营不良而倒闭等心理，愿意主动在社交网络上对产品进行宣传，这样的人也被称为"自来水"，意为被产品的质量或理念打动而主动成为宣传产品及背后公司的自发"水军"。近年来，活跃的粉丝经济也得益于普通消费者为自己喜欢的明星的自发付出行为。

许多消费者也会因为负面体验而形成对相应产品或服务的负面口碑。负面口碑传播的动机可能包括以下几点。

利他主义：即告知其他消费者该购买行为带来的负面效果，希望他们避免这种负面效果的再次产生。

减轻忧虑：即将不愉快的消费经历向他人倾诉从而缓解决负面情绪。如在购物平台提供的购后评论区发表自己的观点，分享购物中糟糕的经历等。

报复公司：即处于对公司的积怨状态下，希望其他消费者不要购买该公司的产品。如曾经在该公司遭遇了不好的服务，此时消费者的负面口碑并不是针对单一产品，而是扩大到了整个公司。

寻求帮助：即某些消费者进行负面口碑传播只是为了获得信息和建议以解决问题。在这样的情况下，负面口碑传播只是带来的结果，并非消费者行动的目的。如消费者可能会发表有关在原材料为化纤的衣物易起静电的评论，消费者想要获得的可能只是如何处理静电的方法，却在无意之中传播了这件产品容易起静电的负面口碑。

除此之外，研究显示文化传统对消费者的信息分享有重要影响。中国消费者的集体主义意识或对圈子的重视程度较许多国家而言强得多。研究显示，中国有六成的消费者愿意从朋友那里获取信息；有八成愿意在朋友圈向他人分享新产品、新服务的信息，这是所有国家人里占比最高的。可见中国人十分重视圈子内的信息传播。他们希望通过搬运信息来获得利益共享，这里的利益并不仅指金钱等实际的东西，而是如"关系"等心理上的回报。他们也希望通过搬运信息获取安全感和存在感。如果人们分享的信息能得到圈子内成员的认可，则会拥有极大的成就感和满足感。人们不断收集和分享信息，是希望与圈子同步，并保持一定的曝光度以防止被圈子遗忘。他们希望通过搬运信息获取归属感。人们希望借助与自己共性的圈子筛选信息，圈子在他们心中起到了信息过滤的作用，他们对圈子的依赖也日益增加。他们也希望通过搬运信息塑造自我形象等。

圈层营销是中国特有的媒体环境发展出来的营销概念。圈层是社会阶层和人际圈子的混合体，其逻辑是以相似的经济条件、生活形态、艺术品位和社交媒体为媒介形成的人际小圈子。圈层营销就是针对这样的小圈子进行的点对点的营销。为此有些社交媒体平台借助自身的社交属性以简单的方式实行了圈层营销。例如微信朋友圈的信息流广告，不仅能够自然地融入日常化内容，还具备点赞和评论功能。当消费者为某个广告点赞时，该信息也能被朋友圈中的同样被推送该广告的人看到，并了解到这些和广告互动的人与自己有相同的品位或爱好，这加强了圈层的联结，同时扩大了广告的影响力。

5.5 遵从

一个时尚创新最终成为一种潮流，离不开市场主体受众的接受。创新扩散理论概括了消费者对创新的接受程度的不同。有的人心态开放，喜欢追逐新事物、新时尚，是易感的活跃者；有的人比较传统守成，坚守已有观念，是惰性的稳定者；还有些人处于两者之间，会受到周围人或其他信息影响而改变观念和行为，是可变的普通人。当一个新事物被引入人际网络时，一些易感的活跃者成为早期接纳者，创新就能继续扩散。早期接纳者越多，创新扩散的可能性就越大。随着越来越多的人从不活跃的普通人变为活跃者，这种创新就成为了潮流。

由于服装具有较强的社会性，人们对时尚创新的接受或拒绝往往是在个人独特性表达和群体融入这两个相互矛盾的目标妥协后的结果。因此，已经接受某种时尚的人群数量无疑会对还未接受的人群产生潜移默化的影响。**遵从（conformity）**指的是人们因为一定的群体压力而做出的行为或态度上的改变。遵从行为是一种普遍的行为，可以说是人类作为社会动物的天然属性。

在正常运转的社会组织中，组织中的成员往往会形成一些约定俗成的规范，这些规范即使是非正式的，仍然能够对组织成员的行为形成约束。时尚往往就具有这种非正式的约束力量。一种时尚风格一但被主流接受，就具有迫使其他成员遵从的力量。即使是特立独行的人，也很难无视这种力量的存在。

在英文中，fashion（时尚）和 mode（风尚）是两个在日常语言和服装行业中都经常用到的词汇。他们都带有普遍性的含义。fashion 强调的是受欢迎的程度（popularity），而 mode 强调的是多数人所接受的风格或式样。由此可见，时尚是指被人普遍接受的形象或风格，和遵从行为互相影响。即因为成为了时尚，所以被大多数人遵从；因为被大多数人遵从和认同，所以成为了时尚。

同时，消费者的不同背景和差异也影响了消费者的遵从可能性。如受到文化背景的影响，一些以集体为中心的文化更加强调服从与纪律，如东亚的儒家文化圈，对于另一些强调个性的文化则会更宽容地看待个性化服装。一般来说，女性更容易受到他人的影响。研究也发现，青年人也更容易被他们所处的圈子所影响。

与遵从相对立的是**拒绝（resistance）**。许多消费者对保持自己的独立性和个人风格十分看重，常常拒绝营销或广告的宣传。消费者在衣着上的个性表现为虽然意识到规范的存在，但仍然我行我素，有意和他人保持距离。在本书第二章 2.4 节服装的消费者价值中，我们提到个性表达也是服装带给消费者的价值体现。这种对对立个性的追求也是人们体现自我存在和区别于他人的手段。

研究发现，时尚拒绝行为可能表现为细微差别。反对遵从（anti-conformity）和独立个性（independence）都可能产生拒绝行为，但细究起来两者并不相等。反对遵从行为指的是为了反对而反对，反对的目标是有意与大众认可的行为保持距离。比如有些人对任何热门的事情都持一种反对态度。这里自相矛盾的地方在于，为了与大众期望保持距离就意味着人们需要时刻注意大众期望在什么地方。而真正独立人格的人对于现在流行什么可能并不关心。有很多人通过哗众取宠的行为来获得大众注意，表明自己的态度。而另一些人可能并不在意大众的看法，只是对事物有自己独立的见解罢了。

5.6 参照群体

消费者对其他成员的遵从显然不是相互平等的,有些人总是对另外一些群体的影响更大。被人遵从和模仿的群体在消费者行为学上被称为**参照群体(reference group)**。参照群体可以是消费者直接接触的群体,如公司的同事,学校的同学和周围的亲朋等,也可以是消费者不能直接接触但是羡慕的对象。营销人员一直很敏锐地注意到了这个现象,因此常利用那些被人熟知的、有一定社会地位的人物来进行产品推广。许多品牌会通过公关公司将新产品寄给流量明星,希望他们能够穿着自己的新品出现在公众场合。这不仅仅为了提高产品的曝光率,更是期望这些明星的影响力能激发消费者的遵从行为。

另外,参照群体也包括和消费者背景相似的人,这是因为他们可以相对容易地将自己和相似的群体进行比较。许多促销手段借普通人之口介绍产品,以引起消费者的共鸣。如大宝在 1996 年的"职业篇"广告中,通过社会调查的形式,将京剧演员、小学教师、青年女工、摄影记者四类工薪职业人群使用心得汇集在一起,通过简单真切的语言和工作化场景的再现,让消费者看到大宝的产品亮点。并在最后用一句话"要想皮肤好,早晚用大宝"进行总结性的发言。这种表现方式树立了四种不同的参照群体,不仅展现出大宝工薪价格的指向,也拉近与普通消费者的距离,引发一定的共鸣。

参照群体不一定都是正面的,有的时候消费者会有意避免自己和某些群体沾上关系,这种现象叫**负面参照群体(negative reference group)**。负面参照群体是指消费者有意保持距离的群体。在日常语言中,我们用土气、爸妈风这样的词汇来表达对某事物的负面态度时,这些词汇无疑隐含了负面参照群体。一些炫耀性消费行为常被形容为暴发户行为也是负面参照群体的表现。品牌鄙视链现象可以是营销者和消费者的共谋。崇尚极简美学的"果粉"就会看不上 windows 系统。而拿着香奈儿包包的职业女性也可能会被拿爱马仕的贵妇们排斥。

研究案例：参照群体对农村大学生炫耀性消费的影响

托斯丹·邦德·凡勃伦（Thorstein Bunde Veblen）在《有闲阶级论》中最早提出了炫耀性消费的概念。之后，许多学者拓展了炫耀消费行为的主体，并发现炫耀性消费是为了向外界展示消费者自身的身份和地位，以获取周围人对自己的认同和尊重。在现实生活中，这种行为具有普世性。

大学生的消费行为不再是简单的物品消费，而是一个主动表达和意义建构的认同过程。炫耀性消费作为消费的极端方式，是大学生身份建构和认同的重要手段。尽管炫耀性消费只存在于一部分农村大学生中，但在消费行为上的相互影响远高于其他参照群体。农村大学生炫耀性消费一方面受传统和现代价值观的影响，另一方面也受社会因素的影响，参照群体是重要影响因素之一。其中，信息性、功利性和价值表达性影响是参照群体影响的三大维度。前人的研究发现，虚拟社区对消费者购买行为产生的信息性和规范性影响，会改变其购买行为。因此，研究者作出了以下假设：

H1a：信息性影响对农村大学生炫耀性消费行为有显著正向影响；

H1b：功利性影响对农村大学生炫耀性消费行为有显著正向影响；

H1c：价值表达性影响对农村大学生炫耀性消费行为有显著正向影响。

社会认同是个体对自己属于某些社会群体及其带给自身的情感和价值意义的感知。社会认同能够强烈影响我们的知觉、态度和行为。炫耀性消费行为是与社会认同紧密连接在一起的。社会认同需要个体通过特定的符号或行为来表达。在访谈中发现农村大学生希望从城市大学生那里获得消费的相关信息，通过外在炫耀性消费行为来获取城市大学生的认同和接纳，与其融入同一群体，最大程度避免歧视并获得尊重。因此，我们认为社会认同感在参照群体的信息性、功利性和价值表达性影响中发挥了调节作用。即农村大学生社会认同感越低，越希望模仿城市大学生的消费方式进行炫耀性消费行为。因此研究者提出如下假设：

H2a：社会认同越低，信息性影响对农村大学生炫耀性消费行为的正向影响越强；

H2b：社会认同越低，功利性影响对农村大学生炫耀性消费行为的正向影响越强；

H2c：社会认同越低，价值表达性影响对农村大学生炫耀性消费行为的正向影响越强。

研究结果表明，参照群体影响对农村大学生炫耀性消费行为有显著正向影响。炫耀性消费具有示范效应，城市大学生作为农村大学生最主要的参照群体，已经成为其消费行为的重要商品信息来源；农村大学生为了获得城市大学生的认同和尊重，其在消费决策中遵从城市大学生的某些消费标准和规范；炫耀性商品作为一种符号可以成为身份和地位的直接表达，类似的价值表达性影响对农村大学生炫耀性消费行为具有推动作用。

> 同时，农村大学生的社会认同会影响他们对参照群体的使用。对于社会认同感低的农村大学生来说，参照群体是获取消费信息的重要信息源，他们的炫耀性消费行为在更多情况下也是为了求得认同和尊重。因此，在农村大学生社会认同感低时，信息性、功利性和自我表达性影响对农村大学生炫耀性消费行为的作用将更加明显地体现出来。
>
> 来源：张薇. 参照群体对农村大学生炫耀性消费影响研究［J］. 经济研究导刊，2014（6）：123-124.

5.7 社交媒体与时尚传播

当下我们讨论时尚创新的扩散的时候，不得不看到社交媒体（social network media）带来的革命性影响。尽管传统时尚媒体如广播、电视、报刊、杂志等仍然具有举足轻重的作用，但没有任何一种大众媒体（mass media）能像社交媒体那样赋予消费者那么大的能力，在广度和深度上影响时尚在人群中的传播。随着社交媒体原住民一代的成长，传统时尚媒体读者群的流失是难以避免的。在传统时尚媒体寻求自我突破的过程中，传统媒体和社交媒体的界限也变得模糊。

5.7.1 社交媒体的角色

社交媒体是一个在不断发展的事物，可能难以有一个统一的定义。但一般指允许人们撰写、分享、评价、讨论、相互沟通的网站和移动设备 APP，是人们彼此之间用来分享意见、见解、经验和观点的工具和平台。现阶段主要包括博客、论坛、播客等等。社交媒体由大批网民自发贡献、提取、创造和传播资讯，有两个主要的特点，一个是人数众多，一个是自发的传播。个人化的移动设备成为了社交媒体时代创作、传播分享并接收信息的主阵地。社交媒体中的"时尚文化"是社交媒体内容中的重要一环，无论是应用软件，还是各类自媒体，时尚信息的传递都是流量重要来源。

社交媒体可以容纳视频、图像、声音、文字等多种媒介表现形式，这符合了时尚传播的需要。以微博和微信朋友圈为代表，这类社交软件每天推送大量的图片，其中包含非常多的时尚文化信息。以如今人们阅读的时间总量来说，受者接收到的时尚文化类信息量亦是非常可观的。除了社交媒体以外，电商平台和电子媒体在时尚文化传播中也占据了一片天地，并且是时尚文化追求者更倾向于选择的一类。如淘宝、小红书、海淘等各种信息分享平台，甚至包括传统的时尚杂志，如时尚芭莎、瑞丽等杂志也均推出线上 APP 供人们阅览。这些媒介所推送的海量图片、文字会给受众以最直观的视觉冲击，这大大简化了人们通过逛街购物参与时尚行为而消费大量时间、精力的过程。同时，通过社交网络媒体对时装秀和服饰进行现场直播的方式也将视觉信息的商业价值进行了充分地挖掘。

社交媒体对当代人们生活的渗透十分深刻。来自社交媒体的海量信息不断提醒消费者参照群体的存在，迫使他们思考自己是否符合主流时尚观，而且还会潜移默化地影响个体外在形象的再造、消费模式和消费理念等。个体需要从媒介接收的信息中搜集各种符合自身特点并能提升自我时尚涵养的相关讯息，而后产生时尚行为以更好适应社会潮流。

在社交媒体极度发达的时代，人们的购物方式也从传统的"现金—物品"这种简单粗暴的置换模式中脱离出来。社交媒体和电商的结合使消费的内容不再只限于实体店购物，网购、海淘、代购都加速了消费群体的时尚行为与时尚元素。时尚行为的表现形式也更加多元，如街拍、明星机场穿搭的学习、跟风时装周等成为年轻人常见的消费行为。可以看到，社交媒体加速了消费与时尚行为的相互作用，催化着社会潮流的变动。

5.7.2 社交媒体中时尚传播的特点

社交媒体中时尚传播的主要特点：传播速度快，内容丰富、形式多样，实用性、艺术性与商业性并存。

传播速度快： 在互联网日趋生活化的今天，社交媒体也随之普遍渗透于大众的生活。当具有一定关注者的时尚媒体发布一条时尚信息，一分钟后达到上千、上万的浏览量并非没有可能。在当今社交媒体受到广泛使用的时代下，时尚传播者正在利用社交媒体传播信息的高频性，引导时尚传播向高频化发展。

内容丰富、形式多样： 在内容上，当下流行的如美妆、服饰、美食、动漫等时尚产业在社交媒体中争奇斗艳。在形式上，呆板的传统图文形式越来越无法满足受众的审美需求，于是直播、短视频应时而生，且发展迅速。

实用性、艺术性与商业性并存。 时尚是社会发展基础上物质产品丰富的结果，消费者面对眼花缭乱的新产品时往往会左右为难，因此传播者迎合了消费者的需要，继"安利"之后又创新了一种实用色彩浓厚的传播内容的模板，对产品的"测评"，从而使用户能够根据自身具体情况来选购适合自己的产品，提升了时尚传播的实用性。同时，为了吸引消费者的目光，传播者必须对时尚传播形式及内容加以艺术化改造，例如利用精美的图片或短视频的形式作为传播时尚的艺术载体，提升其艺术性。虽然时尚传播的起点是审美，但是最终目的是形成消费。大多数时尚传播的内容避免不了对商品的推广和宣传，名义上似乎是分享，但通过传播者的语言加以修饰，便使许多受众对商品产生了购买欲望，无形之中使商家从中获利。

5.8 成为时尚趋势的条件

一项创新是否可以持久下去，甚至成为趋势或者经典是一个有意义的问题。为什么有些创新只是一时的风潮，有些则能成为一种长期趋势？能够成为一种时尚或趋势的创新有什么特质呢？迈克尔·所罗门（Michael R. Solomon）在《消费者行为学》一书中总结了以下一些创新成为趋势的基本条件：

是否适应人们的生活。 例如谷歌眼镜，它是由谷歌公司研发的一款拓展现实眼镜，具有和智能手机一样的功能，可以通过声音控制拍照、视频通话和辨明方向，以及上网冲浪、处理文字信息和电子邮件等。2014年4月网上订购开放后，便以高颜值、全功能刷足了话题。但谷歌眼镜来得快，去得也快，2015年1月就停止了销售。谷歌眼镜的失败不是技术的失败，也不是不酷，而是不方便。除佩戴不方便外，它的使用场景因录音录像功能会涉及他人隐私而受限制，美国一些公共场合明令要求不准佩戴谷歌眼镜。

是否具有继续创新的可能。 第二次世界大战后，李维斯（Levi's）牛仔裤开始在世界各地流行，到20世纪70年代，已演变为全球性的集体潮流。百年来，李维斯不断追求创新，一直引领着潮流的发展。1967年推出喇叭口裤型，1974年推出水洗系列牛仔裤，1986年推出预先穿洞的破烂牛仔裤，将裤管"翻边"，等等。在瞬息万变的时尚世界中，牛仔裤之所以成为永恒在于它具有持续创新的可能性。

是否有根本性的趋势支撑。早期，耐克跑鞋由于坚持技术创新受到专业运动员群体的广泛关注，这些人成为耐克的狂热粉丝。而对于普通消费者，细微的技术差异无关紧要，通过设计具有更高性能的跑鞋满足运动员特定需求的策略，对于那些非专业运动员的消费者来说并不奏效，而这部分消费者却是市场中的绝大部分。耐克当时的处境，被营销学者称之为文化鸿沟，想要跨越这一鸿沟需要的是文化创新，而不是产品创新，使耐克的性能表现对于运动员之外的消费者群体有意义。20世纪70年代，美国经济进入滞涨期，原本美国人最喜欢的运动是篮球、橄榄球这类群体运动，然而到了20世纪70年代后期，最具有个人主义的体育运动之一——跑步突然大受欢迎。耐克的创始人们相信，这不是一时的热潮。接下来，耐克制作的一系列广告不再是以赢得田径比赛的体育明星为主角的故事，而是一个个默默无闻的赛跑者的个人故事，所用的广告语是"跑道没有终点"。这些广告片是对一种新的文化密码的最初发掘。耐克将这一文化密码发展成为一种具有号召力的方式，来传达坚忍不拔的个人意志的意识形态。最终，1979年，耐克的销售额超过了阿迪达斯，其他跑鞋创新者们也被它远远地甩到了身后。至今，耐克已成为了享誉全球的运动品牌。

是否适应人们的消费理念。2000年后期，以ZARA等为代表的快时尚巨头突然兴起。它们以快速的产品更新速度和低于传统时尚的价格满足了人们追求时尚和实惠的双重需求。从2001—2005年，全球服装的总销售额仅增长了3%，而快时尚品牌的销售额增长了45%，其中的领军品牌ZARA，2000年的销售额为20亿欧元，2007年达到62.64亿欧元，7年中增长了2倍多。工业化和批量生产使快时尚快速占领了部分高级定制的市场。信息化和全球化战略使得快时尚设计、生产和配货流程得以加快，成本得以降低。多品种小批量的生产模式促进了快时尚品牌不断推出全新款式，逼迫着消费者在商品下架前进行消费。但快时尚的"快"也可能意味着服装生产过程中对于环境的极大污染和资源的过度浪费，造成"立即消费,用过即弃"的现象。随着消费者绿色消费、可持续消费意识的提升,快时尚模式开始受到慢时尚理念的挑战。

> **延伸阅读:慢时尚的兴起**
>
> 慢时尚概念最初由伦敦时装学院凯特·弗莱彻(Kate Fletcher)于2007年提出:"慢时尚不是像动物印花那样来来回回的季节性流行趋势,而是正在获得势能的可持续时尚运动。"这个概念是从反对快餐文化,捍卫地方传统、优质食物、美食乐趣和慢节奏生活的慢餐运动借鉴而来。慢时尚理念从提出到付诸于实践的过程也是探索的过程,通过对当下慢时尚的分析,可以将慢时尚的定义概括为注重产品的原创设计、高品质和经久耐用,立足于本土生产,倡导可持续发展的服饰商品经营理念。
>
> 和绿色时尚相比,慢时尚致力于产品的整个周期,贯穿设计、生产、使用和潜在再使用的整个过程。而绿色时尚更多地将注意力集中在物品的消费环节上。可以说,慢时尚具有更广阔的和更深远的含义,更多的是指一种生活理念和生活方式,推崇少买、重视品质和可持续发展。
>
> 在未来,慢时尚会更加立足于本土化发展。与快时尚的全球化相比,慢时尚强调将产品和服务立足于特定区域和市场的发展,致力于发掘本土潜质、优势和明显的特色,在设计、生产和营销中结合当地的传统文化和时代精神,使时装成为文化的载体。同时,慢时尚也更加强调个性化、多元化的原创设计。没有了紧促地生产和销售环节的压迫,设计师有了更多创意发展空间,可以赋予时尚更丰富的内涵和价值。
>
> 然而,慢时尚依然是一种小众时尚,它所要求的原创设计、环保材料和可持续化生产决定了它的高成本和高价位,它很难像快时尚那样迅速风靡全球。并且,广大的消费者也并未真正认识到快时尚对于环境造成的负面影响,也对慢时尚缺乏必要了解,因此亟需媒体的曝光和引导、社会名人的带领、企业自身的宣传和推广等措施,来唤醒消费者的环保意识。
>
> 主打慢时尚的品牌有澳大利亚的Nikki Gabriel,它倡导低碳环保可持续发展的设计,采用来源于本土回收的羊毛、蚕丝、羊驼毛和山羊绒混纺的纱线。其设计风格自然随意,富有创新精神和人文精神,践行了慢时尚的设计理念。中国的慢时尚品牌"无用"以"倡导节制、自求简朴"为设计理念,寻找一种低能耗的可持续生化方式。
>
> 目前,慢时尚仍在发展初期,以植根本土的原创设计、负责任的道德生产和可持续化发展为理念步入时尚舞台,虽然遭遇许多困难,但不可否认,其蕴含的环保理念顺应时代需求。
>
> 来源:王勇.快时尚背景下慢时尚的兴起[J].服装学报,2017,2(1):73-78.

本章小结

消费者对新颖时尚的追求永不停歇，时尚消费的背后代表快速更迭，本章对时尚创新与扩散展开了讨论。掌握时尚产品周期是在竞争激烈的市场中实现服装企业发展的重要手段。服装产品三种特殊类型的产品生命周期：（1）风格；（2）时尚；（3）快潮。这与一般产品生命周期（导入、增长、成熟、衰退）有所不同，服装产品的生命周期更难以预测。

从时尚创新扩散过程来判断，消费者接受一项创新的过程包括感知、信息搜索、评价、试用和接受几个阶段，同时，依据不同消费者对产品的卷入度不同，将消费者分为创新者、早期接受者、早期多数者、后期多数者和落伍者。从创新接受的条件上看，创新扩散理论认为一项创新需要具备相对优越性、兼容性、易用性、可试用性和可观察性才较容易被接受。

时尚创新者们和早期接受者们的行动和信息分享是时尚创新扩散的重要推动力。除了企业有组织的营销策划的推动外，许多普通消费者本身也愿意扮演信息分享的角色。这种口碑传播分享的动机，一般分为正面口碑传播动机和负面口碑传播动机，正面口碑包括情绪表达、利他主义、自我提升和帮助公司，负面口碑包括利他主义、减轻忧虑、报复公司和寻求帮助。

时尚的传播离不开社交媒体，社交媒体是一个在不断发展的事物，可能难以有一个统一的定义，可以容纳视频、图像、声音、文字等多种媒介表现形式，这符合了时尚传播的需要。社交媒体中时尚的传播主要特点：传播速度快，内容丰富、形式多样，实用性、艺术性与商业性并存。

重点概念

1. 产品生命周期——产品从进入市场到退出市场的整个过程。理论上典型的生命周期包括导入期、增长期、成熟期和衰退期四个阶段。

2. 创新扩散——不同消费者对某产品的接受速度和程度不同，各生命周期阶段呈现出不同的特征。接受一项创新的过程包括感知、信息搜索、评价、试用和接受几个阶段。

3. 创新接受的条件——相对优越性、兼容性、易用性、可试用性和可观察性。

4. 传播创新的动机——口碑传播动机分为正面口碑传播动机和负面口碑传播动机，正面口碑包括情绪表达、利他主义、自我提升和帮助公司，负面口碑包括利他主义、减轻忧虑、报复公司和寻求帮助。

讨论与思考

1. 在你的生活中有没有观察到时尚创新者，他们有什么特征？
2. 在生活中，你有没有接触或观察到时尚方面的意见领袖，你认为他们传播时尚信息的动机有哪些？
3. 你是否观察到过广告中使用参照群体或负面参照群体的情况？请举例说明。

作业与练习

请选择一个时尚创新的案例，并根据创新扩散理论描述这个创新如何在创新者、早期接受者、早期多数者、后期多数者和落伍者中传播。预测这个创新未来五年的发展趋势，说明原因。

第三篇

服装消费者

第六章　消费者的个性

在竞争环境中，当企业资源无法独占一个市场，对市场进行细分并针对某一细分市场建立和加强自己的竞争优势是一个理性的战略。组成市场的消费者可能千差万别，消费者之间的差异可以体现在许多维度。因此，如何进行有意义的市场细分，使品牌的经营活动可以落实于目标市场是市场细分的关键问题。

我们知道服装的消费者价值常体现在消费者的个性表达上，消费者的个性深深地影响服装消费行为。不仅如此，为了使消费行为变得更加容易，品牌也被赋予了个性。品牌个性不仅仅帮助消费者能在众多的商品中做出选择，也帮助品牌实现差异化，提高竞争力。

本章着重讨论服装消费者个性的差异以及由此带来的消费行为的不同。本章探讨的问题包括：什么是消费者的个性？品牌个性有什么意义？与时尚有关的消费者个性特质有哪些？

6.1 什么是个性？

消费者的个性会影响他们对营销刺激的反应。节假日时，有的人喜欢把休息时间用于居家放松，如看看老电影、听听音乐或看看书，有的人则喜欢游山玩水；有人喜欢安静休闲的活动，有人则喜欢寻求惊险刺激的娱乐。是什么促使人们出现这样不同的选择和表现？个性可能是不可忽视的原因。

很难有另外一种商品像服装一样和人的个性密不可分。由于着装和个人紧密相连，我们会不由自主地通过一个人的着装来判断这个人的文化背景、身份地位和生活方式等，尽管这样的判断可能带有一定的偏见。当代社会对个人独特性的强调突出了服装用来展示自我的价值。除了身份信息以外，服装还可以帮助我们表达内心的想法、感受、品位及个性。许多研究表明着装会影响人的行为、态度、心情、自信心以及和人交流的方式。人们选择了适合自己个性的服装后会更加放松，看上去更有吸引力，并产生更好的自我感觉。当人们违背自己的个性，选择迎合他人期望的风格时，我们也会感到局促不安。在选择着装风格时，有些人喜欢简单明快，另一些人则喜欢繁复华丽；有些人喜欢经典庄重，而另一些人则喜欢怪诞夸张。这些选择的背后往往有个性的影响。

个性（personality），有时也称为性格或人格，是心理学名词，通常指一个人天生的内在人格特质，是一个人独特的、稳定的和本质的心理倾向和心理特征的总和。简单的说，个性就是一个人的整体精神面貌，是个体独有的并与其他个体区别开来的整体特性，是共性中凸显的部分。

个性一词的英文"personality"最初来源于拉丁文"persona"，原指演员所戴的面具。在古希腊时期，西方文化中的艺术和戏曲的发展十分繁荣，当时的艺术家在舞台上表演时，会佩戴其饰演角色所对应的面具，以此来更直观地为观众呈现出对应角色的性格。中国脸谱也存在这样的作用，通过脸谱的造型、颜色和图案，开宗明义地告诉观众饰演人物的性格特征和道德伦理特征。"personality"后来被心理学家引申为具有特殊性格的人，人生舞台上个体所扮演的社会角色的外在行为和内在心理。

由于个性较为复杂，心理学界对个性的概念和定义尚未有一致的说法，国内外许多心理学家对个性的定义也有不同的见解。中国著名心理专家郝滨先生认为："个性可界定为个体思想、情绪、价值观、信念、感知、行为与态度之总称，它确定了我们如何审视自己以及周围的环境。它是不断进化和改变的，是人从降生开始，生活中所经历的一切总和。"美国人格心理学家卡特尔（R. B. Cattell）认为："个性是一种倾向，可借以预测一个人在给定的环境中的所作所为，它是与个体的外显与内隐行为联系在一起的。"美国心理学家伍德沃斯（R. S. Woodworth）认为："个性是个体行为的全部品质。"

6.2 个性的基本特征

在对个性的研究中，个性的三个特征得到了公认：(1)个性能反映个体差异；(2)个性具有一定的稳定性；(3)个性具有可塑性。

个性能反映个体差异

正如世界上没有两片完全相同的树叶，世界上也不存在完全相同的两个人。也许很多人会有相似的个性，但并不存在个性完全一致的两个人。即便是双胞胎，也存在着个体差异。而个性正是反映个体差异重要的一点。个性在遗传、环境和学习等诸多因素的影响下发展变化，这些影响因素、作用方式和程度不可能完全相同。例如，不同消费者对服饰的款式、色彩、图案和质地都会显示出不同的偏爱。天性热情奔放的消费者可能会选择一些色彩较为鲜艳、设计感较强的服饰；天性拘谨矜持的消费者，可能会喜欢色彩较为朴素低调、图案简约的服饰。

个性这一概念在市场细分和产品的设计和推广方面十分重要，原因在于它可以让我们基于一个或多个特性来将不同消费者分门别类，有助于营销者细分消费群体，并可针对特定群体设计产品和推广活动。个性是消费者需求差异性的重要因素之一。

个性具有一定的稳定性

人的个性趋向于一致和稳定。人格的稳定性是指那些经常表现出来的特点，是一贯的行为方式总和，而不是偶然的具体行为。正如我们所说："江山易改，本性难移。"一个人的某种人格特质一旦稳定下来，要改变是较为困难的事，这种稳定性表现在跨时间的持续性和跨情境的一致性。换句话说，也就是人的行为中比较稳定地表现出来的心理倾向和心理特征才能体现个性，偶然的行为和心理不能体现个性。比如，一个外向的学生在学校里善于交际，喜欢结识朋友和聚会，但某天他表现出安静并与他人保持一定距离的时候，并不能说明他由此变成了一个内向的人。放在消费行为上来看亦是如此，一个理智型的消费者偶然表现出冲动性的购买行为，也并不表明他是冲动型的购买者。

个性的稳定性为市场营销者根据消费者的个性来解读或预测他们的行为提供了基础。他们可以利用个性的这一特征来制定营销计划，吸引他们的目光。例如，针对一些具有冒险精神的消费者，可以用一些如奔跑、攀岩、飞跃等感官刺激较强的广告来吸引他们。需注意的是即便消费者的个性具有稳定性，他们的消费行为还是常常会随着各种心理、社会文化、环境和情境因素而发生很大改变。具体需求、动机、态度、群体压力等都会改变个体行为，个性只是影响消费者行为的其中一种因素。

个性具有可塑性

个性的稳定性并不意味着个性是一成不变的。个性是在主客观条件相互作用过程中发展起来的，它并不排除发展和变化，具有一定可塑性。个性有两种变化情况。第一种是个性特征在人的不同成长阶段中，表现方式也有所不同。比如从特质焦虑的角度来看，在少年时期焦虑表现在应试和加入新学校的不安等；成年时表现为对即将从事的新工作忧虑烦恼，缺乏信心；在年老时则表现出对死亡的恐惧。也就是说，人格特性以不同行为方式表现出来的内在秉性的持续性是有年龄特点的。第二种变化情况是个性可能会被人生阶段中对个人有重大影响的环境因素所影响。如结婚生子、仕途易道、移民、父母百年等，都有可能造成人格的某些特征的改变。儿童的个性相对来说比较不稳定，受环境的影响较大；成年人的个性稳定，但也会受环境的影响。比如长期处于一个不友好的环境中时，外向型的性格也可能变得内向。且需要区分个性改变和行为改变。行为改变往往是由情境引起的表面的变化，不一定是人格改变的体现。人格的变化一般是比行为更为深层的内在特质的改变。

6.3 个性理论

6.3.1 弗洛伊德的个性精神分析理论

西格蒙德·弗洛伊德（Sigmund Freud）的个性精神分析理论（psychoanalytic theory of personality）是现代心理学的基石之一。该个性精神分析理论既是一种动机理论又是一种人格理论。弗洛伊德认为，人的个性大部分源于一种基本的冲突，即个人满足生理需求的欲望和富有责任感的社会成员履行其职责的必要性之间的冲突。这种冲突发生在人格的三个系统，即本我、自我和超我。人的个性表现和个性发展是三种力量相互作用的结果，如图6.1所示。

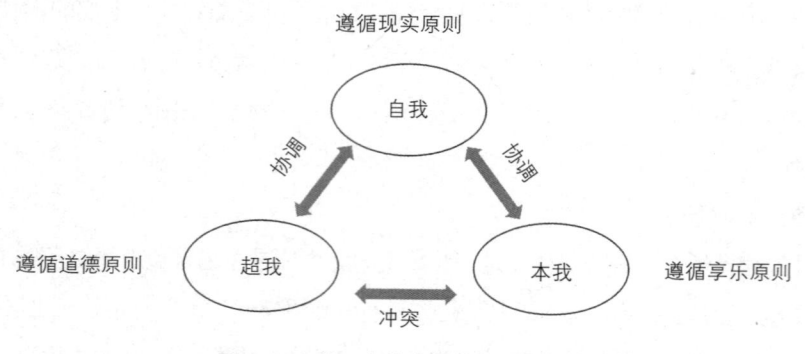

图6.1 本我、自我和超我的作用关系

本我

本我（id），即原我，是指原始的自己。弗洛伊德认为，人刚出生的时候只有一个人格结构，即本我。本我包含着生存所需的基本欲望、冲动和生命力，如饥饿、口渴、生气、性欲等基本的生理需求。本我遵循享乐原则，只关心如何满足个人需要，不受任何物质和社会的约束，以直接的满足为导向，所追寻的完全是即时的快乐及满足，这属于人格结构中的动物属性部分。享乐原则的影响最大化是在人的婴幼儿时期，也是本我思想表现最突出的时候。例如，婴儿看到想要的东西就会去伸手拿，无论这个物品归属于谁，而且每感饥饿的时候就哭着立刻要喂奶，决不考虑母亲有无困难。弗洛伊德认为人们一般难以察觉到本我。本我隐藏在无意识中，是非理性、非社会化和混乱无序的，大部分的本我冲动与性和攻击有关。本我是人格结构的基础，自我和超我是以本我为基础而发展的。

自我

自我（ego），是个体出生后，在现实环境中由本我分化发展而产生的，是自己可意识到的执行思考、感觉、判断和记忆的部分。自我位于人格结构的中间层，对本我的冲动与超我的管制具有缓冲与调节的功能。弗洛伊德认为自我就像是本我和超我之间进行诱惑与道德战争的调解员，它在遵循现实原则的基础上，试图平衡两种对立的力量。自我通过考虑情境现实性来控制本我盲目的冲动，调节本能与环境的关系，负责本我、超我与外界世界的联系，会以合理的方式来满足本我的要求，使得在寻求"本我"冲动得以满足的过程中，保护整个机体不受伤害。这整个过程是发生在无意识层面上的，因此个体很难察觉到这些冲突，这也是为什么人们会无法感知到自己潜在行为的原因。

超我

超我（superego），是人格结构中代表理想的部分，居于管制地位的最高部分。它是个体在成长过程中通过内化社会文化环境和道德规范的价值观念而形成的。在很大程度上，超我是意识层面的东西，它通过将社会规则内化的方式来防止本我的自私性欲望满足。其机能主要是监督、批判及管束自己的行为，它所遵循的是道德原则。比如，你在他人的桌子上看到了100元，本我的冲动会让你想要占为己有，自我会意识到这样做可能产生的后果，但会试图寻找拿走钱而不被人发现的办法，当你想到了不被人发现的办法，超我将以偷钱违反道德原则的罪恶感来禁止这一行为。因此，也有人将超我理解成良心。

人格系统中的三个层次相互交织，形成一个有机的整体。它们各行其责，分别代表着人格的某一方面。本我反映人的生物本能，按享乐原则行事，是"原始的人"；自我寻求在环境条件允许的条件下让本能冲动能够得到满足，是人格的执行者，按现实原则行事，是"现实的人"；超我追求完美，代表了人的社会性，是"道德的人"。弗洛伊德曾说过，自我好像是骑在马背上的人，驾驭着这匹桀骜不驯的马（本我），约束着它前进的方向（超我）。

弗洛伊德精神分析理论对消费行为研究者产生过很大的影响：这些研究者认为，自我可通过商品所呈现的象征性特质来调和本我需求和超我限制之间的冲突。个体可以通过购买那些象征本我欲望的产品，将这些不被接受的、被压抑的需求合理化。因此，商品代表的是消费者的真正目的。从一般意义上讲，这些真正的目的都是不被社会认可和接纳的。但是通过商品这个跳板，他们却品尝到了本我的禁果。将弗洛伊德精神分析理论应用于消费者个性研究的学者认为人类动机大多是无意识的，消费者很可能不知道买某样东西的真正原因。这些学者认为消费者的购买和消费情景是消费者个性的反映和延伸。

美国烟草公司成功向女性消费者推销香烟的案例是精神分析理论在营销中运用的一个生动案例。20 世纪初，女性在公开场合吸烟的行为被社会普遍认为是对性行为默许的表示。在咨询精神分析学家后，营销者得到了香烟是男性权力的象征物的结论。根据这个结论，他们设计了"自由之火炬"的公关活动，在纽约复活节游行中宣扬女性在公开场合点燃香烟的行为是对男性权力发出的挑战。这一宣传契合当时的女权主义思潮，引起了热议，得到了地方、全国乃至国际媒体的报道。活动设计者的目的是将产品与感情联结起来，以促进非理性消费行为。事实也确实如此，女性的实际权力并不会因为公开吸烟而得到本质的提高，但这个公关活动得到了女权主义者的热烈拥护，也显著扩大了烟草公司的消费群体。

6.3.2 新弗洛伊德个性理论

弗洛伊德的个性理论有非理性主义和生物学化的倾向，在方法论上也具有一定的局限性。弗洛伊德将潜意识的作用看得比意识重。潜意识的主要内容是与社会相对立的本能欲望和冲动，这在根本上否定了意识是心理的实质，否认了意识的主导作用。且弗洛伊德精神分析的整个体系是建立在生物学基础上的，对个人和人类的行为的解释具有生物学的色彩，一定程度上抹杀了人类与动物的区别，忽视了人的社会性本质以及社会文化环境对人的个性心理发展的重要作用。因此，在该理论的发展过程中，弗洛伊德的一些门生和同行不赞同他对本能和性本能的过分强调。他们不认为个性是本能的，是与性密切相关的。相反，这些新弗洛伊德主义者认为社会关系是个性形成和发展的基础。于是他们从不同理论视角向弗洛伊德的个性理论提出了挑战，形成了各自新的理论。这些理论通常称为**新弗洛伊德主义（neo-Freudian）**，这个名称表示这些理论来自弗洛伊德或受到弗洛伊德的影响，是从弗洛伊德精神分析学派分离出来的，在一些基本原则和方法方面并没有完全脱离精神分析体系，又在某些方面加以变通、修正的个性理论。新弗洛伊德主义主要包括荣格、霍妮、沙利文、弗洛姆等人的个性学说。其中，荣格和霍尼的理论对消费行为研究带来较大启示。

卡尔·荣格的个性类型

卡尔·荣格（Carl Jung）是瑞士心理学家和精神分析学家，分析心理学的创立者。荣格是弗洛伊德的学生，曾是弗洛伊德精神分析理论的支持者，后因观点不同而关系破裂。荣格不能接受弗洛伊德对个性的性方面的强调，并继续自创了他自己的**分析心理学（analytical psychology）**。荣格心理学涉及内容极为广泛，与消费者行为最为密切的当属其个性类型说。

根据这一学说，人格结构由很多两级相对的内动力所形成，如感觉（sensing）对直觉（intuition）、思维（thinking）对情感（feeling）、外倾（extroversion）对内倾（introversion）等。具体到一个人身上，这些彼此相对的个性倾向常常是失衡的或有所偏向的。例如，有的人更多地凭直觉、凭情感做决策，另外一些人更多地凭理智和逻辑做决策。将前述两级相对的个性倾向两组配对，可以组成很多彼此不同的组合，如外倾感觉型、内倾思维型、直觉思维型等。

荣格认为有两种心理流量：外倾型和内倾型。内倾或内向指的是心理能量向内发展，表现为内向性格的人喜欢沉思默想，自制力强；外倾的是心理能量向外转移，表现为外向性格的人好交际，适应力强。荣格认为每个人身上都具有两种态度类型，不能简单说性格的内向和外向，而且随着生活环境的改变，内倾和外倾也会产生一些变化。按功能类型来分的话，荣格认为心理活动还有四种功能：思维、情感、感觉、直觉。思维的功能在于帮助人揭示自然和自身的本质，运用推理和逻辑解释各种事件；情感的功能是给人类以痛苦或愉快、恨与爱、悲与哀的主观感受；感觉是提供给外部世界的具体事实；直觉则是一种无意识的知觉，功能在于超越事实和逻辑而把握现实的本质。

荣格的理论对消费行为研究的影响在于他认为可以根据不同个性倾向把人格分成不同类型，相同心理倾向的人将表现出来相似的思维方式和消费决策，不同心理倾向的人表现出来的思维方式和消费决策差异较大，见表6.1。根据这一理论，分析这些个性类型，将有助于营销者了解每种类型的个性所对应的行为特点，从而可以根据这些特点制定更加有效的营销策略来吸引和满足对应的消费者。比如，外倾感觉型人格的消费者有追求欢乐和刺激的倾向，在消费行为上可能表现为较多的冲动性购买和享乐性购买行为。在商场中使用热闹刺激的音乐对于这些消费者很可能是有效的促销手段，而对于内倾思维型消费者，这样的刺激反而可能让他们避之不及。

表 6.1 荣格的人格结构分类表

	内倾型	外倾型
思维	这种人喜欢离群索居，不愿社交。人多口杂易让他们感到疲倦。他们独处时会感到更加自在。他们富有创造力但往往只在独处时表现出来	这种人按固定的规则生活，他们客观、冷静、守时、善于思考但很固执。他们通常目标明确，他们凡事习惯先考虑自己，再考虑他人
情感	这种人文静多思，敏感忧郁，沉默寡言，难以捉摸，然而有时又表现得恬淡宁静、怡然自得，给人莫测高深之感。他们不轻易表露自己的情感。他们喜欢独自解决自己遇到的问题	这种人较为情绪化和敏感。他们非常喜欢社交和聚会。他们在公众场合表现得富有创意。他们喜欢以小组形式开展工作，而不是自己独自一人。他们也乐于和他人分享想法
感觉	这种人沉浸在自我主观感觉中，与自己的内心世界相比，他们觉得外部世界索然乏味。这种类型的大多数人表现得较为沉静、平和，不太在意身边发生的事情	这种人是快乐的一群人，他们不太多想，只是单纯的为了快乐而生活。他们希望与他人相伴并且带来正面的情绪。他们总是寻求幸福感和乐趣
直觉	这种人专注于自己的内心想法、观点和观念，对现实世界的日常反而不太关心。他们往往是能产生一些新奇观念的梦想家，别人看他们不可思议，而他们自己却乐在其中	这种人非常富有创意，他们常常异想天开，喜欢尝试新鲜事物，常常一个问题没解决又忙于解决另一个问题。他们是有自我驱动力的一群人，并能鼓舞他人

凯伦·霍尼的人格类型

凯伦·霍尼（Karen Horney），德裔美国心理学家和精神病学家，也是新弗洛伊德主义的代表人物。霍尼曾接受过弗洛伊德正统理论的训练，但由于对弗洛伊德一些关于女性性欲的看法表示不满而离开弗洛伊德的学说。她虽然在原则上接受弗洛伊德的潜意识观念，同意弗洛伊德关于无意识冲动决定人的行为的论点，但坚决反对弗洛伊德把无意识的冲动理解成是性本能的冲动、用原始性欲发展阶段的进展来解释人格的形成的观念。对幼年经验决定一生的理念也持反对态度，她认为人类的精神冲突与外部的社会文化及环境息息相关。

霍尼的主要贡献有对神经症（neurosis）的研究，主要研究子女与父母之间的关系，以及个人战胜焦虑感的意愿所带来的影响。霍尼特别强调环境因素对个性形成的影响，与弗洛伊德一样，强调童年经历对人格形成的重大影响，但她与弗洛伊德不同的是，她强调的是儿童与父母关系的重要性，强调这种关系对基本敌意和焦虑形成的重要性和对神经症人格产生的重要性。霍尼提倡将人分为三种个性群体：依从型、攻击型和离群型。

依从型人格（compliant personality）：这类型的个体缺乏独立，渴望得到别人的关爱与欣赏，倾向于与他人打成一片获得他人的情感支持。在表面上是亲近，而在潜意识中却是借依从消除焦虑感。

攻击型人格（aggressive personality）：这类型的个体对人持敌对攻击态度，借以攻为守策略来获得别人的重视，并以此树立自己的优越感，来应对自卑和焦虑。他们追求权力、威望与成就。

离群型人格（detached personality）：这一类型的个体倾向于独立，自力更生、自给自足，不与人亲近，追求个人主义。表面上是独善其身，而潜意识中却是对人际感情敏感，借离群以掩饰不安感。

以霍尼理论为框架的个性研究发现了一系列关于不同个性类型的消费者与产品、品牌适用模式的关系。例如，高依从型的消费者喜欢购买有品牌的产品，因为这是容易得到社会认可的选择；攻击型消费者则钟情于能体现男性化形象的产品，如"Old Spice"牌的香体剂；我行我素的离群型消费者则喜欢喝黑咖啡，也许是为了显示不妥协的态度。

6.4 特质理论

弗洛伊德和新弗洛伊德理论的典型特征是使用定性研究方法（如个人观察、自述经历、解梦、投射技术）。特质理论则相反。特质理论主要以定量或实证分析为指导，侧重于一个人的特定心理特征（即特质）来考虑个性。

特质（trait）是决定个体行为的基本特性，表现一个人人格特点的行为倾向，是人格的有效组成元素，也是测评人格所常用的基本单位。在现代人格心理学中，人格特质理论将特质定义为个体所具有的神经特性，具有支配个人行为的能力，使得个人在变化的环境中给予一致的反应。人格特质论者认为，人格特质是所有人共有的，但每一种特质在量上因人而异，这就造成了人与人之间的人格差异。特质理论拥护者发现个性与消费者如何制定购买决策、选择购买和消费什么样的产品关系密切。目前常用的测量人格特质的理论包括卡特尔人格特质理论和五因素模型。

卡特尔人格特质理论

雷蒙德·卡特尔（Raymond Bernard Cattell）采用了因子分析法对人格特质进行了系统分析，并与其同事在前人的基础上经过长期的研究，确定了16种根源特质，即16种人格因素，并据此编制了16种人格因素量表来测定每一个人的特质，见表6.2。

表 6.2 卡特尔 16 种人格根源特质

人格因素	名称	人格因素	名称	人格因素	名称	人格因素	名称
A	乐群性	F	兴奋性	L	怀疑性	Q1	实验性
B	聪慧性	G	有恒性	M	幻想性	Q2	独立性
C	稳定性	H	敢为性	N	世故性	Q3	自律性
E	恃强性	I	敏感性	O	忧虑性	Q4	紧张性

人格五因素模型

人格五因素模型（five-factor model，简称 FFM）又被称为"大五模型"（big five model），是 20 世纪 80 年代科斯塔和麦克雷（Costa and Mccrae）提出的人格心理学家广为应用的人格特质分类模型，见表 6.3。人格五因素模型将个性特征划归为五个维度和三十个维度特征，五个维度包括：①外倾性（extraversion or surgency）；②宜人性（agreeableness）；③尽责性（conscientiousness）；④神经质（neuroticism）；⑤开放性（openness）。同时建立了一套完备的量表体系用于个性特征测量，通过测量结果得分的高低，可以初步判断个性特征的基本情况。

表 6.3 人格五因素模型

因素	高分特征	低分特征	涉及领域
外倾性（E）	好社交、活跃、健谈、爱冒险、开放的、重感情	寡言、谨慎、冷静、不坦率、退让、冷淡	生理
宜人性（A）	心肠软、脾气好、信任人、直率、宽宏大量、慷慨大方	愤世嫉俗、粗鲁、多疑、易怒、吝啬、对别人很挑剔	人际
尽责性（C）	尽责、勤奋、自律、有抱负、有毅力、守时	不可靠、懒惰、无目标、粗心、意志弱、松懈	工作
神经质（N）	焦虑、情绪化、紧张、忧郁、不安全、神经过敏	平静、镇定、果敢、放松、安全、自我满足	情绪
开放性（O）	兴趣广泛、有创造力、有创新性、非传统的、好奇心强、无拘无束	兴趣少、无艺术性、习俗化、因循守旧、缺乏好奇心、讲究实际	智能

人格五因素模型应用范围较广，不仅可用于人的研究，还可被应用到品牌的研究中。有不少学者将其应用到品牌个性研究中，为品牌更有效地传达个性提供了建议。有学者也发现了品牌个性与消费者人格特质间存在一定程度的相关性，这个内容将在本章 6.6 节品牌个性进行展开叙述。

消费者会通过服装消费来表达自己的个性。应用特质理论可以揭示时装选择的奥秘。研究者试图通过特质理论将消费者的人格与其时装选择结合在一起。艾肯（Aiken）总结了五种时尚选择的人格倾向，见表 6.4。

表 6.4 五种时尚选择的人格倾向

时尚选择	人格倾向
服装的装饰	那些高度强调着装上的配饰的个体,是比较保守、勤奋、刻板、中规中矩、非智力型、有同情心、世俗、惟命是从的人
服装的舒适度	看重这一点的个体具有自控性高、社会合作性强、世俗化、做事细致周到、有权威感的特质
服装的趣味性	和那些着迷于服装饰品的群体有相似的特质
服装的从众性	追随主流文化、自我克制、遵守道德、传统观念强、惟命是从是这类人的特点
服装的经济价值	灵活、可爱、勤奋、认真、办事高效周密、自控能力强

尽管该研究分类出现了一些重合,但是确是从人格角度最早探索具体性时尚消费者行为的尝试。同其他的市场研究类似,时装研究的结果也会显示与人格特质不一致的一面。一些研究甚至会表明,人格特质与消费者的创新型和消费思想是毫无瓜葛的。但是,其他研究还是证实了时尚革新者和领导者身上的五种人格特质:

（1）对模棱两可的高容忍性、自我接纳、高度自信;
（2）自信、讨人喜爱、阳光、外向;
（3）情绪稳定、支配性强、竞争心强、胆大冒险、合群;
（4）言听计从、冲动性、表现狂、自恋;
（5）低焦虑水平、高认知复杂性。

人格特质在时间上是相对稳定的,并具有跨情境的稳定性,所以不少营销者会利用人格特质的特点,来预测消费者行为。

6.5 与时尚有关的特质

6.5.1 独立性与逆反性追求

消费者行为意义上的**独立性**（individuality）是消费者具有并经常表现出的特征性行为模式。在服装上的独立性指的是意识到规范的存在的情况下远离规范的愿望，它是使我们每个人与众不同的那些特质。这种独特性使我们与他人区分开来，使我们每个人都成为独特的自己。人们可以通过以下几种方式，用服装来表达自己的独立性：

（1）不随大流，拒绝那些时髦的款式；

（2）避免选择与其他人穿着风格相同的服装和发型等；

（3）选择自己中意的颜色；

（4）具有标志性的造型；

（5）因为标新立异而出名。

有些消费者会特意避开买那些正流行的东西，他们有着自己的时尚节奏。这种行为看上去多少有点自相矛盾——要警惕不做别人期待的事，前提是要知道别人期待的是什么。相反，真正独立的人是不知道别人的期待的，他们只跟随自己的节奏。

人类有着深层的需要去选择和维护自由，当自由受到限制时，人就会尝试去克服这种自由的丧失感。这种消极的情绪状态就叫作**逆反（reactance）**。服装上的逆反表现在对失去穿着选择自由时的逆反消极情绪。比如学校的校服和一些职业制服都使穿着者失去穿着的选择自由，有些学生和相关职业工作者在面对这些穿着限制时就会产生反抗的心理。但他们会巧妙地反抗这种限制并且表现出自己的个性，例如在衣领上有所设计修改，在制服某些部分也有所创新等。然而，制服本来就是压制个性的。

如何巧妙地处理服装的个性表达和大众化审美，品牌方在售卖产品时也会经常面临这个问题。品牌方想通过促销的营销手段来扩大自己的消费群体，在吸引到更多新的消费者的同时也可能面临失去那些原本对这个品牌非常忠诚的消费者的风险。现在越来越多的消费者都在追求个性化表达，当在大街上发现和他人撞衫时会感到不太愉快。一些心理学家认为，这种反应是个体独特性需要的结果。因为服装视觉的特性和与自我概念的关系，衣服是表达独特自我的方式。所以有不少消费者会喜欢购买一些比较小众但有品牌特点的服装品牌而不是市场上较大的品牌，以此来彰显独特的个性。这些追求时尚个性与独特性的消费者一般不愿意穿连锁店、专卖店和折扣店都能见到的大众化服装，反而会喜欢花时间和精力去挖掘一些有特点和个性的服装品牌。这种消费态度的产生也促进了专业时装小商店和买手店的兴起。

6.5.2 时尚卷入度

卷入度（involvement）的概念在市场营销研究中得到了广泛的运用，特别是在营销传播过程中备受关注。本书在服装消费的认知与态度一章中也涉及此概念。卷入度可以涉及不同层面，如广告卷入度、品牌卷入度和品类卷入度等。卷入度几乎对各种消费者行为都产生影响，包括消费者的问题认知、商品信息收集、品牌评价和购买决策等多个方面。一般来说，时装是一种高卷入度商品，但消费者之间存在很大差异。时尚品类在一些消费者的生活中占据重要的地位。消费者经常浏览时尚媒体资讯，对大品牌的新品发布如数家珍，而另一些消费者可能对这些完全无感。这种特质上的差异就是**时尚卷入度**（fashion involvement）。

高时尚卷入度的消费者在服装消费行为方面表现为几个特征：他们愿意花更多的精力在服装消费上，每次购物的过程也更加投入；他们更注重购物的乐趣和体验，服装购物不仅仅是为了完成某个任务，更是一种价值体验；他们还更愿意主动了解市场行情和向他人分享信息与自己的心得；他们对时尚信息的关注是持续的。在消费者决策过程一章，我们知道信息搜寻是消费者发现问题后采取的行动。而对高时尚卷入度的消费者而言，时尚品类的需求是持续的，因而他们对时尚信息的搜寻也是一种持续行为。这对营销者而言是一个好消息，因为广告信息对这类消费者的传播效率最高。相反，对于低卷入度的消费者而言，营销信息要传递给他们只有一个较窄的窗口，即当消费者完成需要的购物任务时，营销信息才有意义。时尚卷入度的概念丰富了营销者进行营销沟通的维度。比如对一个具体的营销活动而言，营销者可以思考沟通的目标是高卷入度的消费者还是低卷入度的消费者，分别应该选择什么时候沟通，应该达到什么目的等。

研究发现男女消费者在时尚卷入度上有较明显差异。一般来说，女性较男性有更强的时尚敏感度，对时尚话题更感兴趣，更愿意尝试新的时尚产品和风格。许多学者认为这种性别差异与男女性在社会化过程中被灌输的性别角色密切相关。比如，我们大多经历过时尚描绘的年轻、美丽、窈窕的女性形象的密集轰炸。另一个影响时尚卷入度的因素是物质主义的价值观，即人们认为物质拥有的重要性。大量研究表明物质主义价值观直接影响人们向他人展示自我的方式，比如物质主义者更注重自我形象的管理，更愿意通过服装、饰品、汽车等外显性商品来展示个人形象。因此，一般认为物质主义消费者具有更高的时尚卷入度。

6.5.3 时尚创新度

与时尚卷入度密切相关的是时尚创新度。服装消费者行为研究中的**时尚创新度（fashion innovativeness）**是指人们对时尚新产品及相关服务的采纳和接受程度，换句话说也就是指一个人比其他社会成员更早地尝试新的时尚产品的意愿程度。时尚创新度较高的消费者我们也称为**时尚创新者**，他们会经常参与并采纳新的时尚创新风格，有助于推动新时尚趋势和风格的发展。这些具有高度时尚创新能力的时尚创新者仅占整个消费市场的一小部分，但他们是许多产品和品牌的催化剂，可以帮助品牌提高新产品的市场影响力。时尚创新者倾向于比其他消费者更早地购买和使用产品，即使购买这些品牌存在一定潜在风险。且这些时尚创新者倾向于使用多渠道进行信息搜索和服装购物，会更积极地使用信息技术和社交媒体等。此外，时尚创新者还具有相对较高的品牌敏感性和品牌意识。

对于对创新传播感兴趣的消费者，研究人员还想要测量消费者的创新度，以便他们可以将消费者进行细分。以下是一个测量时尚创新度的量表，通过测量受试者对各题项的同意程度来衡量其在时尚领域内的创新能力，见表6.5。

表 6.5 时尚创新度的度量量表

	非常同意	同意	中立	不同意	非常不同意
1. 在我的朋友圈里，我是最后一个知道最新时装名称的人	5	4	3	2	1
2. 一般来说，在我的朋友圈里，我是最后一个买新时尚物品的人	5	4	3	2	1
3. 与我的朋友相比，我没有多少新的时尚单品	5	4	3	2	1
4. 我比别人更了解新时装设计师的名字	5	4	3	2	1
5. 如果我听说店里有一种新的时装，我会很有兴趣买下来	5	4	3	2	1
6. 我会买一件新的时尚物品，即使我以前没有见过它	5	4	3	2	1

由于消费者的个性不同，因而在接受新产品、新服务、新的消费活动和新消费理念与模式方面也必然有其差异。消费者的创新性反映的实际上是消费者对新事物的接受倾向与态度。有些人几乎对所有新生事物都采用排斥和怀疑的态度，另外一些人则采用开放和乐于接受的态度。在本书时尚创新一章，我们谈到消费者采用新产品是有先有后的，有些人是新产品的率先采用者，而另外一些人则是落后采用者。创新采用者和落后采用者又有哪些区别性特征，这正是营销者特别希望了解的。

6.5.4 自我监控

在我们的生活中，常有些人会十分注重外在形象，他们往往会较严格地监控自己的自我形象，倾向于购买知名品牌的服装或奢侈品来彰显自己的地位。研究表明这种倾向与自我监控这一人格特质有关。

自我监控（self-monitoring） 的概念，最早由社会心理学家马克·斯奈德（Mark Snyder）于1974年正式提出。自我监控的概念源自人格心理学，用来反映个体在监督和调整他们的自我呈现、表现行为和非语言情感展示的倾向和能力上的差异。比如对自己在他人面前的印象进行管理，根据社会环境的期望来调整自己的行为。斯奈德将自我监控者划分为典型的高自我监控和低自我监控两类。高自我监控的个体对人际关系和社交线索比较敏感，并能够利用这些线索改变行为，适应情境的要求。而低自我监控的个体，对人际关系和社交线索不敏感，他们既缺乏能力，也缺乏动机去改变行为以适应环境。这一概念提出以后，便受到学者们的青睐，并被广泛应用到亲密关系、消费者行为、职场行为和社交关系等多个研究领域。已有的研究表明自我监控是一种相对稳定的人格，但这并非意味着个体的自我监控水平不会发生变化，由于老年人更有可能根据自己的态度和信念来行事，与年老的人相比，年轻人会有较高的自我监控水平。

有不少学者认为消费者购买品牌产品的态度会受到自我监控特质的影响。一些发展中国家的消费者往往愿意购买知名昂贵的外国品牌来凸显自己的社会地位，因为收入的差距使得外国品牌的象征意义更加突出。另外，集体主义文化中的消费者也有通过自我监控和自我展示的倾向来给他人留下深刻印象，从而表达对

"他人导向"目标的价值；相比之下，个人主义消费者关注更多的是他们对独特性和"自我导向"的表现力的需求。

6.5.5 感官刺激寻求

跳伞对于恐高的人来说不是一项典型的活动，但对喜爱极限运动的李明来说，这是他喜欢的户外活动之一。李菲也喜欢户外运动，如骑车、爬山、旅行。但她不喜欢跳伞这一类的极限活动。对于李菲来说，满足感来自为了克服挑战而推动自己。李明、李菲都是渴望在工作、朋友和娱乐中获得新体验的人，是寻求不同刺激的人。其他人可能会好奇为什么有些人宁愿冒着生命危险去追求他们所谓刺激的行为而不是选择在家中读一本好书放松？心理学家认为，这些行为差异与**感官刺激寻求（sensation seeking，也译为感觉寻求）**这一特质有关。感官刺激寻求是指个体对多变的、新异的、复杂的和强烈的感觉和体验的寻求，以及通过采取冒险行为来获得这些体验的愿望。

感官刺激寻求量表（sensation seeking scale，简称 SSS）是人格特征测量工具。由美国心理学家朱克曼（Marvin Zuckerman）1964 年编制。目前已发展到第 6 版（SSS-Ⅵ）。它由 124 个条目组成，根据对条目的因素分析结果进一步构成 4 个分量表，分别测量以下 4 种特质：

刺激和冒险寻求

当你想到寻求感官刺激时，可能会想到寻求刺激和冒险。刺激和冒险需求这一特质强调对"适度可怕"的活动的享受。如上文提到的李明，那些具有高度刺激和冒险寻求倾向的人常会寻找令人兴奋和冒险的体育活动。对于刺激和冒险寻求者来说，风险可以被忽视、容忍或最小化，甚至可以增加活动的兴奋感。相比之下，那些不寻求刺激和冒险的人可能会避免那些冒险或危险的活动。

体验寻求

如果你不是一个极端的刺激和冒险者，你也可能以其他方式来寻求感官刺激。比如，虽然你不喜欢跳伞，你仍然可能喜欢新的、复杂的、强烈的感觉和体验。上文中的李菲有着对挑战和旅行的热爱，具有追求感性的个性。虽然她在寻求刺激和冒险方面的得分很低（她不会去跳伞），但她会在寻求体验方面得分很高。

去抑制

人们在采取行动之前并不总是仔细思考行为的后果,这种不计后果的倾向称为去抑制。去抑制涉及我们自发的能力。具有强烈去抑制倾向的人在行动时不考虑潜在的后果,而具有低去抑制倾向的人则更仔细地控制自己的行为,并考虑更多的后果,比如在他们跳跃之前先看一眼是否有危险。而去抑制率高的人?他们只是跳跃。这些人更容易受伤,更有可能参加诸如"世界裸体骑行"之类的活动。

对单调的敏感性

这一特质可以归结为一个人忍受缺乏外部刺激的能力。那些对无聊低容忍的人不喜欢重复,例如连续多次吃同样的食物,或者工作中的重复性任务。他们容易对无趣的人表现厌烦情绪。当事情重复发生时,他们会变得焦躁不安。他们偏爱令人兴奋的人和多样性,当无法摆脱乏味的一致性时,他们会感到不安。

感官刺激寻求的这些特质与许多消费行为有关,比如对时尚创新的积极态度,对异国情调的偏爱,对拥有新商品的渴望,对服务与体验的注重,品牌忠诚与复购行为,以及冲动购买行为等。

> **研究案例:感官刺激寻求与服装店铺陈列的视觉复杂度**
>
> 卖场是服装商品走向消费者的最终环节。营销人员采用货品陈列、照明、装饰物、气味、温度等一系列手段增加店铺对消费者的吸引力,并营造特定的品牌的形象。怎样设计卖场才能更好地吸引路过的消费者进店呢?营销者的一种冲动是最大化地利用空间,尽可能地提供丰富的商品种类、装饰和设施。但这也可能导致店内陈列视觉上的复杂性,反而使得很多消费者敬而远之。研究者认为消费者对店铺陈列的视觉复杂性的反应受消费者的感官刺激寻求这一特质水平的影响。
>
> 研究者设计了高、中、低三个感官刺激水平的店铺陈列,让消费者浏览店铺后对店铺进行评价,并测量了他们访问店铺的意图。同时研究者也测量了被实验者的感官刺激寻求水平。
>
> 结果发现,消费者的感官刺激寻求水平对消费者的反应有很大的影响。对于感官刺激寻求水平高的消费者而言,店铺陈列复杂程度与消费者意图呈正相关性,也就是说视觉复杂程度高的店铺陈列对需要感官刺激的消费者产生了更大的吸引力。结果也发现,对于感官刺激寻求水平低的消费者来说,店铺陈列复杂程度对消费者意图的影响呈现先升后降的现象,这说明丰富的店铺陈列,能刺激消费者的进店意图,但因低

感官刺激寻求消费者对视觉复杂程度的接受范围较窄，过高的复杂程度则会起到适得其反的作用。

该研究的管理启示是，营销者应根据品牌的调性和目标消费者的个性特质，选择合适的店铺视觉呈现方式以精准瞄向目标消费者可能的感官刺激水平。尤其是对产品品类、店内装饰这些对视觉复杂程度有较大影响的内容，需进行科学合理的安排。

来源：JANG J Y, BAEK E, CHOO H J. Managing the visual environment of a fashion store [J]. International Journal of Retail & Distribution Management, 2018, 46（2）：210-226.

6.6 品牌个性

随着市场的发展，消费不仅仅以商品功能为导向，消费者行为很大程度上受到商品蕴含的象征意义的影响。生产商为了能够突出自身独特的优势以提升市场竞争力，开始注重满足消费者对个人和社会意义的表达。品牌个性在这样的背景下应运而生。

心理学和行为科学关于个性研究的丰富文献促使营销研究者认为，个性特征应当有助于预测品牌或店铺偏好等购买活动。尽管影响消费者的行为和营销策略的因素和条件很多，消费者个性与产品选择和使用之间的相关关系是营销人不能忽视的问题。消费者会通过消费商品来体现自己的个性，甚至是理想的自我表达。此时，我们倾向于选择那些符合自我个性特征的品牌。在服装消费的动机、需求与价值一章中，我们特别强调了服装商品给消费者带来的象征性价值。相较于仔细思索产品功能上的不同，我们更乐意选择一个在象征上更符合我们的目标、感觉和自我定义的服装品牌。此时品牌具有的个性对消费者具有塑造自我的意义，也使得消费选择变得容易。

6.6.1 品牌个性的含义

品牌个性（brand personality）是指与品牌相关的一套人类特性。它是品牌形象的人格化表现，是商品象征意义的核心，具有象征和自我表现的功能。曾经，我们购买一件商品，看重的或许是它的价格、耐用程度以及实用性，现在我们更加看重商品是否能够展示我们的个性，品牌形象是否与我们自身形象相吻合，品牌理念是否得到我们的认同等。因此，品牌个性是与产品相关的属性相对的一面，与产品相关的属性往往为消费者提供实用功能，品牌个性往往具有象征或自我表达的功能。

6.6.2 品牌个性的内容

当了解一个人的时候，年龄、性别、职业、受教育程度等是最为基础的信息，这些信息被称作人口特征。要深入了解这个人时，了解他衣橱里服装的颜色、家装风格这些更加个性化的细节，有助于了解他的个性特征。我们会发现，当要全面了解一个人的时候需要不同的维度。品牌个性同样如此。当要描述品牌个性时，可以从这两个维度出发，一是个性特征，二是人口特征。虽然人类和品牌的个性特征可能具有相似的概念，但它们的形成方式有所不同。根据个人的行为、身体特征、态度和信念等能够推断出个性特征。相反，消费者与品牌的任何直接或间接的接触都可以形成和影响对品牌个性特征的认知。

人口特征，是对品牌最基础的感知与描述，如性别、年龄、阶级。这些人口特征也能够从品牌的消费群体、代言人以及其他的品牌联想中直接或间接地推测出来。举个例子，在用户形象的驱动下，维珍妮细支（virginia slims）往往被认为是女性香烟，万宝路则被认为是男性的；根据进入市场的时间，苹果被认为是年轻的，IBM（国际商业机器公司）被认为是老的。

个性特征，是指与品牌相关的人的个性特征会直接转移到品牌上，比如该公司的首席执行官、设计师、产品代言人等。不仅如此，个性特征会通过产品相关属性、产品类别、品牌名称、符号、商标、广告风格、价格、分销渠道等间接与品牌联系在一起。例如，苹果公司创始人乔布斯（Steve Jobs）是完美主义者，他的这种性格会在苹果这个品牌中得以体现。

6.6.3 品牌个性的维度

6.6.3.1 珍妮佛·艾克的品牌个性维度

在消费者行为研究中，研究者着重研究了品牌个性如何使消费者能够通过品牌来表达自己、理想自我或者自我的特定维度。在商业运用中，品牌个性是产品类别中区分品牌的一种关键方法，是消费者偏好和使用的核心驱动力，也是一个可用于跨文化的品牌营销的共同标准。尽管品牌个性被这样广泛运用，但并没有对什么是品牌个性达成共识，对品牌个性的相关构造也处于模糊状态。此外，还没有任何一个研究来系统地开发一个可靠、有效且能够普遍推广的衡量品牌个性的量表。为了解决这些问题，营销学者珍妮佛·艾克（Jennifer Aaker）根据人格五因素模型，以个性心理学维度的研究方法为基础，以许多著名品牌为研究对象，发展了一个系统的品牌个性量表。这个量表将品牌分类为五个个性，如图6.2所示。

```
                        品牌个性
    ┌──────┬──────┬──────┬──────┬──────┐
  真诚    刺激    称职    精致    粗犷
sincerity excitement competence sophistication ruggedness
```

图 6.2 艾克品牌个性维度

真诚（sincerity） 这个维度里，包含了务实、诚实、健康、快乐等层面。如迪士尼的快乐、优衣库的务实、娃哈哈的亲切都属于这类品牌个性。

刺激（excitement） 包含大胆、生机勃勃、富有想象、现代化等维度。一些服装潮牌非常符合这一品牌个性，大胆使用新奇、张扬、奇特的元素，凸显天马行空的想象力，如Supreme（苏博瑞）、Stussy（斯图西）、X-Large等。

称职（competence），这个维度能够让人感受到可靠、聪明、成功等。奔驰的品牌个性就是尊贵，其外观设计和整体风格都呈现出成熟稳重的形象；网易严选承担了为消费者甄选优质商品、提供优质服务的角色，也塑造了安全、可靠、值得信赖的品牌个性。

精致（sophistication），主要通过品牌的魅力和品牌获得消费者的赞赏，包括迷人、高贵。许多奢侈品通过这样的个性与产品相得益彰，如以独特创意、革新以及精湛的意大利工艺闻名于世的古驰。

粗犷（ruggedness），涵盖了户外和坚韧两个方面，在深层次上又可引申出突破、自信、坚韧、拼搏等理念，给人生命蓬勃、热血燃烧的激情感受，让人奋发向上。体育运动品牌的个性是这个维度的典型体现，如耐克的"just do it"给人自信和动力，阿迪达斯的"没有不可能"给人鼓舞和勇气。

这一品牌个性维度对市场和学术界的意义非凡。有些市场研究公司在此基础上，结合定性研究的投射技术，发展出一些品牌视觉图，用于品牌个性研究。2001年，为了探索品牌个性维度的文化差异，艾克在此研究的基础之上，对日本、西班牙这两个东方文化区和拉丁文化区的代表国家的品牌个性维度和结构进行了探索。结果发现，日本品牌个性维度的独特性在于平和（peacefulness），西班牙的在于热情（passion）。我国学者黄胜兵基于品牌个性维度，对中国本土化品牌个性维度及量表做了研究，从中国传统文化角度阐述了中国的品牌个性维度——仁、智、勇、乐、雅。

人物简介：珍妮佛·艾克

珍妮佛·艾克曾是加州大学洛杉矶分校安德森管理学院的教授，她的开创性论文《品牌个性维度》便是发表在这个阶段。她的品牌个性维度量表是迄今为止对品牌个性所做的最系统、最有影响力的测量量表。艾克的品牌个性维度量表在西方营销理论研究和实践中得到广泛的运用。

目前艾克是斯坦福商学院的教授。她教授许多课程，包括"增进人类福祉的人工智能设计""新型领导者""虚拟现实与增强现实中的同理心""故事力"等。她的新书《幽默：严肃的事业》，专注于为什么幽默是了解我们人性的窗口，以及如何将其用作商业和生活中的秘密武器，并获得了广泛的认同。同时，艾克博士还是一位广受欢迎的演讲者，致力于应用行为科学来帮助公司和领导者通过技术、商业实践、故事和目标驱动的领导力对人类福祉产生积极影响。

6.6.3.2 海恩的奢侈品牌的品牌个性维度

2012年，海恩（Heine）在珍妮佛·艾克的基础上，研究出了奢侈品牌的五大个性维度，如图6.3所示。现代（modernity）是从品牌的时间视角来衡量的；怪诞（eccentricity）以与社会规范和期望的差异程度衡量；奢华（opulence）是该品牌财富象征的显眼程度；精英（elitism）是指品牌的地位和排他性水平；坚固（strength）形容的是品牌坚韧不拔和阳刚之气的水平。

```
                    奢侈品个性维度
        ┌──────┬────────┬────────┬──────┬──────┐
      现代     怪诞      奢华     精英    坚固
   modernlty eccentriclty opulence elitism strength
```

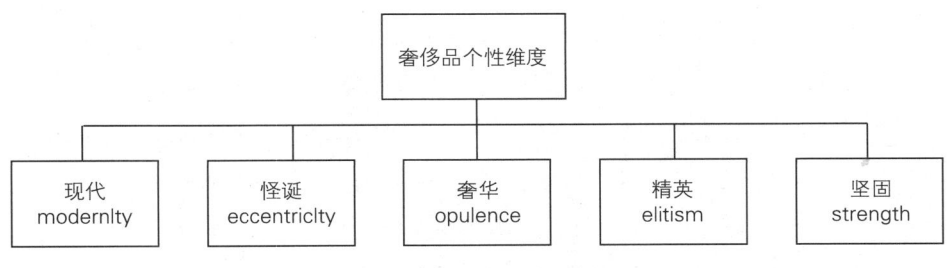

图 6.3 海恩奢侈品牌的品牌个性维度

6.6.4 品牌个性的营销意义

根据马斯洛需求理论，一个人的生理需要和安全需要得到满足之后，社会需要、尊重需要及自我实现需要会被逐一唤醒。消费者购买服装不再仅仅是为了蔽体、保暖这些功能性作用，而是重视起服装的象征性意义，如它所能展示的社会阶层、所能表达的性格特征，乃至于个人理念和信仰。营销界摸索到消费者自身与品牌间存在的这一个性纽带，进而发现品牌与消费者的沟通可以通过对品牌或品牌相关的非人载体注入人的情感、行为动机等，异化成人与人的交流。此营销策略也被称为：品牌拟人化。普沙科娃（M. Puzakova）为品牌拟人化定义如下：品牌拟人化作为消费者与品牌特殊关系的体现，品牌被消费者感知为具有各种情感状态、拥有心智和灵魂、能够自主行为的真实的人，是社会连接的重要一员。品牌被赋予人的个性，营销沟通便带了情感，有了温度。以类人的心智触达消费者的情感，成为品牌与消费者深化情感联结的捷径，让消费者感到品牌不再是冰冷的标签，而是一个鲜活的个体。由此得见，品牌拟人化，于营销者而言，是实现品牌个性营销的有效途径；于研究者来说，因相较于直接对品牌特征的界定，人们更倾向于对一个人的个性评价，品牌拟人化也被广泛应用于品牌个性研究中，成为对消费者感知测量的一个重要手段。

市场的变化由消费者需求催生，随着市场快速发展，各类产品形成供大于求的局面，企业为保持产品差异、提升核心竞争力，品牌个性逐渐成为企业获得消费者忠诚、保持战略优势的手段。从这样的前因后果中，我们不难得出品牌个性的营销意义。品牌个性的营销意义包括三个方面。

第一，品牌个性是品牌和消费者之间的有效沟通者。营销者可以通过品牌个性了解消费者对品牌的看法和态度。营销者可以要求消费者根据他们对品牌的感知个性来描述品牌，让消费者对品牌进行个性特征的联想能够更好地洞察消费者对品牌情绪层面的认知。询问消费者是否认为某一品牌是温暖的、值得信赖的、有趣的或者令人兴奋的，能够具体化消费者对品牌的感受。进一步来讲，品牌个性能够使广告、包装、促销和其他营销活动元素具有传达品牌个性的共同主题，有利于向消费者传达统一的品牌理念，以此加深对品牌的理解。

第二，品牌个性为营销者提供了实现差异化的机会。通过赋予品牌独特的个性，品牌营销者可以区分具有相似产品属性的产品品牌。如宝马和奔驰，同为知名汽车厂商，宝马的品牌个性偏向于现代与活力，而奔驰则更显露出一种尊贵的气息，在品牌个性上独具特色，使消费者易于从感知上区分两者的不同。

第三，品牌个性是建立和加强品牌资产的工具。随着时间的推移，产品已经从功利主义角度转向了消费者—品牌关系的视角。品牌个性的概念为营销者探索如何抓住消费者利益和忠诚度提供了一条途径。品牌故事文化、线上线下互动交流、品牌内容输出等方式，都可以让品牌更具有"人性"和"温度"。星巴克通过不同的社交媒介来传达个性和温度。在 Facebook 上，星巴克为粉丝们营造了轻松热闹的社交氛围，满足社区的交流需求，还可以供粉丝们看活动讯息、看电影、讨论各种问题；在推特（Twitter）上，星巴克则成为了一个专业迅速、尽职尽责的客服，顾客一旦有任何问题，都能够及时得到回复和解决；而在拼趣（Pinterest）上，星巴克主要展示自身的品牌精神，直白丰富，让人一目了然。这种分区的形式，就好像来到了星巴克的实体咖啡店，不同的平台就像是不同的活动场所，能够满足消费者多种需求，让其放松与愉悦，并传达出了"We Proudly Serve"的品牌个性，让消费者感到温暖和依赖。

> **研究案例：品牌个性应该符合实际自我还是理想自我呢？**
>
> 树立品牌个性能够与消费者建立情感依恋，但前提是品牌个性与消费者自我概念相匹配。这里就产生了一个问题：自我概念可表现为两种形式，实际自我（actual self）和理想自我（ideal self）。那么营销者应该使品牌个性与消费者的实际自我相匹配，还是与理想自我相匹配呢？两者哪个才能更好地让消费者产生品牌依恋呢？
>
> 研究者向一千多位消费者发放了问卷，每位消费者被随机分配了一个品牌。研究者要求受访者将品牌视为一个人，并花一定时间考虑与该品牌相关的一系列人类特征。同时，受访者也被要求思考他们如何看待自己以及如何描述自己的个性。完成此项后，研究者使用了瑟吉（Sirgy）等人1982年提出的量表测量了消费者对品牌个性的看法与他们如何看待自己之间的匹配程度，并使用相同程序测量了品牌与理想自我的一致性。
>
> 研究显示品牌与实际的自我一致性对品牌情感依恋有正向影响；而与理想的自我一致性对品牌情感依恋没有显著影响；实际的自我一致性比理想的自我一致性对品牌情感依恋的影响更大。
>
> 这一结论对营销有很大启示。许多美妆品牌一直向消费者宣传，使用它们的产品会使他们更有吸引力和美丽，并使他们更接近自己的理想愿景（理想自我）。然而联合利华造成轰动效应的多芬（Dove）系列广告使用了一些外表比较普通的模特，她们可能更接近于大多数消费者的实际情况（实际自我）。这种做法触动了许多消费者的神经，使他们与品牌形成了强烈的情感联系。这个研究对运用真实消费者的营销策略提供了实证支持。
>
> 来源：MALAER L, KROHMER H, HOYER W D, et al. Emotional brand attachment and brand personality: the relative importance of the actual and the ideal self [J]. Journal of Marketing, 2011, 7 (54), 35-52.

品牌代言人

基于品牌个性理论，为品牌注入人格特征，将品牌拟人化是常用的营销策略，品牌代言人则是主要的手段之一。被公众熟知的品牌大多都有其自己的代言人，如李宁签约肖战，安踏签约王一博，易烊千玺是阿迪达斯"neo系列"代言人，杨幂是波司登的代言人，倪妮是古驰的品牌代言人，等等。这里就不一一举例了。

使用品牌代言人能够快速便捷地向消费者传达品牌理念，使消费者透过代言人的形象建立品牌个性，形成品牌形象的联想。当然，选择代言人的重中之重则是要保持代言人和品牌个性的一致性。个性一致的品牌代言人能形象地表达出品牌内涵和个性，向消费者传达准确的营销信息，而个性不一致甚至相悖的代言人则可能会弱化甚至损伤品牌形象。

> **商业案例：时尚品牌卡尔文·克莱恩（Calvin Klein）的代言人选择**
>
> 由于代言人可以为品牌注入人格特质，常成为品牌用来宣传品牌理念的手段。2020年6月，时尚品牌Calvin Klein（以下简称CK）将一名超大码模特的巨幅海报挂在了纽约街头。这是CK最新签的模特贾里·琼斯（Jari Jones），她是CK史上第一个黑人大码变性模特，同时，她也是同性恋，她的妻子同样是一名变性人，两人领养的孩子也都属于LGBTQ群体。这并不是CK第一次响应社会话题，同年5月，CK做了一个叫#PROUDINMYCALVINS（为你的独特骄傲）的活动，官宣了9位LGBTQ模特作为这次活动的代言人。CK表示，他们希望用这个活动，唤起大众对LGBTQ族群、其亲友和家庭的关怀，也鼓励众人发掘族群内的联结感。
>
> CK启用大码模特在网络上引发了关于"审美"的热烈讨论，国内网友们认为CK这一举措突破了传统审美，表达了女性意识觉醒和对个性主张的支持。通过选择合适的代言人，CK凸出了自信、舒适、强大的品牌理念，使得多元包容的品牌理念深入人心。可见品牌可以借助代言人塑造形象、传达理念、建立消费者认同，并最终影响消费决策。

本章小结

消费者价值常体现在消费者的个性表达上。消费者的个性气质和价值观念深深地影响服装消费行为。不仅如此，为了使消费行为变得更加容易，品牌被赋予了个性。个性，有时也称为性格或人格。个性是心理学名词，通常指一个人天生的内在人格特质，是指一个人独特的、稳定的和本质的心理倾向和心理特征的总和。个性具有三个极其重要的特征：(1)个性能反映个体差异；(2)个性具有一定的稳定性；(3)个性具有可塑性。

在弗洛伊德个性理论中，认为人的个性表现和个性发展是本我、自我和超我相互作用的结果。一些消费研究者特别赞同弗洛伊德认为无意识动机对消费存在潜在影响力的观点。卡尔·荣格的个性类型认为人格结构由很多两级相对的内动力所形成，如感觉对直觉，思维对情感，外倾对内倾等，交错成为两种心理流量：外倾型和内倾型。凯伦·霍尼认为应将人分为三种个性群体：依从型、攻击型和离群型。

综上心理学对人类个性心理的分析，我们可以注意到，皆是定性研究方法分析心理典型特征，特质理论以定量或实证分析为指导，侧重于通过一个人的特定心理特征（即特质）来考虑个性。例如，卡特尔人格特质理论采用了因子分析法对人格特质进行了系统分析，科斯塔和麦克雷则提出了人格五因素模型（外倾性、宜人性、尽责性、神经质和开放性）。人格特质在时间上是相对稳定的，并具有跨情境的稳定性，所以不少营销者会利用人格特质的特点，来预测消费者行为。

消费者行为意义上的独立性是消费者具有并经常表现出的特征性行为模式。卷入度可以涉及不同层面，如广告卷入度、品牌卷入度和品类卷入度等。时装是一种高卷入度商品，但消费者之间会存在很大差异，针对高时尚卷入度的消费者和低时尚卷入度的消费者的营销活动是大相径庭的。

重点概念

1. 个性——通常指一个人天生的内在人格特质，是一个人独特的、稳定的和本质的心理倾向和心理特征的总和。

2. 荣格的个性类型——按心理流量可分为外倾型和内倾型。内倾或内向指的是心理能量向内发展，表现为内向性格的人喜欢沉思默想，自制力强；外倾的是心理能量向外转移，表现为外向性格的人好交际，适应力强。

3. 特质——决定个体行为的基本特性，表现一个人人格特点的行为倾向，是人格的有效组成元素，也是测评人格所常用的基本单位。

4. 自我监控——反映个体在监督和调整他们的自我呈现、表现行为和非语言情感展示的倾向和能力上的差异。

5. 品牌个性——与品牌相关的一套人类特性。品牌个性维度：真诚，刺激，称职，精致，粗犷。

讨论与思考

1. 凯伦·霍尼的人格类型有哪些？这些分类是否能影响消费者着装风格与品牌偏好？请举例说明。

2. 选择一位身边的熟悉亲友，运用本章特质理论部分介绍的特质来描述这个人。分析他的服装消费行为中的哪些特点与这些特质有关？请举例说明。

3. 选择一个品牌，描述该品牌的个性特征。搜集该品牌最近一次的营销活动。该活动是否体现了其品牌个性或与品牌的个性冲突？说明理由。

作业与练习

选择一个服装品类并找出三到五个主要品牌，针对这几个品牌设计一个品牌个性词表，并让一些消费者根据词表来评价这几个品牌。分析这几个品牌的个性差异表现在什么地方。分析这些品牌可采取什么营销策略来加强品牌的差异化。

第七章　消费者的生活方式和价值观

　　既然服装是一种高度社会化的商品，消费者的生活方式和价值观念必然与服装消费具有密切的联系。在营销实践中消费者的生活方式和价值观念也是服装品牌市场细分和目标市场确定的重要变量。消费者的社会生活包括许多方面，如家庭生活周期、性别、世代、文化、价值观等一系列的问题。本章的目标是探讨这些因素与服装消费之间的关系。本章所叙述内容主要为三个板块：消费者的生活元素及其属性；消费者的文化与价值观；生活方式与价值观共同作用下的营销意义。

7.1 家庭生活周期

家庭生活是消费者生活方式的重要组成部分，与服装的消费息息相关。家庭的需要和支出受到以下因素的影响：家庭的人数（儿童和成人），家庭成员的年龄，是否有一个、两个或者两个以上的成年人在外工作。当营销人员发现家庭需求和支出随时间流逝而发生变化后，他们便开始应用**家庭生活周期（family life cycle，FLC）**这一概念对家庭收入进行细分。因此，营销人员应根据家庭成员以及家庭组成结构对其收入进行分析，将收入和家庭组成结构的趋势与对该收入的需求变化相结合，从而将家庭生活周期的特点体现出来。随着我们年龄的增长，我们对产品和活动的偏好往往也会发生一些变化。

当用家庭生活周期的方法来研究家庭时，我们假设一些关键事件触发了家庭生活的新阶段，如同居、结婚、生第一个孩子、最后一个孩子离开家庭、配偶死亡、主要收入者退休和离婚。随着这些生活阶段的流动，家庭在休闲娱乐、食物、服装、耐用品和服务方面的支出会发生显著变化。

如表 7.1 所示，根据年龄、家庭成员的构成可以将消费者分为不同的群体。其中表中全巢 I 类家庭，最小的孩子不到六岁；全巢 II 类家庭，最小的孩子超过六岁；全巢 III 类家庭，最小的孩子超过六岁，父母都是中年人；延迟全巢类家庭，父母都是中年人，但最小的孩子不到六岁。

表 7.1 家庭生活周期

家庭成员	家庭户主的年龄		
	小于 35 岁	35~64 岁之间	大于 64 岁
一个成人	单身者 I	单身者 II	单身者 III
两个成人	青年夫妻	中年夫妻	老年夫妻
两个成人和小孩	全巢 I	延迟全巢	—
	全巢 II	全巢 III	—

不同家庭类别的消费者在消费模式上呈现出明显的差异。年轻的单身人士和新婚夫妇最有可能做的事如跳舞、参加俱乐部、看音乐会、看电影、去餐馆等，同时他们会购买更多的时尚服装。没有孩子的年轻夫妇在衣物上花费更多。由于孩子成长速度很快，有年幼子女的家庭可能会在鞋子上花费更多；而那些由单亲父母和年龄较大的孩子组成的家庭则会购买更多的时尚服装。新近离婚的人们可能会丢弃他们的旧衣物，购买全新的衣服来迎接他们的新生活。

7.2 性别

性别的差异对人们的消费行为有很大的影响，往往不同性别人群对产品类别的偏好有很大的差异。譬如男士更偏好汽车、手表等产品，而女士对包袋、化妆品更加青睐。即便是同一品类的消费，如服装消费，性别的差异也十分明显。

7.2.1 性别角色

性别角色（gender role）又称性别作用，指由于人的性别差异而带来的不同的心理特点或行为模式。男性与女性在姿势、神态、举止等许多方面都有不同的特点。社会或民族普遍会对男性与女性各自扮演的不同角色、起的不同作用怀有某种期待。

不同社会文化对不同性别的理想行为的要求和期望是不同的，其中有一些可能是普遍性的。例如大多民族的历史文化中，战争通常被视为是对男性而言的，而抚养子女通常是对女性而言的。其他的一些观念则会随时间、地点的不同而变化。例如，在工业社会前，医生这一职业通常被认为是男性的特权，然而当代社会则没有这样的禁忌。

7.2.2 消费的性别差异

在生活中，我们常常对男性、女性产生一些刻板印象。消费者研究人员认为，其中一些刻板印象可能和消费行为相关。比如男性相比女性的性忠诚度更低。那么性别是否也会影响消费者的忠诚度呢？

2009 年的一项有意思的研究是男性和女性对个人忠诚和对公司忠诚上表现出了差异。研究表明女性顾客更忠于个人，而男性顾客则更忠于群体和公司。在许多文化中，女性比男性更愿意联络他人，并维持当下的关系，因此，女性更注重相互依赖。也有观点认为，男性注重独特性与个性，且他们认为自己是独立的。从某种程度上说男性和女性都有依赖性，只是他们相互依赖的方式不一样。比如女性更重视与特定个体的亲密关系，而男性则更重视与更大、更抽象的群体的关系。

在一项实验中，研究者向参与者展示了如下的情境：参与者需要买一个生日蛋糕，除了去最近的面包店购买之外，他们还可以选择去某个高中同学拥有和经营的面包店。在另一种条件下，"某个高中同学"被替换成"一群高中同学"。随后的研究则询问参与者在不同品类的实际消费行为中，是对个体服务供应商更忠诚，还是对公司更忠诚。这些研究表明女性并不总是比男性展现出更多的消费者忠诚，但是她们的消费忠诚确实延伸到员工个人，而男性则对公司展示出更多的忠诚。他们还表明这两种类型的忠诚分别是由女性对关系依赖的追求和男性对集体依赖的追求所导致的。根据这个研究结果我们可以预测，女性消费者更有可能谈论包含更多人际关系成分的产品品类。

此外一些研究指出了男性与女性在与他人交流产品领域上的差异。男性更多谈论关于手机、移动通信服务、计算机、信用卡和银行账户的话题，而女性则更多谈论度假目的地、奢侈品品牌、超市、餐厅和咖啡馆。这些差异恰好与性别角色相匹配。女性可以给出更多关于超市的建议，因为她们比男性购买了更多的食品。调研公司尼尔森的相关数据显示，虽然女性使用手机比男性更频繁，但男性似乎比女性更多地谈论关于手机的话题，由此可以看出手机这类非人格化的设备也许更能吸引男性的兴趣。

总而言之，无论这些性别差异的基础是什么，它们都对市场营销人员和广告代理商在确定传播目标和传播内容时起着重要作用。

7.2.3 服装消费的性别差异

性别差异对服装消费的影响十分明显。和男性相比，女性消费群体更追求时尚、美感和个性化服装；追求新鲜体验，购买可以展示自我的服饰；追求物美价廉；品牌忠诚度高；更容易情绪化消费；具有求名心理和模仿从众的心理等。相比而言，男性消费者群体更理性，较强调阳刚气质；对商品结构和功能的了解优于女性；他们消费力求方便快捷，且具有求新、求异的好胜心理。

女性消费者购买目标比较模糊，她们在逛街之前往往没有具体的购买目标，大多数女性都喜欢逛商场，很多消费行为就是在"逛"时发生的。而男性消费者目的明确，如果对某种产品的购买动机一旦形成，就会迅速果断地决定购买行为。女性消费者心思细腻，追求完美；在对美追求的同时，她们也很注重追赶时尚潮流；她们对服装的需求多，会选择不同档次的各种服装。而男性消费者购买商品的范围较窄，一般多购买"硬性商品"，更注重商品的使用效果和整体质量，不太关注细节。因此，即使在自由竞争的市场下，男性仍然会选择选定的服装。因此，服装企业的营销人员可以根据女性消费群体和男性消费群体的差异开展针对性的营销活动。

作为市场细分的基础性变量的性别变量，是在将市场细分为男性市场、女性市场的基础上，选择男性市场、女性市场或者中性市场作为目标市场。这种基于男女两性差异的视角展开的营销被称作**性别营销**。例如，女性内衣的营销策划往往由以下几部分组成：符合女性心理特征的温柔浪漫的女性名称（如爱慕品牌）；女性形象代言人及诉求美丽的广告用语（如爱慕品牌的广告语：我爱我的样子）；关爱体贴的商场专柜或专卖店渠道设计；经常性的价格促销策略的使用等。

> **研究案例：男女消费者对导购的态度差异**
>
> 　　两性在消费行为上的差异作用于消费过程中许多环节，如实体店的导购服务。导购在实体经济中起着至关重要的作用，了解不同性别消费者对导购的态度有利于提供更精准的服务，提升销售效率。
>
> 　　研究通过消费者问卷和实体店调研，发现不同风格的导购服务对购买意向有显著影响。赞美消费者的品位、为消费者提供丰富的产品信息以及主动沟通在一定程度上能够促进消费。并且，导购服务对女性的影响大于男性。另外，两性对导购服务的需求侧重存在明显不同。男性消费者大多利用导购服务来提高购物效率，而女性消费者对于导购的价值感知更加多元，除了能够提高购物效率之外，导购服务还能够优化购物过程、提升购物体验等。
>
> 　　目前实体店中的导购员以女性居多，因为管理者可能认为女性更具说服力，也更容易亲近消费者。但研究发现，男性导购在帮助女性选择商品时具有更独特的视角。因此，在柜台上配置恰当数量的男性导购，很可能给销售带来意想不到的惊喜。
>
> 来源：东华服装品牌研究中心观点。

7.3 世代

　　不同世代的人群有着不同的社会经历，这些经历影响着人们的观念和行为模式，因此，世代在消费者研究中具有重要意义。对消费者世代的划分有两种分类方法，一种是按年龄分，可以把消费者分为儿童、青少年、壮年人、中年人和老年人。另一种是按世代分，其重点不在于消费者生理年龄，而是主要考虑消费者出生年代和成长经历。

　　世代（generation） 定义为一个群体，其长度大约等于一个生命阶段，其界限由同一世代人群的个性来界定。对世代的划分需要考虑是否具有共性的行为模式和信仰。只有那些出生在同一历史时期并且具有相似行为特点的群体我们才称之为一个世代。因此，世代划分的基本假设是：出生于同一时代的人经历过共同的社会、政治、历史和经济环境，因此会产生相似的观念和行为。

7.3.1 中国消费者的世代划分

中国消费者世代划分的方法主要有赫尔穆特·肖特（Hellmut Schütte）的中国消费者三世代细分和中国消费者五世代细分两种方法，具体分法如表 7.2 和表 7.3 所示。

表 7.2 中国消费者世代细分法（三分法）

出生时间	消费者
1945 年以前	"社会主义信仰者"一代
1945—1960 年	"失落"的一代
1960 年以后	"关注生活方式"的一代

表 7.3 中国消费者世代细分法（五分法）

出生时间	消费者
1945 年以前	"偏爱传统"的一代
1945—1960 年	"失落"的一代
1960—1970 年	"幸运"的一代
1970—1980 年	"转型"的一代
1980 年以后	"E"一代

中国消费者世代的划分方法主要基于中国历史社会的发展背景，与相应年代的中国历史事件息息相关。然而，目前主流的营销报道中一般不使用如上中国消费者的世代划分方式，而倾向于与国际接轨，应用美国世代的划分方式。

7.3.2 美国世代的划分及特征

主流的消费者研究常以美国营销学界对世代的划分为依据。美国世代如表 7.4 所示，可以划分为"婴儿潮"一代、X 世代、Y 世代、Z 世代。

表 7.4 美国世代的划分方式

出生时间	消费者
1946—1964 年	"婴儿潮"一代（baby boomers）
1965—1980 年	X 世代（generation X）
1981—1995 年	千禧一代、Y 世代（millennials）
1996—2010 年	Z 世代（generation Z）

"婴儿潮"一代（1946—1964 年）

"婴儿潮"一代是指出生在 1946—1964 年之间的群体，该阶段正是第二次世界大战结束时期，美国迎来生育高峰期，同时经济进入成长期。这个世代的主要特征是人们具有稳定的事业和雄厚的财力。这个世代美国有着接近 7600 万人口的消费群体，他们拥有 1.2 万亿美元的年消费能力，并掌控着美国四分之三的财富。因为广告商们对 18～49 岁的人更感兴趣，所以超过 50 岁的人被认为是"不受欢迎"的群体，因此这一群体往往被营销者们所忽略。但是能够"逆转时光"的产品在这一年龄段大受欢迎，比如假发、染发剂、健身俱乐部会员卡、营养补充品等。商户注意到这点后，便将目光投向这类具有高消费能力的群体。

X 世代（1965—1980 年）

X 世代是指出生在 1965—1980 年之间的群体，该阶段正是经济降速，美国霸主地位受威胁的时期。因此，该世代的人们充满了未知与迷茫，同时他们又是低调并且富有的，注重品牌体验与权威口碑。在美国，有 5000 万左右的人在这一时间段出生、长大，这一世代的人群曾经给人们的印象是蹩脚货、逃避者以及叛逆者。但是随着这一代人的成长，现在这一刻板印象已经消失。与具有团队精神的 Y 世代不一样，X 世代的人们更注重实用主义和个人主义。在这一世代，人们越来越接受社会和种族的多样化。科技已经迅速地改变了这一世代人的生活。X 世代有时会被认为是在世代裂缝中下降的群体，他们连接 Y 世代的科技性以及"婴儿潮"一代的现实性。

千禧一代、Y 世代（1981—1995 年）

Y 世代又叫千禧一代，是指出生在 1981—1995 年之间的群体，该阶段经历了互联网革命，因此千禧一代的消费需求显著提升。千禧一代比较偏向于小众消费和线上购物，他们具有强烈的公民意识。该世代的美国人大概有 7800 万，每年的消费水平预计有 1870 亿美元。这些人也被称为"回声潮"一代，因为他们几乎从一出生就已经被通上了网络，玩电脑游戏、浏览网页、下载音乐、使用即时信息和手机与人联系。千禧一代在经济繁荣时期成长，被"婴儿潮"一代的父母养大，因此千禧一代有一种优越感和富足感。他们紧跟科技，关心环境和社会问题，有着强烈的独立感，对于广告营销有着明显的抵触。

Z 世代（1996—2010 年）

Z 世代是指在 1996—2010 年间出生的群体，又被称作网络世代或者互联网世代。这一世代的人群被称为是互联网的原住民，他们从小接触移动互联网和社交媒体。该世代群体特点是个性独立且自我，更注重体验感和高性价比的产品，他们偏好尝试并且去挖掘最好的价值和服务。Z 世代的青少年影响着他们父母的消费，且远大于千禧一代曾经的影响力，他们有较高的生活费用，且其偏好能显著影响家庭购买决策。

根据贝恩咨询发布的《2020 年中国奢侈品市场》显示，新世代消费者的崛起是中国奢侈品消费市场受新冠肺炎疫情影响后迅速回暖的四大引擎之一，其他三个分别是消费回流、数字化发展以及海南离岛免税购物。中国的千禧一代是天猫奢侈品的消费主力军，Z 世代消费者正在成为新崛起的消费人群，推动了市场增长，并对推进品牌数字化进程产生了巨大影响。以阿里巴巴的中国零售平台为例（包括淘宝和天猫），移动月活用户达到 7.57 亿，其中以千禧一代和 Z 世代消费者为主。报告显示，后起之秀 Z 世代更习惯网购，随着收入的增长，其消费增速最高。

7.4 收入与社会地位

收入和社会地位是人们生活方式的基础，对个人的消费模式有很大的影响。收入影响着人们的消费水平与消费方式，而对社会地位的追求使得人们对某些产品竞相购买。

7.4.1 收入

一个人的生活方式很大程度上由其收入决定，因此收入对人的消费行为也会产生很大的影响。其中，**自由支配收入（discretionary income）**是主要影响因素。自由支配收入是指除去"必要的"维持舒适生活之外的钱，也就是一个家庭可以用来自由支配的钱。对于定义什么是"必要的"，不同的价值观和动机有着很大的差异。今天人们购买的大多数时装都不属于必要的支出范畴，我们经常用新款式服装取代去年买的旧款式服装，当我们淘汰旧款服装时，往往并非因为其性能不达标或它的使用寿命已尽，而是因为该服装已不足以满足我们日新月异的时尚需求。因此，服饰消费落在自由支配收入下。

不同群体的消费者花费他们不同数额的自由支配收入，用于购买服装或时尚产品。青少年和年轻单身人士的大部分自由支配收入都花在服装上，而在他们之后的生活中，这一比例要小得多，因为这些自由支配收入被分配到了他们的家庭、孩子、教育和旅游等方面。

改革开放以来，人们的收入和支出水平得到了极大的提升，支出结构也有了明显的变化。恩格尔系数指的是食品支出总额占个人消费支出总额的比重，常常被用来衡量生活水平的高低。而个人消费支出的结构，也最能体现中国人几十年生活的变化。

二十多年来，中国家庭的恩格尔系数逐渐下降。1995 年，中国城乡恩格尔系数仍处在 40%～50%。到了 2019 年，食品烟酒消费支出在城乡居民总支出中的占比降到 30% 以下，消费支出增长愈来愈转向别的领域。作为一种商品消费，衣着的支出在居民消费支出结构中比例也在下降。近几年来，城镇居民将低于 10% 的支出用于衣着购买。2021 年我国消费者的衣着的支出占家庭可支配收入的 4%。

与商品消费相比，中国家庭的服务消费一直保持较快的增长。旅游、文化、体育、养老、家政这些服务消费变得十分活跃，人们的生活质量正在不断提高。

从国际上看，2018 年美国服务消费占居民消费比重达到 68.9%，其他发达国家如日本为 59.4%，英国为 58%，法国为 54%，德国为 52%。根据国家商务部信息，2018 年中国服务消费占比达到 49.5%，已经接近欧洲大陆国家。消费结构转型升级的背后，是新生代与中产人群消费观念的进步。

7.4.2 社会地位

在许多动物物种中，最自信或最具攻击性的动物能对其他动物施加控制，并拥有食物、生存空间甚至交配对象的第一选择权，从而形成一种社会组织。人类社会群体根据他们在社会中的相对地位排名，也一样建立了一种等级制度。这一地位决定了他们获得教育、住房和消费品等资源的机会。人们尽可能通过提升社会地位来提高自己的社会排名。这种改善生活的愿望，是许多营销策略的核心。正如一些服装品牌的宣传常常有意与"成功人士"挂钩，目的就是建立相关的品牌联想。

虽然我们宣称，每个人都是平等的，但即便如此，有一部分人仍然不能够被平等对待。消费者在**社会阶层（social class）**中的地位是由一系列复杂的变量所决定的，比如收入、家庭和职业等。社会阶层的概念可能有一定狭隘性，另一种更宽泛和中性的概念是**社会位置（social location）**，它将这些反映社会阶层的变量和其他变量综合考虑，比如性别、年龄、信仰、价值观等。大多数时候，人们在社会化成长的过程中，希望通过遵守社会规则或在自己的社会位置内"穿衣打扮"，来提高社会对他们的期望。

一个人在社会结构中的位置影响了他消费多少钱和消费方式。低调的生活方式是继承财富的人的消费特点，他们已经长时间拥有财富从而不需要通过消费再去证明他们富有。相比之下，一些新晋的富有的消费者，更倾向于分配较多的金钱用于服装、汽车等这类能显露财富的产品。

7.4.3 服装的身份符号意义

历史上，服装是权力集团一直能够保持阶级差异的一种控制手段，尽管当今很难想象服装在历史上是受法律控制的。**禁奢法（sumptuary law）**严格控制着个人的着装风格和在服装上的支出。通过规范服饰，禁奢法在西方欧洲法院发挥着很好的作用，它把皇室阶级与其他阶级分开，要求只有获得财富的商人阶级能够获得与皇室阶层相似的华丽服饰。法律限定了不同阶级的人的消费方式。在伊丽莎白时代，法律禁止平民穿金银布、天鹅绒或毛皮；就连服装颜色、图案和风格都被认为是一个人在社会中等级、阶级和地位的划分依据。

类似的禁忌也是韩国、日本和中国等国家历史的一部分。在韩国，20世纪之前，平民被禁止穿长而飘逸的服装。在日本，17世纪60年代末，商人变得富有，和服的设计大胆流畅，让当地领导人穿着的服装相形见绌，之后日本的和服便受到各阶层法律的监管。在中国，20世纪60年代，人们普遍穿着中山装和宽松裤子。穿着传统的女装旗袍被视为腐朽的表现，因此被列为违禁品，而女性应该穿着女式中山装。在这一时期，象征着平等的社会阶层的服饰取代了早期区分不同阶层的服饰。

民主化进程、男女平等和全球化打破了固有的社会秩序，使得任何历史上至高无上的阶级都不复存在。然而，在政治平等的社会，人们对社会分层表现形式的需要却得以保留，奢侈品的存在反映了社会分层的需要。民主社会中的人根据自己的财力，随心所欲地选择不同的奢侈品为自己的身份"代言"。这种"民主化的奢侈"对社会名流而言十分常见，但对普通人们来说却很不一般。奢侈品象征着人们对上流社会的渴望，在重建社会分层的过程中起到了至关重要的作用。

7.5 价值观与文化

在前面几节我们讨论了家庭、性别、世代、社会地位等社会性因素对消费行为的影响。这些因素的影响在很大程度上体现了消费者的价值观。价值观是社会化过程的产物，对人们的行为具有重要的驱动、制约和导向作用。消费者购买许多产品和服务是因为，他们认为这些产品或服务有助于达成与其价值观有关的目标。

7.5.1 价值观

价值观（values）是指一个人对事物的意义、重要性的总体评价和看法。一方面表现为价值取向、价值追求，从而变成一定的价值目标；另一方面表现为价值尺度和准则，成为人们判断事物有无价值以及价值大小的评价标准。

价值观是认为某种情况比其对立面更好的信念体系。显然这样的信念体系会对人们的消费活动有非常重要的影响。比如，消费者愿意花更高的价格享受定制化的商品或服务，因为人们一般认为有选择比没有选择更好。有人执着地追求能让他们看起来更年轻的产品和服装，因为他们认为这比看起来显得年老要好。

有意思的是，有时两个人表现出同一种行为，但行为背后的价值观可能有所差异。如购买慢时尚产品可能是出于环保主义的动机，也可以是为了享受这种生活方式。人们共享一种信念体系的程度是个人、社会和文化力量共同作用的结果。一个信念体系的拥护者经常寻找其他有着共同信念的人从而使社交网络产生交集，因此信仰者们往往可接触到支持其信念的信息。

7.5.2 文化价值观

20世纪80年代的一项调查发现，欧洲国家中，荷兰的真空吸尘器的家庭拥有率为95%，而意大利则仅有7%，这个差别很大程度上是两国不同的文化传统和生活方式造成的。因为在荷兰，几乎每个家庭都使用地毯，而在意大利使用地毯的家庭则相当少。很多跨国企业很重视文化分析，他们在制定营销策略时往往会考虑到文化环境的适应性。如"车到山前必有路，有路必有丰田车""古有千里马，今有日产车""有朋自远方来，喜乘三菱车"，从这些日本企业为其汽车所设计的广告语中，可以看出日本企业的营销人员对中国文化的理解之深刻。

每一种文化都有一套向其成员传递的独特的价值观，这些具有文化独特性的价值观被称为**文化价值观（cultural values）**。一种文化中的人们可能会觉得，成为独特个体要比个人与集体保持一致好；而另一种文化则可能强调保持集体成员的身份。由惠特灵全球公司进行的一项研究，发现对亚洲的经理主管人员而言，最重要的价值观是努力工作、尊重知识和诚实。相反，北美商业人士则强调的是个人自由、自立和言论自由。

同时，价值观是民族精神的核心，是影响一个国家和地区人民行为的重要因素。不同国家之间的价值观存在或大或小的差异，因此，跨国公司在不同国家和地区进行营销活动时更加需要注意文化和价值观的问题。对一个国家或地区价值观的冒犯会导致在该地营销的失败。例如，知名品牌博柏利（Burberry）在2019年发布的中国新年广告片，以中国农历年"团圆"为主题，以全家福形式展现，片子邀请了知名演员出演。博柏利本想体现阖家团圆的家庭气氛，却采用了冰冷的人物表情，暗灰的整体色调，与中国过年的气氛完全不符合，被网友吐槽不吉利，并戏称为恐怖电影宣传片。

当然，在很多情况下不同文化的许多价值观是通用的。比如人们都渴望健康、智慧以及和平。把不同文化区别开来的是这些价值观的相对重要性或等级排序。这套等级排序构成了一个文化的**价值体系（value system）**。例如中国消费者对强调家庭圆满、集体目标及与他人相处的协调感的广告主题持更为赞成的态度，而西方消费者对关注自立、自我提升及实现个人目标的广告信息持更为赞成的态度。

每一种文化都以成员认可其价值体系为特点。或许并非每一个人都同等地认可这些价值观，甚至在一些情况下这些价值观似乎是互相矛盾的（比如，既重视一致又强调个性）。即便如此，我们通常还是有可能确定一套可以唯一地定义一种文化的一般**核心价值观（core values）**。自由、青春、成就、物质主义与活力是美国的核心价值观，而中国的核心价值观是富强、民主、文明、和谐、自由、平等、公正、法治、爱国、敬业、诚信、友善。

文化价值观无疑是后天习得的。价值观念在很大程度上是由父母、朋友和老师等**社会化中介（socialization agents）**传授给我们的。学习被自己的文化所认可的信念与行为的过程被称为**教化过程（enculturation）**。相应地，学习另一种文化的价值体系与行为的过程则称为**同化过程（acculturation）**。同化过程对希望向外国消费者与市场推广产品的人来说尤其重要。值得注意的是，大众媒体是另一种重要的宣扬价值观的中介。广告所传达的价值观能在很大程度上反映一种文化所重视的事物。比如，中国的广告往往更集中于情感诉求，而美国的广告倾向于提出产品的事实或权威人士的建议；中国的广告更可能突出老年人的智慧，而美国的广告往往体现了青春导向。

7.5.3 代表性价值观理论

7.5.3.1 罗克奇价值观调查表

罗克奇价值观调查表（Rokeach values survey）是国际上广泛使用的价值观问卷，该表由心理学家米尔顿·罗克奇（Milton Rokeach）于1973年编制。罗克奇的价值系统理论认为，各种价值观是按一定的逻辑意义联结在一起的，它们按一定的结构层次或价值系统而存在，价值系统是沿着价值观的重要性程度的连续体而形成的层次序列。

罗克奇价值观调查表提出了两类价值系统：终极性价值观和工具性价值观。**终极性价值观（terminal values）**指的是个人价值和社会价值，用以表示存在的理想化终极状态和结果；它是一个人希望通过一生而实现的目标。**工具性价值观（instrumental values）**指的是道德或能力，是达到理想化终极状态所采用的行为方式或手段。

价值观调查表中包含18项终极性价值和工具性价值，每种价值后都有一段简短的描述，如表7.5所示。使用该价值观调查表时，让测试者按其对自身的重要性对两类价值系统分别排列顺序，将最重要的排在第1位，次重要的排在第2位，以此类推，最不重要的排在第18位。该量表可测得不同价值在不同的人心目中所处的相对位置，或相对重要性程度。这种研究是把各种价值放在整个系统中进行的，因而更体现了价值观的系统性和整体性。

表 7.5 罗克奇价值观调查表

终极性价值观	工具性价值观
舒适的生活（富足的生活）	雄心勃勃（辛勤工作、奋发向上）
振奋的生活（刺激的、积极的生活）	心胸开阔（开放）
成就感（持续的贡献）	能干（有能力、有效率）
和平的世界（没有冲突和战争）	欢乐（轻松、愉快）
美丽的世界（艺术和自然的美）	清洁（卫生、整洁）
平等（兄弟情谊、机会均等）	勇敢（坚持自己的信仰）
家庭安全（照顾自己所爱的人）	宽容（谅解他人）
自由（独立、自主的选择）	助人为乐（为他人的福利工作）
幸福（满足）	正直（真挚、诚实）
内在和谐（没有内心冲突）	富于想象（大胆、有创造性）
成熟的爱（性和精神上的亲密）	独立（自力更生、自给自足）
国家的安全（免遭攻击）	智慧（有知识、善思考）
快乐（快乐的、休闲的生活）	符合逻辑（理性的）
救世（救世的、永恒的生活）	博爱（温情的、温柔的）
自尊（自重）	顺从（有责任感、尊重的）
社会承认（尊重、赞赏）	礼貌（有礼的、性情好）
真挚的友谊（亲密关系）	负责（可靠的）
睿智（对生活有深刻的理解）	自我控制（自律的、约束的）

有证据表明，不同价值观的人确实形成了使用不同产品和媒体的偏好，但营销研究者还是没有广泛使用罗克奇价值观调查表。原因之一在于，在大的社会价值体系下，我们的社会正向一个个越来越小的**消费微文化（consumption microcultures）**方向发展，每一个消费微文化都拥有一套自己的核心价值观。例如，有相当多人是自然健康锻炼与替代疗法的坚定拥护者，这种对健康而非对主流的疾病医疗手段的关注，影响了他们的很多行为，从食物选择到选用自然疗法，还有他们对社会问题的看法。

7.5.3.2 霍夫斯泰德文化维度理论

霍夫斯泰德文化维度理论（Hofstede's cultural dimensions theory）是荷兰心理学家吉尔特·霍夫斯泰德（Geert Hofstede）提出的用来衡量不同国家文化差异的一个框架。吉尔特·霍夫斯泰德在跨国公司IBM进行了一项大规模的文化价值观调查。调查和分析的重点是各国员工在价值观上表现出来的国别差异。这一调查是较早的系统性地量化文化差异的研究，产生了很大的影响力。

最初，霍夫斯泰德的理论只包括四个维度：权力距离、不确定性规避、个人主义与集体主义、男性化与女性化。1991年，根据香港中文大学迈克尔·邦德（Michael Bond）教授对东西方文化对比的研究成果，霍夫斯泰德增加了能反映儒家价值观的第五个维度：长期取向与短期取向。2010年，根据迈克尔·明科夫（Micheal Minkov）对世界价值观调查数据的分析结果，霍夫斯泰德又为这一理论增加了第六个维度：放任与自我约束。

权力距离指数

权力距离指数（power distance index，PDI）指在家庭、公司、社区等组织机构中地位较低的成员对于权力分配不平等的接受程度。在权力距离指数高的社会，地位较低的成员更倾向于服从地位较高的成员的命令，而同样的情形在指数低的社会，则需要合理化命令。

霍夫斯泰德在2011年文章中认为，在权力差距较高的国家，如东欧、亚洲、非洲和南美的部分国家，一个人的社会地位和等级必须要被明确标记，品牌和商品的奢侈品地位是彰显消费者地位的重要标志。

不确定性规避指数

不确定性规避指数（uncertainty avoidance index，UAI）指社会能在多大程度上容忍未来的不确定性。对不确定性规避指数高的社会，会更努力想控制未来的不确定性，习惯照章办事，对非正规的行为有诸多限制，在宗教与哲学上倾向相信绝对真理与完整理论；消费者会偏向于权威，同时他们更加保守，在购买的时候会更加看重产品的口碑和实用性。而不确定性规避指数低的社会则对变化更顺其自然，习惯变通办事，对非正规的行为不多加限制，在宗教与哲学上倾向相信真理是相对的与经验主义，消费者行为在一定程度上与 UAI 高的相反。

个人主义与集体主义

个人主义与集体主义（individualism versus collectivism）维度衡量的是某一社会总体是关注个人利益还是关注集体利益。在个人主义倾向的社会中，人与人之间的关系偏向松散，人们倾向于关心自己及小家庭；相反，在集体主义倾向的社会中，人们更注重族群，人们关心大家庭，牢固而紧密的族群关系可以给人们持续的保护。

霍夫斯泰德认为，在集体主义的文化下，企业的品牌公关应该更加关注于和消费者建立信任关系而不是直接劝导其购买行为。

男性化与女性化

男性化与女性化（masculinity versus femininity）维度主要看某一社会代表男性的品质如竞争性、独断性更多，还是代表女性的品质如谦虚、关爱他人更多，以及对男性和女性职能的界定。男性化与女性化相对，指人们（不论男女）注重成就与完成任务，更富有竞争精神，自信与野心，注重财富和社会资源的积累，而女性化社会则注重人际关系，重视合作，照顾弱者和生活的品质。男性偏向的数值越大，说明该社会的男性化倾向越明显，男性气质越突出；反之，则说明该社会的女性气质更突出。霍夫斯泰德指出在女性价值观盛行的国家，男性会更多地参与家务并且享受购物。

长期取向与短期取向

长期取向与短期取向（long-term versus short-term）维度指的是某一文化中的成员对延迟其物质、情感、社会需求的满足所能接受的程度。长期取向最初名为

"儒家动力（Confucian dynamism）"，指社会对未来的重视程度。高长期取向的国家强调长期承诺，尊重传统，注重节俭，会设定长期目标；而短期取向的国家不强调长期观念，更倾向活在当下。

放任与自我约束

放任与自我约束（indulgence versus restraint）维度指某一社会对人基本需求与享受生活享乐欲望的允许程度。放纵指数越高，说明该社会整体对自身约束力不大，社会对任情放纵的允许度越大，人们越不约束自身，更倾向自我欲望的满足和表达；而克制指数越高的社会，则会在心态上更加严肃、严谨、审慎，会有更严格的社会规范制度，认为休闲娱乐不重要。

7.5.4 价值观的营销意义

由于价值观驱动着消费者的大部分行为，可以说所有消费者研究最终都与价值观的界定和衡量有关。因此，价值观在消费行为和市场营销研究领域中有重要的意义。很多研究者试图对消费者价值观和消费行为之间的联系进行理论构建。一些研究者认为应该对广泛的文化价值观（如安全或快乐），消费价值观（如便利购物或快捷服务），产品价值观（如使用简单或耐用）做出区分。

价值观对人们消费行为的影响表现在诸多方面，比如品牌中的某些属性可能是被世界各地的消费者普遍认同的，但另外一些方面则与特定文化有关。不同地域文化下的价值观会深刻影响消费者的品牌选择。研究人员〔海涅（Heine）和特罗姆斯多夫（Trommsdorff）〕2010年的文章中通过对奢侈品消费者调查的数据分析，验证了价值观与奢侈品时尚品牌选择存在关联的假设。例如，对路易威登的渴望，可以用消费者对权力、成就和享乐主义的强烈偏好来解释。他们发现价值观与消费动机相关，并且这些动机不随情境改变，是特定于产品的。

在价值观对消费行为的影响研究中，较有影响力的还包括手段-目的链（means-end chain，简称MEC）理论。该理论在20世纪80年代以后由古特曼（Gutman）加以完善，逐渐应用于消费者行为的定性研究。MEC理论认为价值才是影响购买行为的最终因素，也就是说，消费者购买的不是产品本身，而是产品能够为消费者带来什么；而消费者所期待的产品价值是由其价值观所主导的。

如图 7.1 所示，手段-目的链模型由属性、结果、价值观三个层次构成，该模型表明消费者购买产品时，往往以产品属性为手段，通过其属性带来的利益（即结果）实现自己的终极目标（即价值观）。

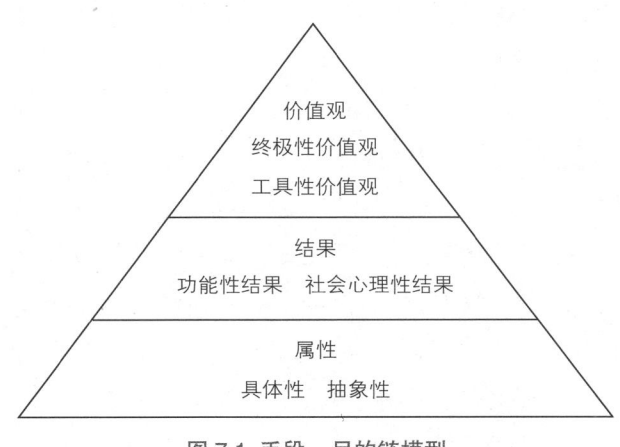

```
                    价值观
                  终极性价值观
                  工具性价值观
               ─────────────────
                      结果
              功能性结果  社会心理性结果
           ─────────────────────────
                      属性
                  具体性  抽象性
```

图 7.1 手段 – 目的链模型

属性（attributes） 处于最下层，它是企业和消费者用来描述和评价产品效用或功能的相对具体的因素，不仅包括包装、设计、色彩、价格、质量等具体属性（concrete attributes），还包括企业美誉度、品牌知名度等抽象属性（abstract attributes）。**结果（consequences）** 是消费者期望从产品中获得的利益，位于模型的中间层，这些利益往往由产品的属性来体现。结果可分为三种，其一是功能性结果（functional consequences），消费者对功能性结果的需求来自较为具体和基础的经验，如羽绒服可以御寒，水可以解渴。其二是心理性结果（psychological consequences），它是使用产品后给消费者带来的感觉，是一种较为抽象的不可见不可触摸的间接性结果，一般是由产品抽象属性所带来的心理上的感受，如穿着奢侈品牌服装可以使人自信。其三是社会性结果（social consequences），它是指消费者在使用产品后他人对自己的看法或评价，如一个人因穿着了奢侈品牌的礼服而受到他人的赞美。社会性结果与心理性结果一般被合并称为社会心理性结果

（psychosocial consequences）。消费者追求的最终目标并非是结果，而是处于模型最上层的**价值观（values）**，但结果对实现终极目标起着推动作用。价值观是比属性和结果更为抽象的概念，它是人们所期望的理想生活状态。该模型可根据罗克奇（Rokeach）价值观的分类，将价值观分为工具性价值观和终极性价值观，两种价值观的具体介绍见本章的7.5.3小节。由于价值观会影响和决定人们的思想和行为，因此必然也会影响到人们的消费行为，使消费者的行为具有一定的指向性和目的性。

手段-目的链模型关注属性、结果、价值观三个层次的关联性。如上文所说，产品的使用结果往往由产品属性决定，即属性是实现利益的手段，而结果所带来的利益帮助消费者达成目的，即结果是实现价值观的桥梁。对于企业或品牌来说，准确分析目标客群的手段-目的链是设计与开发新品的关键，而非仅关注产品本身，只有当消费者认为产品能够为其带来价值时，新品的开发才是成功的。例如，一个追求舒适生活（终极价值观）的消费者偏爱天然纤维所制成的田园风服装，因为穿着这种服装能够让她感觉更贴近自然，因此，导致该消费者购买上述服装的手段-目的链为："属性：天然纤维，田园风格；→结果：贴近自然；→价值观：舒适生活。"当然，同一价值观下往往有多条手段-目的链，因此，品牌在进行新品开发时，还需结合设计主题、品牌风格等因素对手段-目的链进行取舍。

7.6 生活方式

生活方式（lifestyle）由诸多因素构成，如利益性、社会阶层、生活圈、地位与社会的融合、大众舆论、作为消费主体的家庭等等。因此，通过对生活方式的研究，可以使那些与消费者行为相关的调查结果和理论得到统一。生活方式与价值观密切相关，许多营销研究将生活方式和价值观统一于一个框架下。本节将重点介绍社会生活方式在营销学上的应用。

7.6.1 生活方式概念的由来

美国市场营销领域从 20 世纪 60 年代开始把生活方式作为一种细分方法。当时市场营销领域引入了许多其他领域的分析方法和研究成果,并在此基础上对市场营销活动进行了科学的研究,并建立了诸多相关理论。生活方式原属于社会学研究范畴,为了对消费者的购买行为进行理论化分析从而被引入市场领域。

人们在现实生活中的生活倾向,以及构筑自己生活的方式可以概括为生活方式。生活方式是由行为主义理论发展而来的术语,可以帮助理解、说明、预测消费者行为及企业行为。相比目前市场营销领域中有关消费者行为的其他种种描述,生活方式的概念更加通俗也更具概括性。市场营销学中的生活方式概念后来在社会学、人类文化学、心理学、人口统计学、社会心理学等学科分支中也具有了学术上的通用性和可交流性。

7.6.2 生活方式的评价

生活方式的具体评价方法主要有以下两种。

(1)对消费者日常购买和使用的商品进行全面考察,根据所属的范畴来评定消费者的生活方式。(2)对消费者日常生活活动的范围、价值观念和所关注的事情进行考察,从而对其生活方式进行考量和测评。这种方法就是所谓 **AIOV 分析法**,又称为群体分析法,其中 A、I、O、V 分别指的是 action(行为)、interest(兴趣)、opinion(观念)、view(看法)。该方法的分析过程为:设计一份与人的行为、兴趣、观念、看法相关的问卷,对消费者进行抽样调查,然后对结果进行分析,并根据结果判断出此类消费者的潜在需求。这种对消费者生活方式进行调查和分析的方法,更容易发现那些在感情上敏锐、超前的消费群体,从而能够更加深入地接近他们的精神世界。该方法正迅速成为市场细分化战略中的一种重要策略。

7.6.3 生活方式和市场细分

根据生活方式的不同,可把消费者分成许多类型,如稳重型、开朗型、大方型、懒散型、前卫型、低收入型、忧郁型、热情型、享受生活型等等。

这种分类是对当今一般消费者的实际情况进行研究的成果，因而具有一定的实用价值。但从营销战略的角度来看，企业需要对这些分类后所得到的资料做进一步处理，才能用于市场预测。也就是说，以生活方式分析作为市场细分化的基准，在这个基础上，企业人员需要进一步推导出顾客群的特征、未来生产的商品特点，以及如何用这些信息实现目标销售业绩等。这样的分析对企业来说很有必要，否则收集的资料也只是浮于表面，不具有指导意义。在这一点上，利用生活方式分析对顾客的购买行为来进行定性分类是卓有成效的，特别是对这些定量化困难或者感性的对象。但如果企业要进一步实现定量区分，还必须与人口统计方法结合使用。

生产汽车、家电、食品的企业，产量大、设备投资多，因而要求所涉足的市场规模也较大，这使得需求预测的准确性变得尤为重要。而对于服装生产企业来说，其生产规模较小、产品生命周期较短，因而与考虑设备投资风险、进行正确的需求定量预测相比，新产品的设计与品牌的理念则更受重视，因此，在服装企划中对生活方式进行有效分析很有必要，这有利于企业人员从整体上把握人们的生活。

然而，通过生活方式上的差异对消费者进行单一细分，这种方式对商品企划而言并不全面。商品企划人员应该把对生活方式的分析看作是一种从整体上观察市场的方法，旨在发现市场整体的、长期的变化倾向，从而预测未来可能出现的新生活方式。因而，商品企划的目的是把握市场的发展趋势，将新理念融入新产品之中，创设新品牌。同时，服装品牌可以针对那些对时尚很敏感的人群来开发和推出新产品。总而言之，服装品牌商品企划的关键在于创造新的时尚和生活方式。

7.7 基于价值观和生活方式的市场细分

由于生活方式与价值观密切相关，营销界常将价值观和生活方式同时应用于市场细分。一个较为知名的基于价值观与生活方式的综合性的细分体系是由美国斯坦福研究院（Stanford Research Institute，SRI）开发的基于家庭生活形态的 **VALS（values and lifestyles）系统**。VALS 系统结合了行为、人口统计数据和价值观信息将消费者分为八种类型。

创新者（innovators）：这些消费者处于变革的前沿，拥有最高的收入，以及极强的自尊心和丰富的资源，以至于他们可以沉迷于任何或所有自我定位。形象对他们来说很重要，因为它是品位、独立性和性格的表达。他们的消费选择是针对"生活中更美好的事物"。

思想者（thinkers）：这些消费者是被理想驱动的人中拥有高资源的群体。他们是成熟、负责任、受过良好教育的专业人士。他们的休闲活动以家庭为中心，但他们对世界上正在发生的事情了如指掌，并对新思想和社会变革持开放态度。他们收入高，但他们是务实的消费者和理性的决策者。

信仰者（believers）：这些消费者是那些被理想驱使的资源匮乏的群体。他们是偏爱本地产品和知名品牌的保守且可预测的消费者。他们的生活以家庭、社区和国家为中心。他们收入微薄。

成就者（achievers）：这些消费者是那些以成就为动力的高资源群体。他们是成功的、以工作为导向的人，他们从工作和家庭中获得满足感。他们在政治上是保守的，尊重权威和现状。他们喜欢向同行炫耀象征成功的产品和服务。

奋斗者（strivers）：这些消费者是那些以成就为动力的资源匮乏的群体。他们的价值观与成就者非常相似，但经济、社会和心理资源较少。风格对他们来说非常重要，因为他们努力模仿他们所钦佩的人。

体验者（experiencers）：这些消费者是那些以自我表达为动力的高资源群体。他们是所有细分市场中最年轻的，平均年龄为 25 岁。他们精力充沛，喜欢投入到体育锻炼和社交活动中。他们是狂热的消费者，在服装、快餐、音乐和其他年轻人喜爱的东西上花费巨资，尤其重视新产品和服务。

制造者（makers）：这些消费者是那些以自我表达为动力的资源匮乏的群体。他们是务实的人，重视自给自足。他们专注于熟悉的事物，如家庭、工作和体育娱乐，对更广阔的世界几乎没有兴趣。作为消费者，他们看重实用性和功能性的产品。

幸存者（survivors）：这些消费者的收入最低。它们的资源太少，无法包含在任何消费者自我定位中。他们是所有细分市场中年龄最大的，中位年龄为61岁的群体。在他们有限的能力范围内，他们往往是品牌忠诚的消费者。

我国消费者的观念和行为也十分多元，仅从地理、社会统计等变量上进行的简单划分可能已经很难满足营销的效果了。基于VALS这一分类系统，市场研究机构于1997年开始连续5年调查了中国消费者的生活形态。调查涵盖全国30个重点城市的15～64岁的消费者，样本量达70 684个，建立了本土化的VALS系统：CHINA-VALS。CHINA-VALS系统对中国消费者进行了14族群的划分，有助于目标消费群的准确定位，很大程度上改善了市场细分的效果。

> **行业动态：基于行为数据的消费者画像**
>
> 伴随营销的数字化进程，消费者的行为数据被电商平台、品牌网站等大量记录和存储。广告主经常通过消费者的历史购买记录、浏览记录、人口特征等数据，利用机器学习的方法，将消费者进行归类，并推测和描述其生活方式、价值观念、世代、特质等特征，从而描绘出消费者画像。根据消费者画像，广告主能够更好地找出潜在的客户和需求，并据此有针对性地对每种类型的用户制定营销策略。
>
> 比如，根据品牌消费者的历史购买数据我们发现某品牌的消费者中，有一个类别的消费者除了购买该品牌外，还喜欢购买电子游戏和电子产品。这些用户特征暗示了这个群体可能对新科技产品接受度高并且比较年轻，有一定收入和消费力。根据用户特征，我们可以把这个类别的消费者定义为"Z世代电子迷"。广告主可以选择在这个用户群体活跃度高的渠道投放广告，比如微博、抖音、哔哩哔哩；还可以根据这个群体可能感兴趣的内容针对性地设计广告内容，比如加入科技元素。

本章小结

营销实践中消费者的生活方式和价值观念也是服装品牌市场细分和目标市场确定的重要变量。消费者的社会生活包括许多方面，如家庭生活周期、性别、世代、文化、价值观等一系列的问题。

在家庭方面，家庭的需要和支出受到以下因素的影响：家庭的人数（儿童和成人），家庭成员的年龄，是否有一个、两个或者两个以上的成年人在外工作。

在性别方面，性别的差异对人们的消费行为有很大的影响，往往不同性别人群对产品类别的偏好有很大的差异。不同社会文化对不同性别的理想行为的要求和期望是不同的，其中有一些可能是普遍性的。

在世代方面，不同世代的人群有着不同的社会经历，这些经历影响着人们的观念和行为模式，中国消费者的世代划分方法有三世代细分和五世代细分两种方法。Z世代的青少年影响着他们父母的消费，有较高的生活费用，且其偏好能显著影响家庭购买决策。

在收入与社会地位方面，一个人的生活方式很大程度上由其收入决定，因此收入对人的消费行为也会产生很大的影响。自由支配收入是指除去"必要的"维持舒适生活之外的钱，也就是一个家庭可以用来自由支配的钱。

在社会地位方面，一个人在社会结构中占领的位置影响了他消费多少钱和消费方式。低调的生活方式是继承财富的人的消费特点，他们已经长时间拥有财富从而不需要通过消费再去证明他们富有。

在价值观方面，个人的价值观对人们消费活动有着非常重要的影响。消费者购买许多产品和服务是因为他们认为这些产品或服务有助于达成与其价值观有关的目标。

重点概念

1. 性别角色——又称性别作用，指由于人的性别差异而带来的不同的心理特点或行为模式。

2. 性别营销——基于男女两性差异的视角展开的营销被称作性别营销。

3. 世代——一个群体，其长度大约等于一个生命阶段，其界限由同一世代人群的个性来界定。

4. 社会位置——一个人在社会结构中占领的位置，是社会阶层、性别、年龄、信仰、价值观等的综合体。

5. 价值观——指一个人对周围的客观事物的意义、重要性的总体评价和看法。

讨论与思考

  1. 选择身边一位熟悉的亲友，说明他性别、年龄、世代、社会位置、家庭生活周期阶段等特征。分析他的服装购买行为与这些变量之间的关系。

  2. 霍夫斯泰德文化价值观维度有哪些？中国在这些维度中处于什么位置？中国有哪些特有的文化价值观念？这些观念对消费者可能有怎样的影响？

  3. 挑选某一个产品类目，假设你是品牌营销负责人，你要组织一个线下体验活动。你会邀请谁？从本章的消费者的各个特性中挑出你认为属于你的目标客户的特性，并说明为什么。从数据搜集的角度思考你能如何获取区分消费者特性的数据，请具体阐述。

  4. 设想你现在要成立一个独立设计师品牌（或其他你感兴趣的领域），你的目标用户会是谁？请运用本章所学的知识，描述出你的目标用户特征，也就是所谓的用户画像。

作业与练习

  选择一个品牌，运用手段-目的链理论分析该品牌的属性、结果和价值观。找到这个品牌最近的宣传活动。运用手段-目的链框架分析这个活动或广告是否成功地宣传了该品牌。

第四篇

与消费者沟通

第八章　消费者感知与说服

  我们似乎时时刻刻都在主动或被动地接收着各种各样的营销消息，电视机里、广播里、街道上、商场里……无不充斥着形形色色的广告。这些广告都试图以其独特的方式与人们进行沟通，从而使广告所宣传的产品及品牌进入消费者的潜意识，形成对品牌有利的消费者心智。然而，使消费者欣然接受品牌想传达的信息并不是容易的事情，单纯的触达未必能使消费者产生反应。消费者对信息的注意、认知和理解的过程无不对营销沟通的效果产生影响。本章讨论营销信息如何通过消费者感觉系统进入到消费者的意识领域以及这些信息如何在消费者大脑中产生化学反应并形成意义。

8.1 消费者感知过程模型

产品推广的第一任务是让消费者感知到它的存在，即创造感知。营销人员为了达到此目的，往往会花费巨资在广告、促销、展示和其他营销传播上，但事实上很多消费者并没有记住产品和这些促销活动。在营销界也存在一句经典名言：我明知道我的广告费有一半是浪费了，但是我从来不知道浪费的是哪一半。我们每天可能接触到数百个广告，但能够注意到的却很少，记住的就更少了。这是为什么呢？答案在于感知的原理。所谓**感知**（**perception**）是指人们感觉、解释与理解各种刺激的方式。这个定义表明，消费者的感知过程涉及以下几个关键因素：刺激、感知过滤、认知与记忆，如图 8.1 所示。

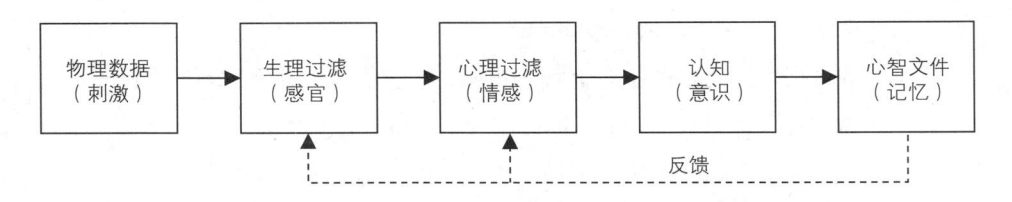

```
物理数据 → 生理过滤 → 心理过滤 → 认知 → 心智文件
（刺激）   （感官）   （情感）   （意识）  （记忆）
                ↑           ↑           ↑
                └───────────┴── 反馈 ────┘
```

图 8.1 消费者感知过程模型

感知的第一个关键因素是**刺激**（**stimulus**），它是我们感官接收到的物理信息。一切希望能够引起人们注意的物理存在都可以称为刺激。比如，当看到一辆车时，我们会受到许多刺激，如车的形状、油漆的颜色、汽油的气味、引擎的轰鸣声等；当我们看到一件服装时，它的款式、廓形、装饰、面料的材质、颜色、图案等均可以称为刺激。在本章中，我们主要研究营销刺激，如广告、商业或促销活动等。其中广告刺激可以以多种形式呈现，如户外广告，百货商店的橱窗展示，产品上的标签等。在服装消费活动中，这些刺激包括服装广告、服装橱窗陈列、服装促销信息、流行消息等，他们本质上都是物理的，以不同的程度刺激着我们的感官。

感知的第二个关键因素是，感觉和解释刺激数据的方式。任何刺激数据被感知之前，必须透过人的感知过滤器：**生理过滤（physiological screen）**和**心理过滤（psychological screen）**，这些过滤器会自动屏蔽我们不想要的信息。生理过滤器包括视觉、听觉、触觉、味觉、嗅觉。它们检测传入的数据，并测量刺激的尺寸和强度。例如，如果广告上的字体太小，很少会有人去阅读它，人们的感知也会受到影响。相似地，如果电视广告中的音乐与产品调性不符，当观众无法解读时，很有可能换频道，甚至关掉电视，那么广告商的信息就被有效地屏蔽掉了，感知也就不会发生，产品也无法得以传播。此外，对于刺激的注意还与我们的感觉与兴趣有关。消费者会利用心理过滤器，基于主观标准来评估、筛选和理解信息。这种评判标准取决于消费者的个性、需求，以及其他的自我因素，如自我概念、兴趣、态度、信仰、经验和生活方式。事实上，在今天信息大爆炸的时代，消费者往往无意识地屏蔽了许多与自我经验、需求、欲望、态度和信仰相冲突的信息，也就是说，这些刺激没有透过人们的生理和心理过滤屏障而被感知。这种现象被称为**选择性感知（selective perception）**。

感知的第三个关键因素是**认知（cognition）**，也就是理解刺激的过程。一旦我们发现刺激，并允许它通过我们的感知过滤器，我们便会尝试理解和接受它。但对于刺激的理解会受到个人的知识和以往经验的影响而产生差异，因此，营销人员要针对目标受众寻求较为普遍的认知，以此作为其信息的基础。

人的大脑就像是一个记忆银行，在我们大脑中存储的记忆被称为**心智（或感知）文件（mental files）**。心智一词在营销界中常常被人们所提及，营销者们都在想尽办法占领消费者心智。究竟何为心智？心理学上对心智的定义是：人们对已知事物的沉淀和储存，通过生物反应而实现动因的一种能力总和。通俗讲，就是人脑中长期存在的认知，它驱动人们做出决策。所谓占领消费者心智就是要使消费者对产品或者品牌形成特定的认知，比如当人们提到羽绒服时便会想到波司登这个品牌，提到海澜之家便会想到"男人的衣柜"。就像各种刺激轰击我们的感官一样，大量信息充斥着我们的心智文件。为了处理各种复杂的刺激，如广告，大脑会根据重要性、价格、质量、特征或其他描述对文件中的产品和其他数据进行分类存储。消费者在一个文件中很少保存超过七个品牌，通常只有一个或两个，其余的则被归到其他文件下或被舍弃。一旦新的刺激被消费者理解和接受后，将会进入消费者心智，成为人们的记忆并会影响到之后的感知行为。至此，刺激物从物理存在成为消费者心智的一部分，一个感知活动才真正完成了。

通过以上对人们感知过程的分析可知，对于广告商来说，消费者的感知过滤是一个巨大的挑战，营销人员要在充分了解消费者的个性、需求、经验、生活方式等特征的基础上，精准地创造可感知的营销刺激。

8.2 消费者的物理感知：感觉系统

物理感知是指外部刺激被人的感觉系统捕捉并被感觉到的过程，也就是上节中提到的生理过滤。比如，我们看到一个广告牌，听到一段美妙的旋律，感觉到一件羊绒衫的柔软，尝到一种新口味的冰淇淋，或者闻到一件皮夹克的香味。从营销的角度来看，外部刺激是营销人员精心设计的，如广告、包装、产品本身等，用于刺激消费者产生需求和欲望的媒介，而外部刺激所引起的独特感官体验可以帮助产品在竞争中脱颖而出，特别是在品牌创造了产品与感官的独特联系的情况下。例如，当人们提到苹果的产品时，便能联想到其完美的外观和手感体验。

五种感官的输入，即眼、耳、鼻、口、皮肤的感觉，是开启感知过程的原始数据，它们分别对应着视觉、听觉、嗅觉、味觉和触觉五种感觉。心理学研究表明，在人所接受的全部信息中，83%源于视觉，11%来自听觉，3.5%来自嗅觉，1.5%来自触觉，1%来自味觉。另外，人的感官对信息的接受程度也不一致，据研究，人体感官体验最深刻的是视觉（37%），其次是嗅觉（23%），然后是听觉（20%）、味觉（15%），最后是触觉（5%）。可见视觉系统是人类最为重要的感觉系统，人的大脑皮层有三分之一的面积都和视觉有关，它能够有力影响人们的认知、决策、情感乃至于潜意识活动。心理学研究表明，人的视觉器官在观察物体时，最初的几秒内色彩感觉占 80%，而形体感觉只占 20%，两分钟后色彩占 60%，形体占 40%，5 分钟后各占一半，并持续这种状态。在营销学中有一个著名的"七秒定律"，又被称为"七秒钟色彩理论"，该理论表明对一件商品的认识，可以在七秒钟之内以色彩的形态留在人们的印象里。

　　人类的感官系统彼此之间存在交互作用，所谓交互作用是指在一定条件下，某种感觉器官受到刺激而对其他感觉器官的感觉造成影响的现象，例如视觉会对嗅觉、味觉产生影响，而嗅觉会对味觉、触觉产生影响。五种感觉的交互作用有助于消费者对信息进行理解和处理，进而对产品做出正面评价，这便是营销者制造外部刺激的价值所在，即消费者通过外在刺激的感官体验获得了对于产品的认知。因此，成功的感官刺激不仅要引起消费者的兴趣与关注，更重要的是，能够使外部刺激通过消费者的心理过滤器，进而让消费者对产品产生了解。

　　正是由于人体的感官系统能够感受刺激，促使个体对信息进行加工以获得产品或品牌认知，感官营销已成为品牌的重要营销策略。例如，在展示、广告、店铺设计和包装方面均严重依赖视觉元素，这些元素通过颜色、尺寸和样式等视觉渠道传达意义。再如，戴姆勒奔驰公司特别成立一个研发部门，专案处理"完美开关车门的声音"；新加坡航空公司空姐身上的香水，是特别调制的"热毛巾上的香水味"，成为"新航"的专利香味。这些营销案例均在告诉我们，善用感官的品牌概念，已成为全方位传播的新方式。

延伸阅读：感官体验在服装实体店中的应用

　　感官体验是指人利用感觉器官对外界刺激进行接收、处理而获得的直观感受，具体包括视觉体验、听觉体验、嗅觉体验、味觉体验和触觉体验。心理学研究表明，在人接收的全部信息中，有 83% 源于视觉，视觉营销也因此成为目前店铺应用最为广泛的体验营销策略。品牌商家通过店铺的空间设计和整体装潢（如陈列、布局、装饰、色彩、灯光等），一方面为消费者打造良好的视觉盛宴，唤起消费者的审美愉悦；另一方面，触发消费者的情感，形成品牌理解和整体印象。另外，在卖场氛围营造时，音乐往往起到了调动情绪、强化视觉体验的作用。如时尚动感的背景音乐能使消费者更加积极，心情变得愉悦、亢奋，这类音乐适合在快时尚、年轻潮流化的时装店铺中播放；旋律悠扬的音乐则有利于打造轻松、舒适的终端购物环境，使消费者得到全身心的放松，更加享受购物过程。

嗅觉营销也即香味营销，是利用气味来渲染消费空间，如一些奢侈品牌在店铺内喷洒了同品牌的香水，以刺激人的感觉感官，吸引消费者的关注、评价与记忆。研究发现，气味宜人的环境可以鼓励消费者注意相关刺激，延长逗留时间，从而对购买行为产生正面影响。相比视觉体验，气味能给人留下更长久的记忆，并有学者提出了品牌嗅觉识别系统（sense of smell identity system，简称 SIS），认为气味是品牌基因的重要载体。

味觉营销在近年来发展较为火热，比较典型的案例是奢侈品牌的咖啡店跨界营销风潮。2021 年 2 月，路易威登在日本大阪开了全球首家设有咖啡馆和餐厅的门店。此前，古驰、香奈儿、博柏利、芬迪（Fendi）、拉夫·劳伦（Ralph Lauren）等品牌已在中国纷纷试水咖啡店。这类咖啡店的特点在于，店内风格完美延续了品牌的色系和调性，折射出品牌所代表的生活态度，为消费者体验品牌文化、感受品牌主张的生活方式提供了一个绝佳的场所。

至于触觉体验，它是实体店铺的天然优势所在，通过触摸、试穿，消费者可以直接感受服装的材质、款式细节以及着装效果。在电商大行其道的今天，触觉体验以其先天优势成为实体店与电商抗衡的有力武器。中国排汗睡衣倡导者"喜眠"在其实体店内，将服装的原材料（排汗纱线"蓝魔纺"）直接展现在消费者面前，并充分展示了每一根纱线的排汗过程，这使消费者为之震撼的同时，对其产品产生极强的信赖感。

8.3 消费者注意

所谓**注意**，是指人的心理活动对暴露在其眼前的一定事物的指向与集中。当人的注意力指向某一事物时，标志着相应的诸如感觉、认知、记忆等一系列心理活动的开始，因此注意并非是一个独立的心理过程，它始终伴随着人的各种心理活动，并促使其顺利进行。

在信息大爆炸的商业社会，信息本身已变得毫无价值，有价值的是消费者注意，营销人员们都在想尽办法争夺消费者的注意力。例如，手机开屏广告的 5 秒倒计时，用户可以选择在 5 秒之后关闭广告，但在前 5 秒内广告商希望能抓住消费者的注意力，尽管该用户可能对推销的产品不感兴趣。这一方面利用了人们对于时间的掌控感，5 秒的时间并不长，许多人会选择将视线停留在广告页面上；一方面，利用大数据的反馈，广告商能够找到其有效的投放对象。另一个事实是，消费者在线上花费的时间越来越长，因此如何吸引消费者的注意就成了商家促进线下消费的关键。

8.3.1 注意的特征

对于消费者而言，注意力是有限的，在某一范围内，他们不可能注意到眼前所有的信息，而只关注到其中一部分。为此，我们需了解消费者注意的几个特征。第一，注意的选择性。消费者每天可能接触到大量的信息，但他们会根据自己的兴趣和需要对信息进行筛选，从而忽略无关的信息，这就是注意的选择性。例如，当人们进入商城购买羽绒服时，很有可能对羽绒服以外的产品视而不见。大量研究表明，以下三种情况较能引起人们的注意。一是与目前需要有关的。当人们有某种明确的需要时，往往会更加主动地收集信息，如主动关注街道上或是电梯里的广告信息，并对相关的信息进行筛选。二是预期将要出现的。如品牌的预售产品信息，即将上映的电影等。三是变化幅度大于一般的，较为特殊的刺激物。如降价 50% 比降价 5% 的广告更会引起人们的注意，动态大屏广告比静态的大屏更能引起消费者的注意。

第二，注意的集中性，有时又称为注意的稳定性或持久性。它是指对选择注意的对象长时间关注，而对周围无关对象视而不见、听而不闻的特性。如人们被电视广告吸引而将注意力集中在广告上。集中性强调的是在一段时间内，注意一直保持在某一对象上，直至完成任务，达到目的为止。消费者注意的集中性则指在购物时总是对有意向的购买目标倾注较多的心理活动。能否保持注意的集中性，取决于注意对象的特征，如是否枯燥单调，以及消费者的主观意愿和意志的强烈程度。如上文所说，当消费者有明确的需求时，会主动筛选信息，而当满足需求的欲望越强烈时，他往往会花费更多的时间成本了解产品信息，此时消费者的注意力集中性较强。比如当人们逛淘宝、刷短视频时，往往会在不知不觉中花费许多时间，这些平台传播的信息之所以能够使人们长时间集中注意力是因为其推送的内容是用户所喜爱的，感兴趣的。此外，这些平台还抓住了人们往往具有理性决策的特征。他们倾向于在有限的可能里找到近乎完美的产品或答案，而淘宝等平台为消费者提供了海量的产品及信息，使得消费者获得了更大的选择性。

第三，注意的有限性。在注意集中的情况下，有时也会发生注意力分散的现象。注意分散是指注意力被无关对象干扰而离开原来关注对象的现象。但人的注意力是有限的，在同时关注几件事时，顾此失彼是在所难免的。注意的有限性也解释了为什么消费者在购买促销品时往往只考虑到了价格而忽略了产品的使用价值。

第四，注意的转移性。注意转移是指有目的的将注意从一个对象转移到另一个对象上。它与注意分散不同，转移是由于任务变化而引起的有意识地改变注意对象的行为。如在超市中消费者听到某一产品的促销广播，而将注意从当前产品转移到促销产品上。

8.3.2 影响注意的因素

由于注意的选择性，营销人员要考虑影响消费者注意的各种因素，以便设计出更能引起消费者注意的营销刺激物。一般来说，影响消费者注意的因素主要有三大类：刺激因素、个体因素和情境因素。

刺激因素

刺激因素是指刺激物本身的特征。如前文所述，刺激物是由企业精心设计的，用于刺激消费者产生需求和欲望的媒介。它是企业可控制的因素，因此，设计者往往从刺激特征的角度出发指导刺激物的设计。刺激特征主要涉及刺激的感官特征和设计特征。刺激的感官特征主要指刺激物的视觉特征、味觉特征、听觉特征等。它们具体通过以下因素影响消费者注意：

（1）刺激物的大小和强度。一般来说，刺激物越大越容易引起关注。研究表明，广告版面扩大十倍，注意率将提高七倍。另外，刺激物要达到一定的强度时才能引起关注。颜色的明暗对比度也会影响人的注意情况，与黑白广告对比，彩色广告更能抓住人们的眼球。因此，广告往往采用大尺寸、高色彩对比度及高声音强度的设计。

（2）刺激物的变化与运动。动态、变化的物体更容易引起人们的注意。研究表明，在广告大小确定的情况下，消费者对动态广告注意更多。基于此，对于静止的平面广告或橱窗展示，可以通过特殊的设计，表现出灵动的效果。

（3）刺激物的位置。由于人的水平视线范围有限，物体所处的位置对消费者注意也会产生影响。一般处于视线中间的物品更容易被人们第一时间关注到。这也是为什么供货商愿意花更贵的钱争夺与视线平行的货架位置的原因。在进行店铺的空间设计时，店铺内的动线规划一般由同一平面的直线构成，货架以适合的距离平行摆放。这种规律性的规划方式使得消费者更加容易找到需要的商品，同时合理的空间布局也会让消费者的目光集中在产品本身。在进行橱窗设计时，也要充分考虑顾客在静止观赏和行走远近时候的最佳视线高度和落点，才能达到商品陈列最有效的效果。

刺激的设计特征主要从设计的新颖性、复杂性和感知流畅性等方面影响消费者注意。新颖的物体更能激发好奇心，引起消费者注意。研究表明，创意广告会比非创意广告获得更多的关注，并且可以缓解观众因反复接收该广告所产生的反感心理。橱窗作为服装品牌宣传的无形广告，其新颖性的设计更能引人注目，如利用3D虚拟技术打造动态的虚拟场景橱窗。复杂性是指刺激物的信息量过大，设计也包含更多变化和细节。在信息量过载的状态下，消费者可能会产生不耐烦情绪，从而导致信息处理水平下降。相反，简单的刺激信息更容易理解，感知流畅性更高，因此更容易吸引消费者注意。

个体因素

个体因素是指个人的特征，如动机、态度、情绪等，它们直接影响人的注意指向。动机是由于某种需要未得到满足而引起的想要拥有的心理状态，动机的存在往往会促使人们主动收集信息。但并非有动机就一定会促成购买，消费者的购买动机还受到产品质量、价格、服务等因素的影响。因此，在企业对目标客群进行分析时，要设法如以交谈、问卷、推测的方式，了解消费者真正的需求是什么，同时分析哪些因素会影响消费者的购买动机，从而制造满足消费者需求的刺激物。

态度是个体对于他人或事物积极或消极的评价反应，其表现为个体的内在感受或行为倾向。消费者更倾向于接受那些与自己态度相符的信息，这也是服装品牌为什么总是强调打造品牌文化重要性的原因，对品牌文化认同的人很有可能成为品牌的潜在顾客。如果消费者对某一品牌持有好感，更容易对其倾注更多的时间，也就更容易注意到品牌信息，那么他在产生相关需求时，该品牌的产品很有可能成为消费者的首选。这表明积极的品牌态度能带来更高效的营销产出。除品牌文化外，细节如精美的包装、优质的服务等也能使消费者对企业或品牌产生好的印象。

个体自身的情绪也会影响其注意情况和行为。同时，带有情绪的刺激物也更容易引起消费者注意，比如，消费者对饱含高情感信息的广告存在注意偏好。研究表明，惊喜与愉快这两种情绪会提高消费者对刺激物的注意，且注意力的集中程度更高。

情境因素

情境是指消费者在购买行为发生时个体所面临的短暂的环境。比如节日、天气状况、购物场所的拥挤程度、购物时的身体状况和心情等。它并非营销刺激，而是由一些短暂的事件和状态构成，它们能够影响消费者对于刺激的理解与评价，进而影响消费者对刺激物所采取的反应。同一消费者在不同情境下，面对相同的营销刺激会做出不同的反应，采取不同的消费行为。

从不同的角度，消费情境可分为不同的类型。最为广泛接受的分类方法是贝克（Belk）的五类划分法。贝克以情境的状态特征为依据将消费情境分为物质环境、社交环境、时间、先行状态和任务。（1）物质环境是指消费者购物过程中接触到的有形或无形的物质因素，如地理位置、店内环境、气味、音响、天气等。物质环境会影响消费者的购物感受与情绪。（2）社交环境是指在购物过程中其他人对消费者所产生的影响，包括销售人员、陪同人员评价、其他的消费者等。在购物过程中他人尤其是陪同人员的评价往往会影响到消费者的购买意愿。（3）时间是指某种情境发生时，消费者可支配时间的充裕程度，这决定了消费者有多长时间进行信息搜索与产品了解，进而决定了消费者的选择范围。当消费者存在时间压力时，往往会更快地做出决策。（4）先行状态是指消费者在行为之前的短暂性的生理和心理状态，如饥饿、疲惫、现有金钱、焦虑、高兴、兴奋等。先行状态对消费行为的影响不同于因营销刺激引起的反应，也不同于长期形成的个体因素。消费者的先行状态会促使相应消费行为的发生，从而使短暂性的状态和情绪得以释放。(5)任务是指消费者购买的原因或目的，这很大程度上影响了消费者对于产品款式、功能、价格、品牌等的选择标准，也影响消费者做出购买决策的决心。

8.4 消费者对信息的接受

在信息的传递过程中，信息源、信息载体、信息内容、接收者是信息传递的基本要素。消费者对信息源、信息载体和信息内容的感知无疑会影响消费者对信息的接受和解读。

8.4.1 信息源的影响

信息可以由不同的传播者发出。对同一信息，由不同的发出者发出，产生的效果也是不一样的。大量研究表明信息源的可信度和吸引力是影响消费者对信息的接受程度的两个关键特性。**可信度（credibility）**是指信息源被感知到的专业度、客观性和可靠性。**吸引力（attractiveness）**是信息源被感知到的社会价值，包括外表、个性、社会地位，或者与接收者的相似性等。

信息源对传播效果的影响对营销者有很大的启示。他们需要根据传播的目的和情境选择强调可信度还是吸引力。在有些场景中，使用有可信度的信息源能更好地达成传播的目标。在消费者对某个产品还不是很了解的情况下，采用一个有权威性的专家作为产品的代言人无疑能降低消费者的感知风险。如在药品广告中，使用医生的形象来进行产品性能的说明无疑能增加广告的说服力。而在销售以感性和体验为主的产品时，强调吸引力则能增加受众的注意，引起态度和评价的改变。如香水和时尚产品则经常使用流量明星作为产品代言人。

人们容易受到外表有吸引力的人的影响是一种普遍的现象，尽管这不太符合理性原则。"颜值就是竞争力"，我们容易把外表漂亮的人想象得更聪明，更有能力。对这种现象的一种解释是**晕轮效应（halo effect）**，即某个方面表现突出的人，我们也会自动认为他们在其他方面也应该会很优秀。

外表吸引力的一个好处是它能通过吸引消费者的注意力，把消费者引向相关的营销目标。但另一种不同意见是漂亮的人物参与的广告只能够获得注意，但广告真正想要表达的内容反而可能因此遭到忽视。因此，在流量明星上花费大量的佣金是否值得这一问题一直是营销人争论的焦点。无论如何，在注意力短缺的时代，获得消费者的注意仍然是营销人需要解决的重点，如何在吸引力和可信度中做出最佳的平衡也是营销人需要解决的重大课题。

8.4.2 信息载体的影响

营销信息通常通过媒体渠道传递给消费者，因此媒体渠道常常被称为信息的**载体（vehicle）**。目前营销者一般将传播媒体分为传统媒体和新媒体。传统媒体如报纸、杂志、广播、电视、户外广告等，以文字、图像，或声音、动态图像等作为主要形式对信息加以呈现。而新媒体是以互联网为基础，依托于手机、电脑等载体进行信息传播的一种媒介。相比传统媒体而言，新媒体突破了传统媒体在时间和空间上的限制，并因其具有受众广、互动性强、传播速度快、传播形式多样、分众化（基于用户的特点与喜好，实现信息的精准投放）等特点，成为品牌进行营销沟通的重要渠道。

媒体渠道为营销信息提供了背景，它的特性也会影响消费者的反应。关于媒体渠道的背景效应的研究非常多。一个基本的结论是，当消费者与媒体环境的关联度越强的时候，消费者对营销信息的反应也越强烈。

媒体的**关联度（engagement）**指的是消费者与媒体渠道连接的密切程度。如正在追的热剧，经常访问的网站，每天都离不开的 APP，都可以称为高关联度的媒体。媒体关联度常常表现在消费者的行为上，比如对一个网站来说高关联度意味着常常访问、下载内容、时常关注、向朋友推荐等行为。美国广告基金会（Advertising Research Foundation）对媒体关联度的定义也与行为有关，"使潜在消费者因媒体环境的促进对品牌信息发生兴趣的能力"。

媒体关联度来源于媒体与消费者生活方式的匹配。比如媒体的内容可以融入消费者的生活，因为消费者觉得该媒体的内容十分有用（如购物网站）；或者提供娱乐性的体验（如电视节目）；或是在使用过程中让人暂时忘记现实的烦恼（如游戏）。人们使用媒体的原因大致可以分为四类：（1）获取信息，如获取最新事件的报道、寻求建议或帮助、满足好奇心和求知欲、学习知识技能等；（2）自我构建，如更好认识自己、强化自己的价值观念、寻找榜样和励志等；（3）社会互动，如获得群体归属感、与朋友和家人的互动、扮演与现实生活不同的社会角色等；（4）娱乐，如放松心情、暂时逃避现实、获得文化或美学的快感等。

关于媒体背景环境对营销信息传播的效果的影响包括以下几个方面。首先，媒体环境可以使得某些营销者希望调动的消费者情绪更容易被激发，如消费者在电影院静待正片播放时，软饮料广告更容易调动起欢乐的气氛。其次，因媒体背景产生的情绪与营销信息的调性相符时，较能激发出消费者共鸣。因此，许多希望传达进取、积极、励志故事的广告常常选择在激动人心的体育赛事期间投放。再次，媒体环境可以突出消费者的某些品牌联想，帮助广告信息的解读。比如，在节假日时段播放酒类广告更容易使消费者将品牌和生活场景连接起来。

品牌在选择媒体渠道进行信息传播时，应结合品牌调性或营销目的选择适合的传播平台。以服装品牌为例，比如，微博、微信等在许多消费群体中具有广泛关联度的媒体平台，适合大众品牌服装的营销推广。而小红书等分享类平台则为小众服装品牌提供了机会，对于希望与消费者建立亲密连接的服装品牌也有意义。像抖音等以娱乐为主的平台对平价服饰会是安全的途径，但奢侈品牌则需慎重选择其作为传播的切入点。

案例：路易威登直播首秀

受新冠肺炎疫情影响，路易威登所属集团 LVMH（酪悦·轩尼诗－路易·威登集团）的收入大跌，特别是在亚洲地区，为应对该状况，路易威登首次采取了直播带货的方式。2021 年 3 月 26 日晚上 8 点至 9 点，路易威登在小红书开启了奢侈品直播首秀，直播主题是路易威登夏日直播间。主打夏日系列新品手袋和成衣，邀请了演员和小红书时尚博主进行直播，地点位于上海恒隆广场的路易威登门店。一小时零十分钟的直播，共获得总观看人数 1.5 万，而当天同一时间耐克在淘宝平台上的"Air Max

Day"直播观看人数超过 278 万。显然,路易威登此次直播的观看人数不太理想。

路易威登因其品牌定位和价格,在大众心中一直是"高端""奢华"的代名词,但此次直播却遭到大量吐槽。路易威登对于直播带货的尝试并没有给品牌带来好的口碑和收益,反而影响了大众原本对于奢侈品牌的印象。因此,品牌在选择媒体进行营销传播时,要综合考量平台特点与品牌自身调性,选择适合的平台和传播形式,否则反而会适得其反。

8.4.3 信息内容的影响

最后一个影响消费者信息接受的因素是信息内容本身的相关性。**相关性（relevance）**是指营销传播内容为消费者解决问题所提供的价值和作用。尽管相关性可以因目标消费者和营销情境而异,相关的内容都应帮助消费者解决问题或给目标消费者带来价值。从根本上说,消费者之所以会对某些营销信息注意是因为这些信息对他们有用。时尚潮牌对于生活方式的诠释对于需要融入都市生活的消费者来说是有价值的信息,珠宝品牌对于浪漫场景的刻画对于处于恋爱中的人来是用的信息。新冠肺炎疫情期间,洗护品牌在户外大牌广告中强调的产品灭菌功效,也能帮助消费者解决问题。

近年来,随着互联网的快速发展,消费者获取信息的方式增多,获取信息的能力也逐渐增强,但随之而来的是消费者对营销和广告信息的麻痹和信任度的减弱,这使越来越多的企业将注意力转向内容营销方面。所谓**内容营销（content marketing）**是通过创作发布有价值的、有相关性的、持续性的内容,有效吸引目标人群,并且强化这些人群的信任,最后将信任转化为消费行为,为企业带来利润。由此可见,内容营销的关键在于如何基于内容创造获取消费者的信任。

内容营销的内容不一定完全关乎产品本身特性,但一定要触及目标消费者的关注点。内容营销和所有营销的本质相同,即以消费者需求为核心。从消费者的角度来看,他们更加关注的是自己,而非产品或服务,因此,一味地以自我推销或是自我吹嘘为主的内容是无法获得消费者的信任的,只会使消费者对营销人员产生反感情绪。这也是当前用户生成内容（UGC）平台被众多互联网用户所喜爱的原因之一。

UGC 是"user generated content"的缩写，这一概念最早起源于互联网，指用户将自己生产的内容通过互联网平台进行传播并与其他的用户进行互动。用户生成内容平台催生了一种新的消费者行为经济——"种草经济"，所谓"种草"是指把一种事物推荐给他人，并使他人喜欢该事物的过程。以国内较早成立的 UGC 平台小红书为例，它以"标记我的生活"为标语，是人们生活方式的分享平台。小红书上聚集着各种达人、红人、明星、各领域的 KOL 以及占比最多的素人，他们通过内容生成笔记，以视频、文字、图片等形式在平台上分享产品的使用体验。这些内容常常运用分享实战经验与感受的表现手法，这种种草方式往往能使观看者感受到内容传播者的真诚而对其产生信任，从而相信其内容的真实性，进而达到产品宣传的作用。相比品牌自我推销和自我吹嘘的内容而言，消费者更加愿意相信用户生成的内容，其主要原因就是消费者的诚意感知。如前所述，内容营销的关键是，如何基于内容创造获取消费者的信任，其答案便是诚意二字。

延伸阅读：浅析 UGC、PGC 和 OGC

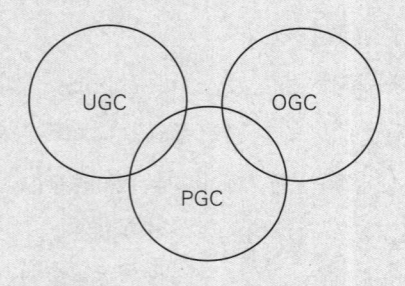

随着移动互联网的发展，网络内容创作除 UGC（user generated content，用户生产内容）外，根据内容发布的主体不同，又细分出 PGC（professionally generated content，专业生产内容）和 OGC（occupationally generated content，职业生产内容）两种。

UGC 的主体是互联网平台的一般用户，他们在注册和登录某一平台后，便可自主创作内容，并通过平台发布与传播。即平台给予用户话语权，让平台用户能够自由创作，从而增加平台的活跃度，吸引更多的用户。PGC 相较于 UGC 而言，发布的内容更加专业。PGC 的创作主体是拥有专业知识、相关领域资质的，具有一定权威性的专家，是平台的专业用户，如微博平台的意见领袖、科普作者等。

OGC 有两种主体，一类是新媒体从业者、新闻背景工作者、传媒行业人员；一类是某些行业的精英、专业人士，这与 PGC 相同，但发布者的创作动机不同，PGC 更多的是兴趣爱好、个人表达需求的满足，而 OGC 的创作动机是获得报酬。以 OGC 为代表的网站，其内容来源一般是内部自行创造或从外部花钱购入版权。

综上而言，UGC 和 PGC 之间的区别在于内容创作者有无专业的知识和相关行业背景。OGC 和 PGC 之间的区别在于内容创作是否收取相应的报酬。不难发现，UGC、PGC、OGC 三者之间是可以相互转换的。比如，某平台用户最初出于爱好，在平台上进行彩妆视频的创作，此时视频内容为 UGC，后来随着不断学习，该用户成为该行业的资深意见领袖，此时她创作的视频就是 PGC。若某品牌邀请该用户为品牌产品宣传，并付给她相应的报酬，那么该用户为此品牌所创作的视频就是 OGC。

来源：刘振兴. 浅析 UGC、PGC 和 OGC [EB/OL]. [2022-03-08]. http://yjy.people.com.cn/n/2014/0120/c245079-24169402.html.

8.5 消费者说服

营销的目的就是借助营销刺激说服消费者为产品或服务买单。简言之，营销就是要说服消费者，即通过有效的信息改变消费者头脑中对某一产品或品牌的固有认知和情感，形成新的认知和情感，从而影响人们的购买行为。因此，消费者态度改变的特点对于制定有效的传播信息具有重要的意义。

8.5.1 态度改变—说服模型

在营销学中，说服消费者的过程被称为**消费者说服（consumer persuasion）**或消费者劝说，它是指通过给予受访者一定的诉求，引导其态度和行为趋向说服者预定的方向。态度改变理论中最具代表性和应用最广泛的是卡尔·霍夫兰（Carl Hovland）等人提出的"态度改变—说服模型"（图 8.2），该模型从传播学的角度进行说服研究，并直观描述说服产生的内在机制和过程。霍夫兰认为，态度改变是在一个人原有态度与外部态度存在差异的情况下造成的，这种差异会使人产生压力，引起内心冲突，或不协调、不平衡、不一致。人体具有恢复心理协调的能力，能够通过以下两种方式来减少差异所带来的压力，方式之一是改变自己原有的态度，接受外部态度；方式之二是采取贬低、扭曲、拒绝等方法否定或抵制外部信息，从而维持原有态度。

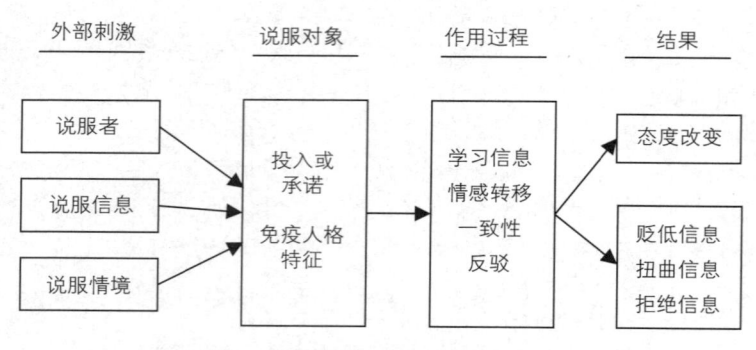

```
外部刺激              说服对象           作用过程           结果

┌─────────┐        ┌─────────┐      ┌─────────┐      ┌─────────┐
│  说服者 │───┐    │ 投入或  │      │学习信息 │   ┌─│ 态度改变│
└─────────┘   │    │ 承诺    │      │情感转移 │   │  └─────────┘
┌─────────┐   ├───▶│         │─────▶│一致性   │──▶│
│ 说服信息│───┤    │ 免疫人格│      │反驳     │   │  ┌─────────┐
└─────────┘   │    │ 特征    │      │         │   └─│ 贬低信息│
┌─────────┐   │    └─────────┘      └─────────┘      │ 扭曲信息│
│ 说服情境│───┘                                       │ 拒绝信息│
└─────────┘                                           └─────────┘
```

图 8.2 霍夫兰态度改变—说服模型

从态度改变—说服模型中可以看出，影响说服对象态度改变的因素主要包括外部刺激和说服对象本身，其中外部刺激包括说服者、说服信息和说服情境。

（1）说服者是将自己的观点或信息传递给别人并力图使之接受这种观点、信息的个人或群体。说服者的可靠性、专长性、喜爱性等是影响说服效果的主要因素。如果说服者是专家或值得信赖的，那么其传达的内容更容易被消费者所接受，也会相应地降低人们对说服信息的抵御。由于说服者的受欢迎程度能够影响说服效果，品牌方不惜花费高价聘请流量明星作为产品代言人，他们对产品的宣传往往会引起人们的关注与追捧，粉丝也会欣然为产品买单，甚至忽略了产品本身的好坏。

（2）说服信息是说服者组织传递的内容及其结构或方式，它对说服结果具有决定性作用。说服信息可以刺激受众，使其产生接受说服者的观点。刺激受众的途径之一是唤起恐惧，即利用说服信息或明或暗地指出，如果受众不接纳传播者提出的意见，必将面临某种严重的后果，进而使受众产生紧张、恐惧等情绪，迫使受众接受宣传者的观点。譬如我们所熟悉的广告语"得了灰指甲，一个传染俩，问我怎么办,马上用亮甲"就是利用了人们的恐惧心理。说服信息的呈现方式也会影响说服的效果。在说服信息非常复杂的情况下,书面的信息效果较好,而当信息简单时,视觉呈现最好,听觉次之,书面语最差。

(3)说服情境是指态度说服活动发生时现场的氛围或物质环境。由于说服过程是发生在某个情境中,所以说服过程势必受到周围环境的影响。若情境中某些因素会分散说服对象的注意力,便会影响说服的效果。

(4)说服对象是外部刺激的承担者,说服对象对外在刺激和信息的加工与接受程度决定了说服的效果。说服对象的心理卷入度、心理免疫系统和人格特征会影响其对说服信息的接受程度。

人物简介:卡尔·霍夫兰

卡尔·霍夫兰(Carl Hovland)是美国心理学家,研究社会交往以及态度和信念改变的先驱。1912年出生于美国芝加哥。1932年在美国西北大学获文学学士学位,1年后获硕士学位,1936年在耶鲁大学获哲学博士学位并留校任教。1942—1945年应美国陆军部聘请,在美军中从事军事教育电影对新兵的影响等研究。第二次世界大战后回到耶鲁大学任心理学教授(1945—1951年任心理学系主任),1961年在美国去世。

霍夫兰是通过实验法测量态度改变的程度并以此验证传播效果的先驱者。第二次世界大战期间,霍夫兰受聘于美国陆军新闻与教育署心理研究室主任,主持了一系列以鼓舞士气为宗旨的有关宣传效果的心理实验,这是采用心理实验方法进行大众传播研究的最早范例。战后,霍夫兰及同事们回到耶鲁大学,获得了洛克菲勒基金会的支持,设立了耶鲁传播研究项目,继续进行态度改变方面的研究。20世纪50年代初至60年代初,他和他的同事们的研究成果录入两套丛书——《美国军人》和《耶鲁大学关于态度与传播研究丛书》,引起了学术界对传播在劝服方面的社会效果的关注,他将说服理论引入传播学,将实验方法引入传播学,使得他的研究非常实用,具有现实意义,这也成为美国传播学经验学派的典型风格。

霍夫兰对传播与说服、说服能力与说服方法的研究,为传播学的建立做出了一定的贡献。霍夫兰对传播学最突出的贡献,一是将心理实验方法引入传播学研究,二是通过研究揭示了传播效果形成的条件性和复杂性,否定了早期的"子弹论"效果观。他的代表作有《传播与劝服》《劝服的表达次序》《大众传播实验》等。

8.5.2 精细加工可能性模型

精细加工可能性模型（elaboration likelihood model，简称 ELM）是描述消费者的态度形成和改变的过程和途径的模型。20 世纪 80 年代早期由心理学家理查德·派蒂（Richard E. Petty）和约翰·卡乔鲍（John T. Cacioppo）提出。该模型基于态度指导决策与行为，而说服能够影响人对待事物的态度这一假设，从消费者对传播信息处理的深度和数量，即卷入度高低，来解释广告如何影响消费者的态度形成与改变，并将消费者态度改变路径归纳为中心说服路径和外围说服路径，如图 8.3 所示。中心说服路径认为消费者的态度改变是由于对信息的认真思考和处理的结果，此时消费者处于高卷入度状态。而外围说服路径则与之相反，消费者的态度改变不是因为产品本身的特性，而是由于与产品相关联的线索引起的态度改变，卷入度水平也相对较低。

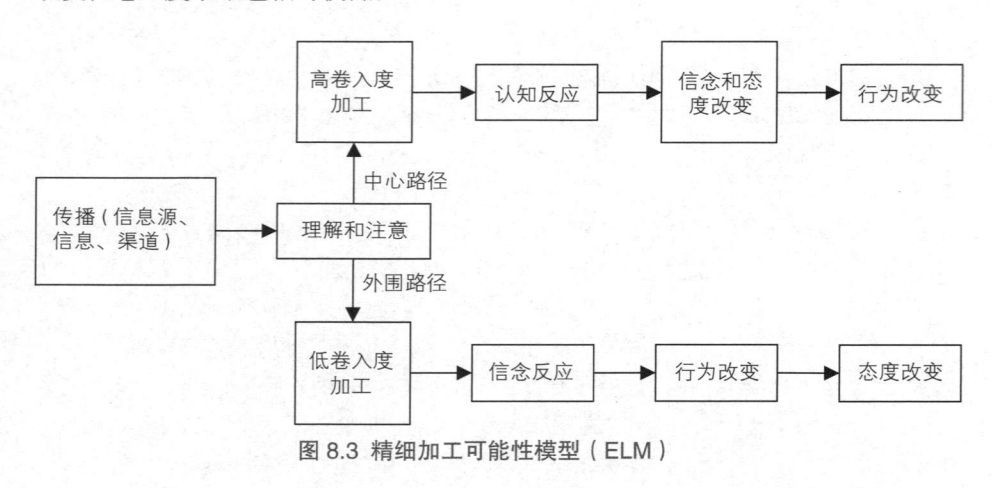

图 8.3 精细加工可能性模型（ELM）

消费者接收到广告信息时，选择哪一条路径取决于其分析信息的动机和分析信息的能力。当分析信息的动机和能力都较高时，消费者便会进行中心路径的信息处理。具体表现为消费者会对传播信息进行一系列严肃的分析，以逻辑的方式评价信息。也就是说当消费者进入中心说服路径时，其对信息做精细加工的可能性较高，也即高卷入度加工。其结果是当消费者支持广告的观点时，顺从广告的可能性就会大大增加。而当动机和能力其中之一较低时，消费者便会根据周边路径的信息处理。周边路线把产品和对另一个事物的态度联系起来，因此，消费者对产品的评价涵盖了情感因素。例如，当对广告中宣传的产品的本身特性不了解，且信息分析动机或能力较低的情况下，消费者会依赖信息的外围因素，如包装、代言人、广告背景、品牌知名度等来决定该信息的可信性。譬如促使消费者购买其偶像代言的产品的原因，实际上与产品本身无关，而在于消费者对其偶像的喜爱。

根据精细加工可能性模型，消费者在处理传播信息时存在两种不同的状态：低卷入度和高卷入度。这两种状态取决于消费者处理信息动机的高低，以及产品本身的特性。人们对于某些产品的购买决策需要投入较多的时间收集和评估产品消息，这类决策属于高介入决策。例如，对羽绒服、冲锋衣等功能性产品的广告，消费者更加希望了解产品的重要信息，如服装的填充物、面料、工艺等。而对某些日常消费品，如牙膏、洗发水等，消费者往往不会花费较多时间了解产品的信息，更多依赖于代言人、品牌知名度等外围因素，这类购买则属于低介入购买。由于消费者对传播信息的处理存在两种路径，营销者在制造传播信息时，也可以从中心路径与外围路径进行消费者劝说。对于需高卷入度购买的产品应使用中心路径与消费者沟通，采用强化信息内容的策略；对于需低卷入度购买的产品，则应使用外围路径，将重点放在信息传播的形式而不是信息的内容上，如使用名人作为品牌代言人，应用视觉化或符号化的广告表现等。为选择合适的劝说路径，要求营销者在制定某产品的营销传播策略时，预测消费者对该产品信息加工的可能途径。

研究案例：服装广告加工——精细加工可能性模型的应用和扩展

文案和图像是服装广告的两个主要元素，营销者在设计广告时应偏重哪种元素，这显然取决于产品的类别及目标消费者的特征。吴贤珠（Hyunjoo Oh）和辛西娅·贾斯珀（Cynthia R. Jasper）2006年的文章利用精细加工可能性模型（ELM）对这一问题进行了一项实证研究。

根据ELM模型，人们对广告的信息处理有两条路径：当消费者卷入度水平高时为中心路径；当消费者卷入度水平低时为外围路径。其中，对于广告的中心路径处理是基于产品的属性信息,而外围路径处理是基于产品自身属性以外的外围线索,如图像、代言人、品牌知名度等。而研究者认为 ELM 模型对于中心路径和外围路径的信息处理对象界定有一定局限性,比如,对于某些产品而言,当消费者采取中心路径处理广告信息时,也会对图像、代言人等外围信息进行精细加工。

研究者认为,根据消费者的购买动机,可以将产品分为实用性产品和表达性产品。当消费者购买某类服装是为了表达或改善自我形象,并获得情感满足时,该类产品就被视为表达性产品;而当消费者购买某类服装是为了避免或解决问题时,则将该类产品视为实用性产品。虽然消费者可能同时具有实用性和表达性动机,但在大多数产品购买的情境下,这两种动机并非同样重要。由于服装产品存在上述两种类型,因此,吴贤珠和辛西娅·贾斯珀认为,除卷入度水平外,服装广告中产品的类型也会影响消费者对广告元素的选择性处理。

研究假设

对于实用性产品,消费者通常根据与产品的属性相关的信息对产品进行评估,而对于表达性产品,消费者往往会将自我形象与广告图像进行对比,从而形成对产品的态度。因此,研究者将消费者对广告的精细加工分为以下两类:专注于广告文案的精细加工与专注于产品图片的精细加工,并提出了以下假设(由于消费者对信息进行处理后会产生相应的想法,在吴贤珠和辛西娅·贾斯珀的实验中,精细加工的程度用消费者产生的想法数量来衡量):

H1:关于广告文案的精细加工。

H1a:对于实用性产品,高卷入度水平的消费者对于文案信息的精细加工程度高于低卷入度的消费者。

H1b:对于表达性产品,无论卷入度水平高或低,消费者对于文案信息的精细加工程度没有显著差异。

H2:关于产品图片的精细加工。

H2a:对于实用性产品,无论卷入度水平高或低,消费者对于产品图片的精细加工程度没有显著差异。

H2b:对于表达性产品,高卷入度水平的消费者对于产品图片的精细加工程度高于低卷入度的消费者。

H3:对实用性产品的态度。

H3a:文案信息的强度将影响高卷入度水平的消费者的态度,但不会影响低卷入度的消费者的态度。

H3b:广告的背景图片是否具有吸引力将影响低卷入度水平的消费者的态度,但不会影响高卷入度的消费者的态度。

H4：对表达性产品的态度。
H4a：无论卷入度水平高或低，文案信息的强度不会影响消费者的态度。
H4b：无论卷入度水平高或低，背景图片是否具有吸引力都会影响消费者的态度。

研究设计

研究者采用了 2（低或高卷入度）×2（弱或强文案信息）×2（不吸引人或有吸引力的背景图片）×2（实用性或表达性产品）混合因子设计进行了实验研究，并通过问卷的方式对参与者进行调查。如上文所诉，消费者精细加工程度由参与者观看广告后产生的想法数量衡量。因此，参与者在观看广告后被要求写下他们的想法。随后，由三位研究人员通过独立编码将这些想法进行量化。

研究结果

对于实用性产品，高卷入度的参与者比低卷入度参与者产生了更多关于文案信息的想法，而对于表达性产品，无论卷入度高低，对文案信息产生的想法无显著差异，即验证了 H1a 与 H1b。

对于表达性产品，高卷入度参与者比低卷入度的参与者对产品图片的精细加工程度更高，而对于实用性产品，无论卷入度高低，对产品图片信息的加工程度无显著差异，即验证了 H2a 与 H2b。

对于实用性产品，在高卷入度水平下，当语言信息强时，参与者对产品的好感高于语言信息弱时。当语言信息弱时，无论卷入度高低，参与者对产品的态度无显著差异，即验证了 H3a。在卷入度低时，参与者的产品态度似乎受到背景图片吸引力的影响，但对于 H3b 的验证没有达到统计学意义。

对于表达性产品，卷入度水平的高低不会影响参与者对于文案信息的评价，即验证了 H4a。在低卷入度情况下，参与者对吸引人的背景图片比不吸引人的背景图片产生了更有利的产品态度，说明此时参与者对背景图片的信息加工属于外围处理。然而，在高卷入度情况下，参与者对不吸引人的背景图片产生了更有利的产品态度。验证了 H4a：无论卷入度水平高低，表达性产品的广告的背景图片都对参与者的态度形成产生了影响。

吴贤珠和辛西娅·贾斯珀的研究表明产品类型与卷入度水平会共同影响消费者处理广告信息的方式。对于实用性的服装产品，强调文案信息是有效的营销沟通策略，并且消费者对品类越感兴趣（卷入度高），文案信息就越重要。而对于表达性服装产品，视觉信息比客观的文案信息更有效，并且消费者对品类越感兴趣（卷入度高），视觉信息就越重要。这些结论为广告设计的方向提供了明确的指导。

来源：OH H, JASPER C R. Processing of apparel advertisements: application and extension of elaboration likelihood model [J]. Clothing and Textiles Research Journal, 2006, 24（1）: 15-32.

本章小结

广告都试图以其独特的方式与人们进行沟通，从而使广告所宣传的产品及品牌进入消费者的潜意识，形成对品牌有利的消费者心智。产品推广的第一任务是让消费者感知到它的存在，即创造感知。所谓感知是指人们感觉、解释与理解各种刺激的方式。感知的第一个关键因素是刺激，它是我们感官接收到的物理信息。感知的第二个关键因素是，感觉和解释刺激数据的方式。任何刺激数据被感知之前，必须透过人的感知过滤器：生理过滤和心理过滤。感知的第三个关键因素是认知，也就是理解刺激的过程。

注意，指人的心理活动对暴露在其眼前的一定事物的指向与集中。当人的注意力指向某一事物时，标志着相应的诸如感觉、认知、记忆等一系列心理活动的开始，因此注意并非是一种独立的心理过程，它始终伴随着人的各种心理活动，并促使其顺利进行。影响消费者注意的因素主要有三大类：刺激因素、个体因素和情境因素。

在信息的传递过程中，信息源、信息载体、信息内容、接收者是信息传递的基本要素。消费者对信息源、信息载体和信息内容的感知无疑会影响消费者对信息的接受和解读。首先，信息源，信息源的可信度和吸引力是影响消费者对信息的接受程度的两个关键特性。其次，信息载体，营销者一般将传播媒体分为传统媒体和新媒体，媒体渠道为营销信息提供了背景，媒体渠道与消费者的关联度也会影响消费者对信息的接受。最后，影响消费者信息接受的因素是信息内容本身的相关性。

重点概念

1. 感知——指人们感觉、解释与理解各种刺激的方式。受刺激、感知过滤器和认知的综合影响。
2. 注意——指人的心理活动对暴露在其眼前的一定事物的指向与集中。
3. 影响消费者注意的因素——刺激因素、个体因素和情境因素。
4. 可信度——指信息源被感知到的专业度、客观性和可靠性。
5. 媒体的关联度——指消费者与媒体渠道连接的密切程度。
6. 相关性——指营销传播内容为消费者解决问题所提供的价值和作用。

7. 消费者说服或消费者劝说——指通过给予受访者一定的诉求，引导其态度和行为趋向说服者预定的方向。

8. 精细加工可能性模型——是描述消费者的态度形成和改变的过程和途径的模型。

讨论与思考

1. 选择一个服装卖场，分析卖场环境中哪些因素能刺激消费者的感觉系统，包括视觉、听觉、触觉、嗅觉、味觉等。

2. 翻阅一本服装杂志，哪一个广告吸引了你的注意力？分析它引起你的注意的原因，包括广告本身的因素、品类的因素、情境因素和个人因素。

3. 选择一个品牌的广告，判断这个广告使用的媒体。描述这个品牌的目标消费者，分析目标消费者与这个媒体渠道的关联度。

4. 选择一个品牌的广告，运用精细加工可能性模型，分析这个广告的设计者意图通过中心路径还是外围路径来说服消费者，这个选择是否得当？为什么？

作业与练习

选择一个商品或品牌，假设你是该产品的营销人员，你会用哪些营销手段来宣传产品，为什么？请结合你选择的商品/品牌特性，以本章感知过程为框架阐述它们的营销手段如何影响消费者感知。

第九章　营销沟通

　　为完成与消费者沟通的任务，营销人需利用一切可以和消费者发生联系的触点形成有效的、一致的消费者沟通。为此营销人需理解营销触点的特征和她们对服装消费行为的影响。营销人的任务是影响消费者，他们可以使用的工具包括广告、产品、产品陈列等直接的传播渠道，也包括口碑这样的间接渠道。今天营销方式的创新目不暇接，希望本章的内容能引发消费者研究工作者对新营销方式的探索。

9.1 沟通渠道

推广（promotion）是营销组合 4P 因素之一，是指营销者通过各种媒介与手段，传递产品及其品牌的信息，以影响消费者对产品及其品牌的态度和行为，从而促进产品的销售或改变长期的品牌关系的市场沟通过程。服装产品具有季节性、流行性的特点，很容易为企业带来高库存风险。流行周期短的服装商品，需要在流行周期内采取必要的推广手段，提高服装动销率和降低库存。如今服装品牌的与消费者沟通的渠道十分丰富，表 9.1 列举了服装品牌常见的沟通渠道。

表 9.1 服装品牌沟通渠道

沟通渠道		具体手段
广告	大众媒体广告	报刊杂志广告、电台广播广告、电视广告、户外广告牌、传单广告、商场广告、互联网广告、电视/电影剧情植入
	广告代言人	明星代言、名人代言、专家代言、消费者代言
零售终端		货品陈列、道具陈列、门面装潢、橱窗布置、商店空间布局
公共关系	赞助	体育活动赞助、慈善捐款、公益事业赞助
	公关宣传	电视新闻发布、网络新闻发布、报刊专题文章、品牌舆论引导、品牌社会活动
时装展示		时装表演、静态展示、时装演示、艺术展览、品牌博物馆
电商直播		官网直播、电商平台直播
自有媒体		品牌官网、社交媒体平台的官方账号
其他		快闪活动、口碑营销

9.2 广告

说到海澜之家，你或许会想起广告片中那句"海澜之家，男人的衣柜"，其内容简单直白，在消费者心中留下了深刻的印象。如果回顾海澜之家的广告历史，我们不难发现其风格和形式的变化，从最开始的魔性舞蹈，到 2017 年的性冷淡风，再到 2018 年夏季的《布景乾坤》。从品牌对广告的选择可见品牌意图传达的品牌形象及理念的变迁。

服装广告是服装企业为推广自己的品牌和产品，在大众媒体上以付费的方式进行的传播活动。服装广告是扩大品牌知名度、提升品牌美誉度、创造顾客忠诚度的有力武器，在服装品牌的创建与发展中能起到重要作用。由于广告的策略和手段内容十分丰富，且是品牌企业营销资源投入的重要方向，我们将在第十章进行更详细的讨论。本章仅将广告作为一个营销触点作简要介绍。

9.2.1 广告的类型

硬广告

广告一般可以分为硬广告和软广告。硬广告是指直接介绍商品、服务内容的传统形式的广告，一般通过报刊、户外广告牌、电台和电视台等载体进行传播，使消费者能明确意识到广告意图的广告。硬广告大家相对都比较熟悉，我们在报刊杂志、电视广播、网络等媒体上看到和听到的那些宣传产品的纯广告就是硬广告。随着媒体技术的发展，硬广告呈现的形式越来越多，如手机 APP 开屏时自动弹出的广告，夹杂在新闻信息之间的信息流广告。

硬广告是优缺点都十分明显的营销手段。硬广告具有传播速度快、涉及对象广，可反复播放，多媒体，动态性，内容可控等优点。同时也因为其商业味道浓、时效性差、投入成本高、强迫性的说教及传递内容简单等问题而常被诟病。由于硬广告的播放具有一定"强制"性，广告的侵入感常影响消费者的体验。另外，由于品牌之间的竞争格局的形成，硬广告面临着信息饱和的瓶颈，品牌通过广告形成自己独特的主张有一定难度。在此背景下，软广告以其成本低、灵活度高的优势，逐渐受到企业的青睐。

软广告

软广告也称软文广告，是相对于硬性广告提出的，它是一种软性渗透的隐性营销手段。它通过特定的概念诉求，以摆事实、讲道理的方式使受众走进企业设定的"思维圈"内。软广没有特定的形式，大多将广告信息植入在一些煽情的、感人、励志的故事之中，通过驱动人心的文字使用户产生情感共鸣，达到潜移默化的效果。相比硬广告，软广告具有以下特点：

（1）更低成本、更高效率。相较于传统媒体来说，利用移动新媒体作为媒介来进行的软文推广成本更加低廉。由于新媒体自身特性，软文在推送后有可能被不断转发分享和查阅，传播效率得以提高。

（2）更低的侵入感。体验式的、浸入式的评论与解说会让人更愿意倾听。一篇软文是由公司员工、合作撰稿人、甚至明星执笔，用亲切的话语加上朴实的图片构成，反而比华丽的硬广更让人亲近。

商业案例：《智族 GQ》的转型实验

移动互联网时代的到来使媒介生态环境发生巨变，报纸、杂志、电视等传统媒体逐渐式微。在传媒业一片"纸媒已死"的哀叹中，转型已经成为传统媒体生存下去的必然选择。GQ 实验室时尚杂志《智族 GQ》同样处于这场转型的浪潮中。它孵化的时尚类公众号 GQ 实验室在 2018 年生产了 280 多篇阅读量"10 万+"的文章，合作了包括宝马、天猫在内的超过 200 个品牌，头条软文刊例价为 100 万元，单个公众号营收达 2 亿元，成为现象级公众号。

GQ 实验室似乎探索出了一种特别的盈利模式。公众号上大多数内容都来自实验室原创，以轻吐槽加长漫画的形式吸粉。"粉丝"迅速增长带来了品牌方的关注，软文广告开始在 GQ 实验室公众号上出现。但这些软文的强内容性抵消了人们对广告天生的逆反心理。广告融入公众号的原生内容，成为 GQ 实验室内容产出的一部分和公众号的一张名片。传播学者拉斯韦尔将传播的基本过程解析为五要素，即"5W"：谁、说什么、通过什么渠道、对谁说、产生了什么效果。GQ 实验室成功的逻辑在五要素上均有体现。

（一）传播者

孵化于时尚杂志，GQ 实验室带有原生的品牌附加值，许多传统杂志的忠实受众在移动互联网浪潮的带动下自然地转化为公众号的用户。在转型过程中，原杂志"有型有款，智趣不凡"的理念依然保留，为合作品牌增加时尚高端的格调。不少原本就与杂志有过合作的高奢、汽车等品牌在年轻化的道路上也愿意接受 GQ 实验室有趣、欢乐的风格。

（二）传播内容

GQ 实验室善于洞察现代人生活中的热点、痛点，并与品牌方的诉求无缝衔接，往往让人惊叹"这居然是个广告"。2019 年 3 月的一篇阅读量"10 万 +"的文章《如何迅速成为北上广本地人？》，题目直接戳中北上广漂族。文章深挖多个城市的隐藏特点，用条漫的形式来吐槽，让各地读者纷纷中枪，从而引来留言区的"粉丝"自发吐槽，同时文章还巧妙融入"李雪琴喊话吴亦凡"等时新热点，引发读者共鸣。文章最后引出宝马 MINI 的方言广告视频，实现了内容与广告信息的无缝衔接。

（三）传播渠道

GQ 实验室的传播渠道主要是微信朋友圈。除公众号粉丝转发外，好友再转发也是其内容扩大影响力的渠道。基于微信强社交关系的逻辑，朋友圈的内容更易于引起好友关注和再转发，形成二次传播。这种移动互联网时代的新型人际传播成为 GQ 实验室推文高阅读量的主增长点。除了朋友圈外，《智族 GQ》的官方微博和微博资讯博主也会搬运公众号的内容。

（四）传播对象

2019 年 GQ 实验室已拥有约 50 万的粉丝，多为好奇时尚、在意生活品质，有一定的消费能力，期望通过奋斗实现阶层跨越，同时又拥有许多烦恼，是极度矛盾的一代人。不少品牌能够通过与它的合作实现受众的精准触达。路易威登等奢侈品牌看重他们的消费能力，阿迪达斯看重年轻与好奇心，天猫"理想生活上天猫"的口号又与其追求生活品质的特性契合。移动互联网时代，受众转化为用户，话语权增强，不再满足于媒体的单向传播，更期待互动、共动。留言区里常常能看到粉丝的吐槽、调侃，人格化的运作可以拉近与粉丝的距离。GQ 也毫不避讳接广告，会发"刚收了客户的钱，我们反手就把他踢出了群聊"的推文调侃品牌方，还会大大方方地告诉粉丝："一起在推文里找广告吧。"这样的反套路反而激发了粉丝热情，让粉丝开始期待广告。

（五）传播效果

2018 年，GQ 实验室的传播力超过 99.89% 的运营者，累计阅读量达到 4082 万，并获得 42 万点赞数。原创文章达到 245 篇，"10 万 +"文章篇数达到 205 篇。而诸如《那一夜，他伤害了他》的"200 万 +"级软文广告直接给品牌方带来强曝光，精准的人群定位、戳心的内容更是为转化率提供了保障。

来源：邱锦仪. 从传播学视角分析新媒体环境下的软文广告——以"GQ 实验室"为例 [J]. 新闻研究导刊，2019，10（6）：205-206.

9.2.2 广告代言人

随着市场的发展、商业竞争的加剧，企业聘请明星作为品牌形象代言人的例子不断增加。**广告代言人**是由企业聘请或塑造的，利用自身形象、知名度或个性等内外部条件，将企业产品内涵传达给消费者，以促进消费者对品牌形象的认知和赞同的个人或群体。广告代言人分为明星或名人代言、专家代言、消费者代言等。品牌聘请品牌代言人有以下几个作用。

提升品牌形象

明星个人非常强烈的个性与态度，能给人留下深刻的印象。品牌代言人的作用表现为将品牌与产品人格化，以自身的性格、特点、价值观来直接传递品牌形象的信息。品牌与代言人是一种双向的关系，两者之间的合作源于两者的价值共鸣。如果该个性与品牌的价值观契合，当某明星成为品牌代言人之后，他身上特有的个性与态度会传递给品牌，从而提升企业品牌形象。

提高品牌知名度

明星作为公众人物，通过电影、电视、互联网等媒介，频繁地出现在人们视野中，有较高的曝光率。通过明星在日常生活中使用代言产品、品牌与明星在网络上互动、明星粉丝为品牌宣传等方式，可以增加品牌曝光量，提高品牌知名度。

提高品牌认可度

演员在电影、电视剧中的高超演技会受到人们的赞许，如成龙等；歌手演唱高质量的脍炙人口的歌曲，会获得人们的追捧，如韩红等。品牌邀请此类明星作为品牌代言人，能将大众对名人的认可度转移到品牌上，大众对明星的赞美也会转移到产品或者品牌上，提高人们对品牌的认可度。

企业活动的最终目的都是增加企业收入，请明星代言人也不例外。请明星代言人需要耗费大量的资金，短期上看可能有亏损，但是明星代言带来的各种优势能为品牌的长期发展贡献力量，使品牌获得更长久的收益。有些濒临破产的品牌在请了恰当的代言人后，扭亏为盈，实现长久发展。

商业案例：品牌代言人掀起"体育明星"浪潮

在 2022 年北京冬奥会自由式滑雪女子大跳台决赛场上，中国选手谷爱凌以优异的表现完成高难度动作，摘得了她在北京冬季奥运会的个人首金，也为中国队贡献了一枚宝贵的金牌。

在全国观众享受运动和夺冠所带来的激动喜悦之时，此前与谷爱凌展开的一系列商业合作的品牌也欢欣鼓舞地祝贺起自己的代言人所取得的佳绩。自 2018 年谷爱凌出演北面（The North Face）滑雪系列宣传片以来，谷爱凌的商业价值也在不断扩张，跨越运动品牌，成为许多时尚品牌的代言人。

体育明星的商业价值在近几年来已经突破了运动领域，成为时尚、美妆、生活方式等更广泛品类的共同追求。在国内流量明星代言频繁出现公关危机的当下，形象健康、国民好感度高的明星运动员逐渐成为品牌代言人的优质合作人选。在 2022 年为中国队摘得本次冬奥会首金的范可新，也在短道速滑混合团体 2000 米接力赛后，迅速收到了来自合作腕表品牌欧米茄的祝贺。此前，欧米茄已经和马龙、周洋、范可新等中国运动员展开了深度合作，将体育明星代言纳为品牌在中国市场形象建设的重要手段。

体育营销咨询顾问约翰·科勒德（John Collard）曾在采访中坦言："电影明星要通过一部又一部的好电影来建立起口碑和价值，而运动员的成名之路往往是在一场国际赛事可能就能实现，且一场比赛就能触达上亿的观众，在品牌曝光量上得到了有力保障。"另外，对于有资格参与奥运会的运动员，首先已经充分证明了他们过硬的专业能力相比流量明星的价值更"显性"。一些在专业领域有实绩的运动员可以满足品牌对代言人能够彰显品牌专业性形象的需求，其在职业路径上的蓬勃发展也会对品牌的长期发展更有帮助，正如上文所说，品牌邀请此类明星作为品牌代言人，能将大众对名人的认可度转移到品牌上，大众对明星的赞美也会转移到产品或者品牌上，提高人们对品牌的认可度。对于国际品牌来说，和国民认可度高的中国体育明星合作，还是品牌本土化的契机。国家运动员代表着中国形象，再加上他们优秀的业务能力和一定的话题度，可谓是国际品牌开辟中国市场的敲门砖。

9.3 零售终端

所谓**零售环境**，就是终端卖场经空间布局、装饰装潢、陈列展示、色彩照明等设计，最终呈现在顾客眼前的销售空间。一个成功的零售环境，能够与消费者产生共情，进而促进销售。

卖场陈列

卖场陈列是依据视觉营销的原则，将时装、模特、展示架、灯光、海报、标志招牌等系列道具集中摆放在卖场之中，结合时代背景下时尚变化及产品风格定位，借助多种展示技巧将商品有目的、有计划、合乎逻辑的展示给大众，并具有提升商品价值属性功能的一种时装展示方式。卖场陈列以其便捷、直接的展示效果成为时装销售中最基础的一种展示方式，也是时装展示的重要组成部分。通过具有美感的陈列方式来展现商品特征以及设计效果，已成为营造视觉效果以吸引顾客产生购买行为的关键要素。

橱窗展示

最具有代表性的静态展示是橱窗展示，它是服装展示中最常见的形式之一，也是当今世界各国品牌销售终端普遍采用的一种立体的广告形式，19世纪初，欧美一些国家的商店就开始建造用来陈列商品的橱窗，随着技术的发展，各个工业发达国家，都十分重视橱窗设计与布置，并采用先进的技术设备，如装配式展架、组合式展台、插挂式踏板、可调节的射灯等。从本质上看，橱窗展示是商家为了实现营销目标，及时传达商品信息或介绍商品特性，方便消费者选购的一种宣传形式。

首先，橱窗展示是直接通过商品来达到广告效应的，因此能更容易吸引顾客的注意力，消费者通过观察，能主动地判断和选择自己钟情的东西，并且对购买行为更充满自信。其次，橱窗展示是通过诉诸美感的形式来呈现的。通过对商品自身特性的认识、了解，通过组合、配置、构图的形式，并借助背景、展具、装饰物、照明以及适合的广告主题来创造一种和谐统一、真实感人的气氛，给消费者带来完美的视觉感受。

体验营销

近年，随着消费者需求趋于感性化，加之线上零售业对实体店的冲击，传统的实体店铺开始重视零售环境的打造，这使得零售空间不再仅仅是进行商品买卖的场所，为顾客提供体验已成为零售空间设计的重要目标导向，视觉营销也因此在我国服装领域得以发展。但就目前我国服装品牌终端零售环境而言，存在文化内涵缺乏且同质化现象较为严重的问题。零售环境作为与消费者直接接触的媒介，如何吸引消费者从而使消费者愿意为其产品买单，是在进行零售环境设计需要考虑和必须解决的问题。为了解决上述问题，视觉营销绝不能仅停留在环境美化、气氛营造的层面，我们要明确究竟何为体验，以及消费者、环境和服装三者间的关系，并由此来指导零售环境的设计。

1998年，约瑟夫·派恩二世（B. Joseph Pine II）和詹姆斯·吉尔摩（James H. Gilmore）在《哈佛商业评论》上发表文章 Welcome to the Experience Economy，体验经济与消费体验受到业界的广泛关注。随后，他们在《体验经济》一书中提出："体验事实上是当一个人达到情绪、体力、智力甚至是精神的某特定水平时，他意识中所产生的美好感觉。"总的来说，体验就是人们受到外界刺激而产生的情绪反应，而消费体验的目的则是使消费者的购买行为出于情绪使然。在终端卖场中，消费者作为体验的主体，与环境的情感互动是其产生情绪体验的关键，有效的互动应能够促使消费者将情感寄托于产品，从而使其成为品牌的顾客或潜在顾客。因此，在打造零售空间时，要从消费者与产品的关系分析入手，从中找到环境设计的有效切入点。

人类大脑的功能之一，便是对"现实自我"与"社会自我"的内省和反思，以及对"理想自我"的梦想、幻想与规划。而人对于自我的认知往往来自于对生活现状的评价、某种生活方式的向往和人生价值的追求。从生活方式来看，不同生活方式对应着不同的场景和着装形象，而场景更利于人们想象与记忆。因此，基于生活方式的场景化视觉营销更容易引起消费者的共鸣，使其如身临其境般沉浸其中并联想到自身，从而看到"理想自我"，产生使梦想成为现实的欲望，最终做出购买决策——购买或是成为品牌的追崇者。这种购买行为不同于冲动购买，而是消费者在与环境和服装产生深度情感互动后，出于自我实现的目的而做出的理性选择。

生活方式体验的理念，早在十几年前的欧洲就已经有了。典型的案例就是阿玛尼（Armani）生活方式终端体验店铺，阿玛尼一直致力于向顾客灌输品牌所推崇的生活方式，其店铺装修的每个细节无不体现了品牌的美学理念，创造出优雅、精致、奢华的生活风格。除单纯的服装展示外，旗舰店内还开设了餐厅、咖啡屋、书店、花艺店、艺术展厅等，以求通过全方位的生活方式体验，激起消费者对这种生活方式的向往，进而从其内心深处将品牌推广给消费者。阿玛尼的这种体验营销策略的目的是使产品成为顶级生活方式的象征，从而使消费者对其产生向往甚至迷恋，这是奢侈品惯用的营销手段。

此外，"怀旧"主题也常常被应用于零售环境的设计，因为它更容易触发消费者的情感体验。怀旧描述的是一种喜忧参半的情感，人们对于过去既感伤又渴望；一般来说，时代越久远的物品，越易唤起他们的记忆。怀旧的设计能将消费者的思绪拉回到旧日的时光，产生较强烈的情绪反应。但仍需要注意的是，体验的目的是卖产品而不是单纯的卖感觉，因此，产品的设计要与环境相吻合，才能最大可能的刺激购买行为的发生。

商业案例：基于情绪体验的零售环境打造

日本著名服装店铺 GR8 将其门店打造成传统的日式花园庭院，池塘、松树以及随处可见的岩石装置使其和风气质十足，店铺入口处使用木制框架的设计。整体营造的氛围给人一种放松、宁静之感，让人不由自主的想在此品茶小憩。实践证明，GR8 店铺特别打造的日式庭院入口明显比其他店铺更能吸引消费者。

北京华贸 EP 雅莹之家店铺橱窗被丹宁布料装饰得别具现代感，牛仔整合生活的经历，陈列区的小道具充满了童趣，带有贴布的皮箱、收音机、电视机，就像坐上一台时光机回到了童年，怀旧的情绪油然而生。当消费者身处这样的终端店铺环境中，产生出的对童年美好回忆的情感和联系，都会在体验感受过程中自然地转化为与品牌之间良好关系的建立和维护，这是传统营销策略和手段一味单方面输出信息所不能达到的效果。

9.4 电商直播

2016 年 3 月，淘宝购物平台开设直播购物模块，标志着"网络直播＋电商购物"模式的兴起。随后京东、蘑菇街等纷纷开设直播购物，网络直播购物飞速发展。直播作为传播信息的一种方式，有着更强的即时性、真实性与互动性的优势。2016 年，"直播＋"模式以迅雷不及掩耳之势覆盖了互联网市场，除了专业的直播平台外，游戏平台、娱乐平台和电商平台都与直播相结合，形成了游戏直播、娱乐直播、电商直播等分类。本节主要介绍电商直播。

直播为传统电商提供了一种全新的商品"社交"营销模式。主播通过直播的方式向观众介绍产品，将具有相同购买目标的消费者聚集在同一直播间中。观看者可以及时地向主播提问与互动，若想要购买主播推荐的产品，则可直接点击直播间显示的链接完成购买。这种"直播＋电商"的互动购物模式相对传统电商而言，可以进一步提升消费者的黏性和销售转化率。

传统的电商购物因其无地域时间的限制、方便快捷、价格实惠等优势促进了网上零售市场的发展与壮大，但其存在着消费者看不见摸不着商品的固有缺点。在传统的电商购物环境中，能用于评估商品或服务的有形属性很少，消费者无法通过触觉与嗅觉体验商品，无法感受商品的材质，缺乏对商品的感官线索，而直播这一媒介的加入弥补了传统电商购物环境的缺点。直播媒介与电商平台结合后，明显区别于传统电商特性的且对消费者购买行为起主要影响作用的有可视性、真实性、互动性和娱乐性四点。

可视性

可视性是指直播媒介所带来的视觉上的直观性，即通过直播的方式，主播能够更直观地向消费者展示商品，特别是强调视觉效果的产品，如化妆品、服装等。在电商直播的环境下，直播带货可以利用文本、图像、声音等多种传播符号向消费者传递信息，与传统的静态的电商购物环境相比，它能更好地让消费者沉浸在特定的场景或氛围中。另外，通过屏幕以及主播的讲解，消费者能更加全方位地了解商品，从而激发消费者的购买意愿，做出消费行为。

真实性

消费者在网购时，往往会依赖存在的线索判断和衡量产品信息的真实程度，直播带货的形式在一定程度上能够弥补传统电商存在的真实性问题。因为直播过程中对商品展示的画面是即时的、现场的、完整的、不经过编辑的，消费者还可以通过与主播的交流，让其近距离地展示商品细节或描述商品材质。电商直播购物的真实性具有很强的现场带入感，让消费者可以获得直接的参与体验，从而刺激他们的消费欲望。

互动性

电商直播的互动性体现在，消费者可以利用直播间中的文本聊天室（发送弹幕）、投送礼物等功能，与主播或与同一直播间内的其他消费者进行交流，这种交流是不受时间和距离约束的双向实时信息交流。电商直播的互动性优势突破了传统电商购物的物理空间限制，打造了共同在场的效果。消费者在直播间内不仅可以实时看到主播展示的商品，让主播展示讲解商品的各个细节，还可以发送消息与主播进行交流，询问有关商品的问题。电商直播中的互动性能有效提高消费者的积极性和参与性，使其更加全面地了解商品信息。

娱乐性

直播从本质上来讲是一种音频和视频媒体，因此，直播天生具有娱乐性。与传统电商不同，电商直播情境下购物的娱乐性来自于直播的内容、消费者在直播时的参与过程以及消费者购物过程中的体验感知，如主播的才艺展示或幽默语气、主播采取的娱乐性活动（定时抽奖、红包派送等）、弹幕的趣味信息、直播间的窗口动画等，从而调动消费者的愉悦情绪，增强与主播的情感联系。

电商直播的娱乐性与其互动性息息相关，主播通过反复的互动与娱乐，能使直播的热度保持不变，增强消费者购买欲望，同时促使消费者观看下一次直播。直播这一媒介的加入，给消费者带来了真实可视的消费体验，现场即时的直播过程让消费者更能全面多方位地了解商品，直播自带的互动性与娱乐性更是加强了这一消费体验，与主播以及同一直播间中其他消费者的交流互动，能有效增强消费者的购买欲望，提升消费者黏性，促使他们做出购买行为。

网络直播的互动性、真实性、娱乐性以及可视性对消费者的唤醒、愉悦情绪和感知信任产生了不同程度的刺激作用，并对消费者冲动性购买行为和目的性购买行为产生一定的积极影响。直播购物过程中，主播与受众之间的交流互动可以贯穿始终，受众群体之间也可以通过弹幕等形式进行交流，形成了一种以主播为主体的开放型虚拟社区。与传统电商购物模式中顾客主动发起咨询的交流方式相比，网络直播下的互动更直观、即时、有针对性，从传统的被动服务转变为主动引导。同时，卖家通过直播展示商品，交流商品信息，让消费者能够更好地感知商品，增强了消费者的临场感。这些都能对购买行为产生积极影响。

> **行业动态：电商直播发展态势**
>
> 根据艾媒咨询发布的《2020—2021年中国直播电商行业运行大数据分析及趋势研究报告》，2019年"双十一"全天淘宝直播带动成交近200亿元。2020年以来，电商直播除了头部主播外，吸引了名人明星、企业家甚至政府官员加入其中。锤子科技创始人罗永浩直播首秀3小时带货突破1.1亿元销售额；格力电器董事长兼总裁董明珠、百度董事长兼总裁李彦宏、华为全球产品总裁何刚、苏宁易购集团零售总裁侯恩龙、网易严选CEO梁钧等600余位总裁纷纷亮相电商直播间并获得十分可观的营收。艾媒咨询发布的《2019—2020年中国在线直播行业研究报告》显示，2019年中国电商直播行业的总规模达到4338亿元，同比增长226%。
>
> 与此同时，直播购物也成为互联网上热搜榜的高频词，网络频繁出现围绕直播购物的相关言论，舆论主要集中在消费者对直播间购物的体验描述，包括对直播间的感受、在购买过程中的情绪感受、对主播的信任依赖、关于购买商品的介绍等方面。尤其在2020年受新冠肺炎疫情的影响，全球经济萎靡，消费者线下消费需求受到抑制，线上直播购物的方式更加促进了直播电商模式的迅猛发展，我国后疫情时代首个"双十一"开售半小时成交额已超3700亿元，累计成交额达到4982亿元，对拉动我国消费回升的意义可见一斑。
>
> 来源：麦瓴. 电商直播特性下消费者情绪反应对消费者购买行为的影响研究[D]. 上海：上海外国语大学，2021.

9.5 公共关系

公共关系（public relations）是指某一组织为改善与社会公众的关系，促进公众对组织的认识、理解及支持，达到树立良好组织形象、促进商品销售等目的而策划的一系列公共活动。它本意是社会组织、集体或个人必须与其周围的各种内部、外部公众建立良好的关系。它是一种状态，任何一个企业或个人都处于某种公共关系状态之中。它又是一种活动，当一个工商企业或个人有意识地、自觉地采取措施去改善和维持自己的公共关系状态时，就是在从事公共关系活动。

公关的特点就是在品牌和受众之间建立并且保持一种双向沟通的关系，共同的接受与合作，不仅可以让消费者更多地了解企业品牌，也能让品牌及时掌握消费者对于品牌的态度和反馈，甚至是面对品牌的负面影响和危机事件也能从与受众的沟通中第一时间得到解决。

> **行业动态：可持续时尚成为纺织服装行业重要发展方向**
>
> 2021年10月，在以"未来见（建）设者"为主题的2022春夏上海时装周中，兼具时尚、环保、舒适的可持续时尚（sustainable fashion）理念，成为纺织服装行业聚焦的重要发展方向。可持续时尚是近年来纺织服装行业的新概念，意味着将绿色环保与减碳理念贯穿于纺织服装制造生产的整个过程中，对行业当下及未来的发展都有重要意义。不难发现，越来越多的品牌都走上了可持续发展的道路，他们深挖可持续发展机遇，努力向消费者塑造积极承担社会责任的品牌形象。这是因为如今消费者对于品牌的关注逐渐从产品功效、品牌形象层面向关注一个企业、一个品牌的社会责任感过渡。
>
> 当公众意识到，时尚是对地球造成环境破坏的第二大污染源时，大家自然而然的把这个罪名扣在了品牌的身上。诚然，品牌在生产方面的污染浪费以及无节制的刺激消费等行为的确应该受到谴责，比如快时尚消费。对"快"与"时尚"兼得的渴望，指向了消费与浪费的无限循环：消费者疯狂追求低价的时尚，而只穿一季就过时或者损坏的衣服，在季末便成为废物，被随手弃置。零售商打着"快"的旗号，绞尽脑汁地缩短从设计到交货的时间，以求在快速更替的市场中占据一己之地。自上而下对"快"的追求最终传递到流水线上，流水线工人不得不夜以继日地高压工作。同时，激烈的行业竞争则将成本压力转移给了底层的供应商：快时尚产业的供应商大部分位于法律不健全的发展中国家，为了实现低成本、低报价，有些供应商钻取法律的空白和执法的疏漏，侵占工人权益，降低治污标准，甚至违规搭建厂房。从产品概念本身，到供应链管理，快时尚行业都饱受诟病。这一系列行为是由于企业缺乏社会责任的集中体现，随着消费者的观念升级，越来越少的消费者愿意为不负责任的企业买单。
>
> 好在近年来，越来越多的品牌和机构开始直面时尚和环境恶化之间的复杂关系，而且随着新冠肺炎疫情的全球性爆发，疫情大大缩短了行业对于"可持续时尚"概念的观望期，这个不算新的概念在2020年正式成为了时尚界最重视的游戏规则之一。几乎所有品牌都意识到了可持续时尚的重要性，它既是对企业长远发展有利的举措，还能同时赢得消费者的好感。显然，这种对可持续理念的追求，能够为品牌与消费者建立更好的联系，无疑是一种成功的公关形式。公关的核心就在于，用最合适的方式，达成最好的对外沟通效果，持续为品牌塑造良好的形象，积累品牌资产。无公关不品牌，对于品牌来说，公关不是万能的，但是没有公关是万万不能的。在营销带来KPI（关键绩效指标）的同时，公关也作为品牌的防线，润物细无声地发挥着作用。

9.6 自有媒体

对于品牌来说，应懂得如何向消费者传递信息、如何介绍自己、如何传递品牌的价值和理念，单单依靠外部平台和广告是行不通的，因此越来越多的品牌开始思考如何用丰富、饱满的表达去吸引相同喜好的消费者，自有媒体因此应运而生。

自有媒体（owned media）是相对于付费媒体（paid media）而言的，是企业自己拥有的媒体渠道，如官网、社交媒体账号等。在中国，微博是重要的自有媒体平台。不同于传统报纸杂志、电视广播的单向信息输出模式，微博平台上的品牌自有媒体有利于企业与消费者进行直接互动，及时获得消费者的反馈。作为品牌可以直接和消费者进行深度沟通的渠道，自有媒体有一定的可控性，它是以内容为传播主体，多维度输出的宣传平台。在一个选择极其多样的时代，消费者不仅关注性价比，也同时在乎文化和价值观的认同，品牌可以通过自有媒体进行内容沉淀，向外界传递品牌的价值理念、社会责任等，很多品牌甚至会聘请专业的团队来管理社交媒体等自媒体账号。

延伸阅读：不断被品牌青睐的自有媒体

在国外，品牌将播客作为投放的固定选项。香奈儿、古驰、娇兰（Guerlain）、雨果博斯（Hugo Boss）等都拥有自己的品牌播客，以分享产品发布背后的灵感。捷豹路虎的播客"The Discovery Adventures"还曾获得英国最佳原创播客和最佳品牌播客两项大奖。在国内，2020年下半年叠加上新消费的浪潮，国内品牌也开始密集合作播客。2021年3月，潮玩品牌泡泡玛特入驻荔枝播客，打造了一档品牌专属节目 POP PARK。在第一期节目中，POP PARK 主持人与 iToyz 潮玩空间主理人李国庆围绕潮流文化的发展以及潮玩与艺术的关系展开讨论。运动鞋品牌花椒星球的创始人庞晓敏开设了个人播客《花椒不设防》，向用户讲述自己的创业心得以及对于时尚行业发展的分析与洞察，以期提高用户的黏性，拉近品牌与消费者的距离。

播客对于品牌的作用更多是在长时间的沉浸中打动用户并建立长久的联结，潜移默化地完成对品牌形象的塑造。通过新的内容占据新渠道，去传播一些品牌想传播的东西。声动活泼传媒联合创始人徐涛也表示："一些品牌在投放播客时，不以走量带货为目标，而更注重品牌和听众的契合度，以及品牌形象的塑造。"香奈儿早在 2017 年就推出了播客节目《3.55》，从讲述品牌创始人的故事，到探讨当下人们关心的文化艺术话题，以更真实亲近的方式与听众产生共鸣。2021 年年初，美国户外品牌巴塔哥尼亚（Patagonia）上线了品牌的中国官方播客《巴塔电台》。这家素来非常重视品牌文化建设的品牌，尤其关注可持续发展的企业，希望通过播客让更多听众了解品牌的文化与产品，也更多了解和参与户外运动与环保。三顿半等新消费品牌也先后推出品牌播客，围绕品牌相关的话题进行延展，在用户心中构建起对品牌更深入的感知。

9.7 时装展示

时装展示通过借助视觉媒介将时装直接展示在大众面前，它借助视觉语言来同消费者进行沟通，使消费者了解时装信息、品牌价值以及服务理念，能够提高大众对品牌的关注度，达到树立品牌形象及商品销售的目的。时装展示的主要手段有时装表演（fashion shows）、静态展示（showroom）、时装演示（presentation）、艺术展览和品牌博物馆等。

时装表演

谈到**时装表演（fashion shows）**，人们脑海中情不自禁的就会想起模特们伴随着音乐在 T 台上走猫步的画面。进入 21 世纪以来，时装走秀由最初简单的走秀表演变成一个集舞台、服装、表演、传播为一体的新媒体展示空间。在审美艺术、文化艺术、舞台艺术和视觉传达艺术综合运用的多媒体空间内，由模特进行展演时装，这种形式多样的动态展示，以其独有的感召力深受消费者们青睐。时装表演也是时装周的重要组成部分。时装表演还可以通过运用虚拟技术、互动艺术以及数字装置艺术等新媒体制造视觉冲击力，将人们置身于多媒体环境中，带动听觉、视觉、触觉等多感官体验。

时装表演是时尚潮流的风向标，是趋势预测的参照物、时尚媒体素材库，近年来，以其独特的时装展示方式颇受时尚界关注。另外时装表演是时装周（fashion week）的重要组成部分，时装周是以服装设计师以及时尚品牌最新产品发布会为核心的动态展示活动,是聚合时尚文化产业的展示会。全球发展最为久远且最受关注的时装周是国际四大时装周,分别为纽约时装周、米兰时装周、巴黎时装周以及伦敦时装周,四大时装周又分为男装周和女装周。此外,比较出名的还有巴黎高定时装周。在时装周期间,除了传统的"时装表演"之外,还有商业性极强的"静态展示(showroom)"以及艺术与商业兼具的更新形式的"时装演示(presentation)"等,时尚买手、时尚博主、时尚达人、时尚媒体等时尚工作从事者或时尚爱好者也都聚集在此。国际四大时装周的秀场也因此成为品牌发布新品和展示形象的重要渠道。因此,有许多国内品牌利用时装周的秀场和专业媒体报道的机会来打造品牌的形象,或作为向海外市场渗透的手段。

品牌艺术展览与品牌博物馆

品牌艺术展览是一种不同于传统展览会的艺术展出形式,它既是艺术品爱好者获取信息,通讯和娱乐的综合体现,也是在与艺术品面对面沟通中充分挖掘观看者五官感觉的营销媒介。作为一个综合性的艺术活动,品牌艺术展览具有一定的新闻价值和艺术价值,可引起一定的积极反响。通过举办艺术展览活动,品牌可以制造良性话题,对品牌建设起到积极的辅助作用,在展示的过程中,也提升了品牌形象,起到宣传的目的。

品牌艺术展览在奢侈品中运用得尤为明显。圣罗兰(YSL)在大都会艺术博物馆举行了史上的第一场作品回顾展,奢侈品品牌举办艺术展览的风潮自此掀起。2000年,阿玛尼曾在自己资助的纽约古根海姆博物馆举办25年作品回顾展。2008年的金融危机后,越来越多的奢侈品巨头开始频繁举办艺术展。菲拉格慕(Salvatore Ferragamo)在2010年世博会期间,在园区的意大利馆内向游客展示制鞋工艺。古驰曾在佛罗伦萨开设博物馆来庆祝品牌成立九十周年。香奈儿分别在上海、北京、广州、巴黎和东京举办"文化香奈儿"展览,旨在呈现香奈儿品牌设计理念和历史文化。时至今日,奢侈品牌举办艺术展览的热情只增不减。这样的形式也逐渐受到年轻人的喜爱,纷纷前往展览拍照打卡。2021年下半年,迪奥的《迪奥与艺术》展览登陆深圳和上海,普拉达在上海荣宅呈现艺术展"牛皮纸包裹的月亮",香奈儿则参与发起了"影像策展人奖"。2021年12月24日起,法国高级珠宝品牌梵克雅宝(Van Cleef & Arpels)在深圳发起了一场"动静有形，艺述百年"高级珠宝艺术展，向公众展示其甄选的经典典藏及文献。

张婷婷在《奢侈品如何联姻当代艺术》一文中提出，奢侈品品牌设计生产艺术衍生品和赞助艺术活动都是为了塑造品牌形象。奢侈品品牌艺术展览不仅仅是一种艺术行为，更是一种商业行为。从市场策略的角度来看，充满文化意味的活动比单纯的商业推广和宣传更能有效提升品牌形象，其展览的本身不仅代表了一个品牌，还代表了一种生活理念、价值观和审美观，它能有效的帮助品牌提升知名度、认知度、美誉度和忠诚度，激发品牌联想从而构建品牌形象。

9.8 口碑营销

随着新媒体的出现，社交平台以及传播渠道等实现了重组，如微博、公众号等熟知的社交平台都成为口碑传播的重要渠道。网络口碑可以打破地理和国家的界限，在全球范围内影响消费者的消费方向和购买行为，网络口碑的营销作用不言而喻。所谓**口碑营销**（word of mouth marketing），是企业努力使购买并使用过其产品或服务的消费者将对品牌的好感传递给其他消费者，从而达到品牌宣传的目的，并对其他消费者购买决定进行干预的营销手段。口碑营销是企业商家热衷的营销方式之一，其信息沟通的便捷性和有效性，解决了很多传统营销不能解决的问题。传统广告以及销售人员的推销有时很难被消费者接受，甚至还会引起反感，因为这种浅层面的传播有时和消费者的心理预期发生矛盾。而口碑营销将商品信息的单向传播过程转变为消费者和商家互相交换信息的模式，增加了消费者反馈渠道，打破了信息壁垒，而且针对不同的消费者反馈，商家可以更便捷的对此进行回应以及改善自身。

淘宝、京东、亚马逊等网购平台向用户提供产品销量排名、人气排名、用户评论等信息。作为消费者，商品销量和其他网民评价信息是重要观察要素，他们认为跟从其他人的选择或许是高效、理性的做法，所以，某个商家很有可能会因为其拥有更好的网络销量和口碑评价而在竞争对手中脱颖而出。

口碑的信息级联效应

如果某个商家因为拥有更好的网络销量和口碑评价，商品就会卖得较快，直到领先第二名的差距超过一定数值，那么之后所有买家都只会对该商家销售的商品感兴趣，造成赢者通吃的局面，这种现象称为信息级联效应。**信息级联**（**information cascade**）又称信息瀑布，是指在一系列连续事件中前面一种事件能激发后面一种事件的反应。因为人们在做决策时往往观察或参考其他人的行为，当可以观测到其他人的行为并且各种决策有先有后时，信息级联就会产生。

假如你来到一个陌生的小镇，肚子饿了，眼前有两家餐馆，一家门庭若市，一家冷冷清清，你会选择哪一家呢？在时尚创新一章中，我们介绍了遵从（conformity）机制，遵从是信息级联的产生的微观原因。大部分人选择某种事物时，常常会不自觉地跟随大部分人的选择。当一条新信息被引入人际网络时，一些人（易感的活跃者）成为早期接纳者，随着接纳者越来越多，扩散的可能性就越来越大。当接纳的人数超越某个临界点时，全局（广泛）信息级联就被引发了。

延伸阅读：情绪对口碑传播的作用

口碑营销的好处显而易见，社交传播既频繁又重要，但为什么某些内容比其他内容更具有传播力？比如一些客户服务经验在博客圈中传播开来，而另一些则从未被分享过。一些报纸文章在其网站的"最受欢迎邮件列表"上占有一席之地，而另一些文章则被冷落。公司经常创建在线广告活动或鼓励消费者生成内容，希望人们将这些内容与他人分享，但这些努力有些成功，有些失败。病毒式传播是随机的吗，还是某些特征可以预测内容是否会被高度分享？

法国社会心理学家古斯塔夫·勒庞（Gustave Le Bon）在《乌合之众》一书中提到："每种感情和行动都具有传染性。群体事件中人们有意识的人格已经消失，情绪和观念的感染、暗示的影响会使集群心理朝某一方向发展，并使暗示的观点立即转变成行动的倾向。"表明，情绪可以像病毒一样，大规模传染蔓延。

在现实生活中，有人对你微笑，你也会对其微笑。在互联网上，这个情绪传染效应会成倍地放大。加利福尼亚大学圣迭戈分校的詹姆斯·福勒（James Fowler）的团队分析了大量脸书用户的更新，发现用户会不自觉地在自己写下的评论中传播积极和消极的情绪。福勒表示，网络世界使大规模情绪感染成为可能，将来还会发生更多全球情绪同步的情况。

> 2012年，脸书联合康奈尔大学、加利福尼亚大学开展"社交网络大规模情绪传染"研究，针对以英语为母语的脸书用户，在他们不知情的情况下进行测试，研究能否通过某种方式刺激用户发出积极或消极信息，从而达到侧面操控用户情绪的作用。方法是通过算法调整和改变用户的 News Feed（新闻供给，脸书向用户动态提供的好友信息的功能），过滤用户分享的内容，有选择性地让用户看到某些内容，对部分人减少正面信息呈现量，对部分人减少负面信息呈现量。研究发现正面信息呈现量越少，用户发布的正面信息就越少；负面信息呈现量越多，用户发布的负面信息就越多。而且，快乐和悲伤会在人际传播中蔓延，也能在社交媒体中更持久地传播。脸书的实验证明，情绪可以在互联网上蔓延，互联网对情绪的共鸣有推波助澜的效果。

病毒式营销（viral marketing）是营销人基于信息级联效应提出的营销概念。需要注意的是，类似于病毒式的传播效果并不一定易于实现。社交媒体出现之初，信息传递成本大大降低，于是出现了病毒式营销和粉丝疯狂买卖。广告商最初兴奋于广告传达人群的迅速增加，但是不久就发现铺天盖地的信息轰炸，不仅没有带来更多忠实客户，反而浪费了巨额广告费。一夜之间骤增的粉丝数量，除了满足虚荣心，并不一定能带来更好的实际效果，因为粉丝大多数无法与之形成有效交流，无法保持忠诚度。病毒式营销的最大克星是用户免疫。像流行性疾病一样，过度的病毒传播会使受众产生免疫力，从而终结病毒流行。

斯坦福大学计算机科学系的副教授朱·莱斯科夫（Jure Leskovec）曾做了一个社交媒体产品推荐实验。结果发现，一般情况下，病毒式营销推广并不能有效推动用户的实际购买行为，病毒式传播的范围和实际影响有限，病毒式营销过度反而会造成负面效果。用户确实不需要的产品，即使是社交网络的强关系人推荐，往往也达不到预期效果。相对于其他产品，宗教类、科技类产品则更适合使用病毒式营销。

> **延伸阅读：小红书**
>
> 小红书 APP 的原型为一个用户论坛社区，通过对原本论坛的升级更新后创造了现在的平台，前期的运营成果使其获得了数百万用户基础，通过一系列战略升级后正式

成为了一个跨境电子商务平台。小红书APP本身的社区基因是它与其他电商平台最大的区别，并且拥有独特且明显的特色，这也是它可以作为一个口碑营销平台并获得成功的原因。小红书APP利用自身的优势，将线上和线下各式各类购物时的心得体验分享到小红书社区进行完美融合。线上购物时的信息不明确不对称，线下购物无法留出时间去到线下门店进行甄别选购，这些问题在这个分享平台通过用户之间信息相互交流就都可以被解决。并且，小红书APP上不仅仅只能针对狭义上的物品信息进行分享推荐，还有许多的用户分享美味独特的餐厅、旅游攻略或是生活小技巧等等日常生活中细小的方方面面。消费者购物结束后，将自己的购物经历以及体验具体记录下来并发布在小红书APP上，即为"笔记"，是用户根据购物体验产生的含有个人主观喜恶的评价信息，从心理上也能使阅读者接受推荐的可能性增大，通过口碑传播，帮助用户购买到称心如意的产品和服务，寻找到用户尚未尝试过的新体验。可以明显看出，小红书APP正是利用社交网络进行口碑营销的典型例子。

小红书购物社区在2014年引入电商内容后，搭建了社区和购物的桥梁。由于小红书购物社区有着一开始UGC用户分享内容的基础，众多用户都养成了在社区中对相关内容浏览、传播或创作的习惯。因而在引入电子商务板块后，社区分享内容很自然地就与购物内容进行结合，另辟蹊径开创了一种兼具社交与电子商务优势的购物模式。用户被社区中的口碑传播影响产生购物需求时，可以直接通过社区接口前往商城购物，而购物后又可以通过社区的评价接口方便快捷地对购买商品进行评价和使用分享。同时，随着PGC内容和产品官方的进驻，社区用户可以第一时间对使用经验进行反馈，实现了口碑接收—购物—口碑分享的闭环。

本章小结

为完成与消费者沟通的任务，营销人需利用一切可以和消费者发生接触的触点形成有效的一致的消费者沟通。营销人的任务是影响消费者，他们可以使用的武器包括广告、产品、产品陈列、口碑等间接渠道。

推广是营销组合4P因素之一，是指营销者通过各种媒介与手段，传递产品及其品牌的信息。服装广告是服装企业为宣传自己的服装品牌、产品、营销方等进行的一系列的活动。广告代言人分为明星或名人代言、专家代言、消费者代言等。

服装广告是扩大品牌知名度、提升品牌美誉度、创造顾客忠诚度的有力武器，在服装品牌的创建与发展中能起到重要作用。广告一般可以分为硬广告和软广告。硬广告具有传播速度快，涉及对象广，可反复播放，内容可控等优点。软广告具有低成本、高二次传播以及低的侵入感等优点。

公共关系是指某一组织为改善与社会公众的关系，促进公众对组织的认识、理解及支持，达到树立良好组织形象、促进商品销售等目的而策划的一系列公共活动。本意是社会组织、集体或个人必须与其周围的各种内部、外部公众建立良好的关系。它是一种状态，任何一个企业或个人都处于某种公共关系状态之中。

重点概念

1. 服装广告——是服装企业为推广自己的品牌和产品，在大众媒体上以付费的方式进行的传播活动。

2. 广告代言人——由企业聘请或塑造的，利用自身形象、知名度或个性等内外部条件，将企业产品内涵传达给消费者，以促进消费者对品牌形象的认知和赞同的个人或群体。

3. 零售环境——终端卖场经空间布局、装饰装潢、陈列展示、色彩照明等设计，最终呈现在顾客眼前的销售空间。

4. 公共关系——指某一组织为改善与社会公众的关系，促进公众对组织的认识、理解及支持，达到树立良好组织形象、促进商品销售等目的而策划的一系列公共活动。

5. 口碑营销——企业努力使购买并使用过其产品或服务的消费者将对品牌的好感传递给其他消费者，从而达到品牌宣传的目的，并对其他消费者购买决定进行干预。

讨论与思考

1. 选择一个品牌的广告，分析这个广告是属于硬广告还是软广告。

2. 选择一个品牌的电商旗舰店，考察该店铺是否对消费者留言和评论进行了回应，分析这些回应可能产生的影响。

3. 在新浪微博上搜索一个你感兴趣的品牌，选择一个时间段，观察这个时间段内和这个品牌有关的信息是否与营销有关？这段时间里是否有负面信息，想一想该品牌可采取什么措施？

作业与练习

你是市场营销公司的负责人，现在有一个新进入市场的轻奢珠宝品牌找到你，想让你为其打开市场知名度并提高销量。你需要为其制定一个为期一个季度的营销方案。请列出营销目标、营销沟通渠道，并解释每个渠道是如何帮助品牌达到营销目标的。除了营销渠道外，还有哪些因素会影响你的营销效果？（提示：比如，购买的季节性，购买高峰可能会出现在情人节附近，那你会否考虑在特殊节日前后进行营销活动？）

第十章　广告与媒体

广告是营销者可以通过一定成本稳定获得的一种与消费者沟通的渠道。一个成功的广告离不开好的广告创意。服装品牌的调性千差万别，广告沟通的目标也可能因时而异，在什么情况下营销者应通过什么方式来说服消费者？这涉及广告创意中的诉求。此外，成功的广告也应与恰当的媒体进行配合才能更有效地将信息传达给目标消费人群，这涉及广告排期和媒体选择。本章将针对以上问题展开讨论。

10.1 广告的作用

由彼（Ubras）是国内一家新锐内衣品牌，创立于 2016 年。Ubras 在广告片中首先提出一个问题是"炎热的夏天需要什么？需要凉，贴身的凉、呼吸的凉……"片中仅凭一片来自小凉风内衣的巨幅原料，呈现出海浪的巨大映象，品牌代言人在亲肤的布料上自由自在地荡秋千，一份夏天的轻盈、透气、凉爽跃然而出。通过《夏日小凉风》这个广告的演绎，Ubras 意图引发女性对于凉爽和舒适的向往，从而触发其对舒适的无钢圈内衣的需求。

为了宣布全新的品牌形象，添柏岚（Timberland）在 2013 年发起了面向全球大范围的营销战役，以"Best Then, Better Now"为主题，宣布了 Timberland 由户外鞋类品牌全面向户外休闲生活方式的转型。Timberland 广告牌不会再是无畏风雪，户外野营的场景，而更多是以都市生活为场景，强调日常休闲装扮，并融入时尚潮流的元素。不管是他们发布的电视广告，还是各种户外广告牌都向消费者传播了新的品牌形象。

广告是产品和品牌推广的重要工具。广告的作用得到了许多研究的证实，它的作用至少包括以下几个方面：

触发需求

在一些实际生活场景中，消费者有时对消费的需求是模糊的，并不清楚自己真正想要的是什么，而广告的作用之一就是激发与唤醒消费者内在的购买需求，使得他们清楚地意识到自己想要的是什么、需要什么，进而促使消费者发生购买行为。这在前面所讲述的消费者决策模型中有所涉及，模型中的第一步就是触发消费者的需求，广告则可以作为一种外部营销刺激，激发消费者的潜在需求。

建立或强化品牌联想

作为消费者，每当看到或听到某些特定品牌时，脑海中会本能地出现一些对该品牌的印象，包括态度、评价、定位等品牌联想。品牌联想的产生和形成是多方位的，除了来自自身的消费体验、亲朋好友的口口相传，还来自该品牌的营销推广活动，如广告宣传。广告会向消费者传达品牌的信息，这些消息会在不经意间累计并转化为消费者心中的品牌形象，进而直接影响消费者对该品牌产品的购买决策。

提高购买意愿

以影视剧植入广告为例，影视剧植入广告是服装企业常用的营销沟通手段之一。在影视剧中，个性不同的演员穿着的服装品牌也不同。当剧中的角色与服装品牌的特性相得益彰时，即使没有言语和动作，依然可以从人物角色本身的外露形态和内在情感状态感受到品牌特征。这让消费者在记住明星和影视剧画面的同时，也记住了他们穿戴的服装品牌。恰当的服装品牌植入广告不但能为影视剧加分，也能提升消费者对服装品牌的喜爱度，提高消费者购买意愿。例如，电影《杜拉拉升职记》中女一号在 90 分钟时长的电影里穿换的服装超过 50 套，其中有明显 Lotto 字样的 T 恤带火了乐途（Lotto）这个来自意大利的运动品牌。

降低价格敏感度

有一些广告能使消费者意识到有可能获得折扣或节省金钱，这种与价格相关的广告常常与消费者对价格的敏感度联系在一起。但大部分服装品牌的广告都是通过提高消费者对品牌质量的认知使品牌升值，使消费者愿意为品牌支付更多。这种现象在奢侈品广告中体现得尤为明显。奢侈品牌常常会通过极具故事性和煽动性的广告将其文化意识传递给消费者，将品牌的价值延伸，让消费者进一步意识到需要为这样的品牌价值买单。

引发口碑

成功的广告往往会引发大量的话题内容和口碑，甚至会引发一些对社会问题的讨论。口碑是广告重要的次生效应，凯勒（Keller）和费伊（Faye）发现32%的网络口碑和21%的线下口碑均与付费广告有关，而这些口碑相比于其他口碑包含了更多消费者的推荐。关于口碑营销的具体内容，我们在第九章中已有所讨论。

10.2 什么是有效的服装广告？

随着时代变化，消费者对服装个性化的要求越来越高。通过服装广告，品牌希望向消费者传达的不仅是服装的功能，还有它的审美、个性、身份理念等价值。所以何为有效的服装广告应与沟通的目标有关。

根据广告的目标，我们通常将广告分为两类。一类是**品牌广告（brand building advertising）**，另一类是**效果广告（performance advertising）**。品牌广告以树立品牌形象、提高品牌在消费者心智中的突出性和差异性为直接目的。它希望让顾客建立相关的品牌联想，比如这个产品是做什么的，有什么属性，能为自己提供什么样的利益。比如我们要买商务女装，脑海中首先就会浮现丽丽（Lily）、之禾；要买运动服装，脑海中立即呈现出耐克、阿迪达斯。品牌常以多次广告曝光的方式让品牌以标签形式烙印于用户脑海当中。虽然所有的广告最终都是为销售商品服务，品牌广告不必然以销量的直接提升为主要目标。与品牌广告相对应，效果广告则是以促进购买（或其他消费者行动）和销量提升为直接目标。在以效果为基础的广告系统中，广告主通常只需要为可衡量的结果付费。其内容往往突出价格优惠、促销等信息。其传播对象常为短期内在市场上购物的消费者。对比品牌广告，其考核的指标更为具体和直观，更侧重一次或者某阶段投入后带来的直接转化率、转化成本、投入产出比等。

在进行广告效果评估时，由于品牌广告与效果广告的目的不同，因此营销者会有针对性的设定不同的度量指标。在这里我们以服装品牌 L 为例（表10.1），更加直观地体现这两类广告的差异。

表 10.1 服装品牌 L 品牌广告与效果广告评估计划

	品牌广告	效果广告
目标人群	一、二线城市 18~24 岁女性	"618"期间 产品购买者
媒体策略	OOT[1]、OTV[2] （城市细分）	直通车 品牌特秀 一站式智投
关键绩效 指标	品牌熟悉度提升量 品牌考虑提升量	投资回报率
诊断性 指标	广告回忆 广告触达 曝光频率	转化率 CPM[3]
数据源	广告跟踪报告	平台行为数据

注：1. OTT 是 over-the-top 的缩写，指通过流媒体盒子（如电视果、苹果电视）或智能电视播放的流媒体视频广告；2. OTV 是 Online TV 的缩写，指爱奇艺、bilibili 等视频类网站或 APP 中视频内容的前插或中插广告；3. CPM 是 cost per thousand impressions 的缩写，是一种广告计价方式，表明每一千个广告曝光的费用。

10.3 广告诉求

成功的广告无疑都具有说服消费者的能力。服装品牌的调性千差万别，广告沟通的目标也可能因时而异，在什么情况下营销者应通过什么方式来说服消费者？这涉及广告创意中的诉求。**广告诉求（advertising appeals）**即陈诉与请求，是指广告商通过某一类陈诉与请求的广告策划方式传达相关信息来吸引与打动消费者，让消费者主动了解与认同某一品牌，进而使其达到购买该品牌产品或服务的目的。作为广告商与潜在消费者的沟通渠道，广告诉求可以通过构建广告与消费者之间的桥梁，将被激发的潜在需求转变为最终的购买意愿与行为，以此来实现广告的预期目标。

在确定广告信息所要传递的诉求时，营销者有许多种选择。常见的广告诉求包括理性诉求、感性诉求、幽默诉求、恐惧诉求、性感诉求等。

理性诉求

理性诉求广告即诉诸理性的广告形式，是通过一系列的逻辑性认识，以产品的功能、特性为诉求重点，通过完整的概念、判断及推理等思维过程，对产品加以客观、理智的评价，侧重于传达产品基本特征的广告。其基本特征可以包括产品质量与价格、用途与功能、具体成分及其性能等。

感性诉求

感性诉求广告即诉诸感性的广告，通过塑造产品典型使用者的形象，使消费者产生情感上的共鸣，侧重于通过传达产品高贵、优雅、时尚、怀旧等感性层面的信息，将目标消费者的主观情绪向有利于品牌的方向转变。

总的来说，理性的广告诉求希望借助广告引导目标消费者的理性考量与判断，而感性的广告诉求则希望借助广告改变目标消费者对品牌的态度与情绪，两者的最终目标都是激发消费者潜在需求，引导消费者做出购买决策。

幽默诉求

心理学认为，幽默是对人们心理的一种特殊机制，是对理性的一种特殊的反叛，它是以突破心理定势为基础的。广告中的幽默，可以有效地缓解受众精神上的压抑情绪，排除受众对广告所持有的逆反心理，使人们在轻松、快乐、谐趣的氛围中自然而然地接受广告传递的商业信息，完成对商品的注意、记忆、选择和决策的过程。

幽默是十分常用的广告诉求，也是被研究得最多的诉求。研究者对幽默在广告中的应用有一些结论：(1) 幽默可以吸引眼球，增强人们对产品的喜爱；(2) 幽默不会破坏对广告的理解，在某些情况下，它帮助人们理解广告；(3) 幽默不会增加广告的说服性或者企业的信誉；(4) 跟产品相联系的幽默比跟产品没有联系的幽默更有效；(5) 在现有产品的广告中使用幽默比在新产品中使用幽默广告更有效，如果目标消费者已经对产品有好印象，那么幽默的效果更佳；(6) 低介入产品的广告比高介入产品的广告更适宜使用幽默。

克莱因（Cline）和凯勒瑞斯（Kellaris）在 2007 年的一篇文章中，提出了幽默需求（need for humor，NFH）这一概念。所谓幽默需求是指人们对享受、参与或寻求快乐的需要。幽默需求的高低决定了受众在观看幽默诉求广告时所产生的反应。对于高 NFH 的个体，他们容易识别出广告中不同程度的幽默内容，并且对不同水平的幽默诉求也会做出不同的反应；而低 NFH 的个体则可能难以觉察出幽默诉求水平间的差异，也难以针对不同水平的幽默调整反应。

恐惧诉求

恐惧是人面临威胁或可怕情景时做出的一种本能反应，它能够激起人的紧张和危机意识，使人的想法、行为发生改变。恐惧诉求即通过呈现某种威胁或可怕场景，使受众意识到其可能带来的严重后果，唤起受众紧张、不安等反应，促使人们提高自身防御动机，不自觉的做出自我保护行为。恐惧诉求广告就是通过展示令人担忧害怕的情景，然后提出解除威胁的办法，让消费者对广告中提到的方案及商品产生依赖心理，最终的效果体现在消费者态度发生变化，进一步采取行动上。但是，焦虑、紧张、害怕都是恐惧心理的侧面反映，这种情绪一旦被激起就会使人本能地产生抵触。因此，如果商家使用恐惧诉求广告，需要把握恐惧诉求的强度，恰当运用，这样才会产生理想的效果。在服装品牌中，一些专业运动品牌在广告中往往会利用恐惧诉求，在广告片中向消费者呈现如果在运动时没有穿戴专业服装的情况下，会给身体造成负担及危害，进而刺激消费者对专业运动服装的态度发生改变，意识到此类服装的需求。

性感诉求

性感诉求广告，又名性感广告。此类广告常常运用性感的人物形象、具有性暗示的词语或音乐等与性有关的特殊的"性"元素，极大程度地刺激人们潜在的渴望。性感诉求能在瞬间产生无法抗拒的视觉冲击力，同时调动消费者的敏感神经，引起共鸣，达到品牌所期望的传达产品信息的目的。

毫无疑问，性感的主题能吸引注意力，但它们是否能促进购买则受到了研究结果的挑战。一些研究表明，性感广告诉求常常转移消费者对广告内容的注意力，干扰信息理解，尤其是信息量很大的时候。由于广告中的性感视觉元素比文字内容更有吸引力，导致产品信息的认知过程很可能是不完整的。此外，赤裸的画面可能对产品信息产生不利的影响。

性感广告激发的兴趣往往只停留在性这个层面上。如果一个暗示的或直白的性感图片与广告产品不相干，那么图片很难影响消费者的购买意愿。这突显了性感广告的潜在风险。在广告中打性感牌时，广告主必须确保产品、广告、目标受众、性感主题和性感元素的使用都恰到好处。当性感与产品联系恰当时，可以发挥极大的作用。例如，2020年新款迪奥·桀傲（Dior Homme）男士香水上市，为了推广这支香水，迪奥发布了系列广告 The Scent of my Man，新品男士香水广告中的每一帧画面和每一句文案都充满了诱惑和美感，广告通过女性视角展现了回忆、相遇、冒险三个故事，正如香水一样，值得静下心来细品。

商业案例：内外（NEIWAI）"NO BODY IS NOBODY"没有一种身材是微不足道的

长久以来，提起性感身材，大众的脑海中第一时间都会浮现出身姿曼妙的维秘模特的身影。然而，近年来维多利亚的秘密这个女性内衣巨头的落寞，也似乎暗示着让人血脉喷张、闪耀奢华的维秘大秀等荷尔蒙营销手段可能正逐渐被市场所淘汰。而重新定义的性感，可能就藏在内外的最新广告片里。

作为一支展示"性感"的内衣广告，内外没有邀请身材标准的模特来进行产品展示，而是将重点放在一群身材各有"缺陷"的普通女性身上。她们或是皮肤自然老化松弛、或是留下了抹不去的疤痕印记……她们是内衣广告片中的稀客，却是日常购买内衣女性群体中的常客，让银幕前的目标用户深感共鸣。

作为一支成功的感性诉求广告，广告片没有用星光璀璨的秀场来彰显女性对自己身体的自信，而是让这群特别的模特们在沙发、在地毯、在色彩单一的幕布前自然地摆动，在熟悉且舒适的空间环境里，展示自身独一无二且由内而外的身体魅力。为了达到性感诉求的目的，传统的内衣广告大多都是展露出女性或男性性感的一面。而伴随着"她时代"的到来，内衣不再是女性讨好男性的工具，内衣广告也不用刻意包装一些虚无的精致美，而是应该从当代女性的内心需求出发，去大胆展示她们的独立思想与身材本身的自信美。

在服装品牌广告手法相对保守的国内市场，内外的反常规内衣广告，可以说十分之大胆且及时。

来源：品牌星球（BrandStar）公众号。

10.4 广告排期与曝光

既然广告的目的是主动地向消费者传播产品信息，广告应该在什么时间，按照什么频次呈现给目标受众就成为一个重要的技术问题。**广告排期（advertising schedule）**即为解决这一问题的方法。广告排期是广告主为达到广告目标所制定的广告周期和广告数量的计划。广告的排期有几种形式。一般来说，对电视、收音机及印刷媒体来讲，广告的出现可能是持续性的，以相对固定的频次播出，也可以是起伏式短时爆发性的，例如播出一个月又停播两个月。广告排期具体形式有以下几种。

（1）持续式排期，即在营销与广告的整个活动期间持续发布，不需要什么变化。这是建立广告持续性的最佳、也是最简单的途径。对于消费者经常购买的日用消费品，广告一般都采取这种方式。

（2）起伏式排期是使广告期和无广告期交替出现。隔一段时间发布一批广告，有规律地做出广告时间上的间隔。这种间歇性排期的方式比较适合于一年中需求波动较大的产品和服务，以及季节性较强的商品。在需求时机或需求季节即将到来之前，可安排集中发布广告，需求期过后则停止广告，等待下一轮需求的到来。如此循环，既可以降低广告预算，也可以取得比较好的广告投资回报。

（3）脉冲式排期是持续性广告战略与起伏式广告战略的结合形式。即在广告持续不间断的基础上，根据销售或需求的时机间隔性，在需求期加大广告投放力度，形成有规律的脉冲式排期。对于消费者购买周期长的产品，一般采用这种方式。这样可以使广告主在全年都维持一个较低的水平，也不影响在销售高峰期"脉冲"式强力广告的促销效果。这种战略一般适用于全年都有需求，但在特定季节有大量需求的产品，如软饮料，在全年都有需求，但在夏季需求量又大增。

（4）集中式排期，即在同一个媒体渠道上集中投放。这种排期方法常在产品集中于某一季节或者节假日销售时使用。

选择广告排期的一个重要依据是消费者的**购买周期（purchase cycle）**。许多日用快消商品经常选择持续式或脉冲式排期，以便与消费者保持持续的沟通，维持品牌在竞争环境中的声量份额（share of voice，SOV）。而季节性的产品比如服装、汽车、娱乐产品则常根据季节或新产品上市的时间采用集中式的排期方法。

另一个与排期有关的重要考虑因素是**曝光次数（exposures）**。在竞争环境中有多种因素导致一次广告曝光不一定能确切地完成沟通任务。营销信息需要通过消费者感觉、注意、认知、理解等层层关卡才能在消费者脑海中建立相应的文档。因此，保证一定的曝光次数是达成广告传播效果的必要手段。为达成广告效果所需的最低曝光数量被称为有效曝光量，或**有效频次**（effective frequency）。

对于多少次曝光才有效的这件事情，过去的研究有相当大的困难，因为数据的颗粒度还不足以支撑精确的定量研究。随着媒体渠道的数字化和消费行为数据的大量收集，广告曝光的效果得以被更好地测量。测量的结果一般呈现两种情况：第一种情况是每一次新增曝光所带来的销售效应都小于上一次曝光，这种情况我们称为**边际效应递减**（diminishing returns）。如果用横坐标来表示曝光次数，纵坐标来表示销量，这种效应将（在横轴上）呈现一条凹形曲线，如图 10.1 所示。在这种情况下，每一次增加的曝光的效用都呈递减的状态，因此"效益成本比"最高的曝光次数应为一次曝光。由于消费者仅需要一次曝光就能获得较大的效应，广告排期应尽量减少曝光的频次，扩大曝光人数，以使总效益最大化。在此标准下连续式的排期是较好的选择，它可以以较低频次到达更多人群。

第二种情况是，虽然销量随着曝光次数增加而增加，但新增曝光会使销量增速先增长后下降，形成图 10.1 中的 S 形曲线反应。此时最好的策略是牺牲广告曝光人数换取曝光频次。在此标准下使用短时爆发性的脉冲式排期能达到最好的效果。在广告曝光频率对消费者行为影响的研究中，值得注意的是洛迪什（Lodish）和卢贝特金（Lubetkin）1992 年的一项实证研究。他们分析了 IRI（Information Resources Inc.，市场调研公司）的数据后，证实了在许多情形下只有广告曝光次数超过一定水平后才能发挥最大效用这一推论，也就是上述 S 曲线描述的情况。

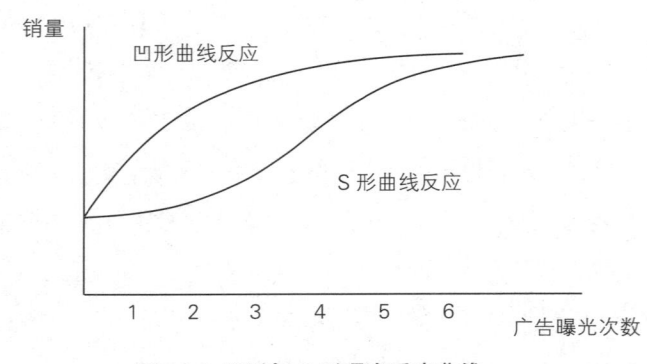

图 10.1 凹形与 S 形曝光反应曲线

10.5 广告媒体

成功的广告宣传不仅需要依靠有创意的、令人难忘的、有说服力的内容，也需要准确识别目标消费者，选择能有效到达目标受众的媒体。**广告媒体**（advertising media）是指那些能够借以实现广告主和广告对象之间联系的物质和工具。凡是能够刊载、播放广告作品，在广告宣传中起传播信息作用的物质都可以被称为广告媒体。

目前，服装企业能够使用的广告媒体十分丰富，包括传统的印刷类媒体（如报纸、杂志、宣传册、包装袋、产品目录、优惠卡等）；电视和广播媒体；户外媒体（指存在于户外公共场所的各种广告媒介，公路旁的大牌、交通设施的墙面、商场内的展示牌、高层建筑的墙面、电梯的显示屏和广告牌等），也包括新兴的电子终端设备如电脑、手机、游戏机、智能电视、机顶盒等不一而足。过去的经验告诉我们，媒体生态会一直变化。这使得营销者需要具备敏锐的洞察力，时刻关注目标消费者媒体习惯的改变，以便更好地抓住他们的注意力，实现更高效地沟通。

10.5.1 印刷媒体

印刷类广告媒介主要指商业杂志、报纸、海报、招贴、邮寄广告。这类服装广告最显著的特性是记录性，可以将服饰信息记录下来，进行跨时空传播扩散，从而扩大服饰信息的影响力。同一服饰信息可以对受众产生反复刺激和影响，读者接受服饰信息的过程比较从容，有利于加深理解。

印刷类广告作为传统服装广告媒体，仍然是多数企业的首选广告媒介，印刷类广告尤以杂志广告投放效果显著，今天，时装杂志种类繁多，摆满了各处的报刊亭，如 *Vogue*、*ELLE*、《嘉人》《智族GQ》《时尚COSMO》等。

杂志是现代人们传达信息、传播知识、弘扬文化的信息载体之一，它具有读者稳定、信息丰富、保存时间长等优势，成为主要广告媒体之一。不同类型的杂志都有自己特定的读者群，使其成为广告媒体中优势独具的媒体，读者的选择性强，和广告的目标市场非常吻合。因此，服装企业通过杂志发布广告，容易瞄准目标市场和特定阶层。由于杂志纸张质量好，色彩印刷漂亮，对服装的质感款型都有丰富而完美的表现，对读者有较强的视觉冲击和吸引力。在国外，对于目标市场很广泛的服装零售商来说，他们一般选择较为大众化的杂志，因为其产品有多种价格、多种层级以满足每个家庭成员的需要。相反，设计师和生产企业则会进行市场分析，相应地选择特定读者群的杂志，如美国的唐娜·凯伦（Donna Karen）和卡尔文·克莱恩（Calvin Klein）更愿意选择 *Vogue* 杂志，因为 *Vogue* 杂志的读者往往比较喜爱这些设计师的品牌时装。

此外，一些专业的时装杂志，由于其在服装行业中的重要地位，杂志本身就为在上面登载广告的商家提供了完美的形象和地位。例如，我们可以发现一些奢侈品牌很少在电视上做广告，却总是能在杂志上看到他们的身影，这与奢侈品牌的品牌形象和目标人群有着紧密关系。根据广告销售公司 MediaRadar 公布的研究报告，那些高端的奢侈品品牌原有的销售模式虽然不得不面对电商和线上广告的冲击，但它们大多出于保护品牌形象的考虑，依然坚守纸媒广告投放。由于不同杂志面向不同读者群这一特点，对于一些服装杂志和时尚杂志，一些高消费群体会认为自己的身份是属于这个层次，就会觉得杂志上的时尚产品正好适合自己，这就是杂志赋予广告以杂志本身代表的时装形象和高雅的地位。而且，这些杂志都有一批优秀的能够预测流行趋势的编辑，而热衷于时装消费的这些杂志的读者常常按照专家预测的流行趋势购买服装，于是服装广告促使他们追随潮流，从而使广告主受益。

报纸服装广告是指服装企业、经营者以报纸为媒介向公众传播服装商品信息或相关信息，并愿意为此而付出报酬的宣传方式。报纸具有定期的、连续的特点，又具有通俗的、大众的特点，其读者广泛而稳定，受众面往往大于其发行量。目前，国内服装企业在报纸上花费较高费用登载广告的相对较少，除非在专业报纸上。而在专业的报纸上，有相当数量的品牌常常可以享受到免费的广告宣传，如波司登在推出新款或新材料服装后，由于公司与媒体的一贯良好关系，许多专业报纸会用整版来为其做宣传，这时候，自然也就有了广告的效果。

10.5.2 户外媒介

户外广告媒介指存在于户外公共场所的各种广告媒介，如巨大的路牌广告、形式多样的户外招贴广告、五彩缤纷的霓虹灯广告、交通站台的候车亭和夜幕降临时银龙般的马路灯箱广告。户外广告媒介的特性在于：与其他广告相比画面大、内容广泛、艺术表现力丰富，具有极高的覆盖率、强烈的冲击力。

户外广告由于受到环境和各种因素的干扰，需使用大画面和突出的形象与色彩展现在繁华的城市中心地段和人流量较大的地区。根据广告监测数据统计，以商圈 LED 大屏为代表的数字化媒体成为奢侈品行业重要投放的媒体，数字化户外媒体正以高端、炫彩、吸睛的特点为品牌提供形象塑造服务，成为奢侈品展示的理想媒体。高频次轮播及长时间包屏的发布形式是奢侈品广告投放的理想选择。

借助创意内容、艺术设计和技术的户外广告，具有很强的可塑造性，在视觉上也更能抓住消费者的眼球，在情感表达上更能拉近与消费者的距离，从而产生良好的互动，实现更好的营销宣传效果。从快消品、服饰美妆、汽车手机到奢侈品等，都纷纷扎堆出现在户外数字大屏上。以"3788 亚洲之光"为例，这款巨幕显示屏，地处重庆观音桥商圈中心位置，围绕苏宁易购大楼两面搭建而成，总面积为 3 788m^2，分辨率为 8K 超高清，且由 3 个单独的 LED 大屏组合而成，其大跨度、高精度的屏幕给大众带来更具沉浸式的体验，也能完美地展现广告的每一处细节。得益于此，其更能被消费者和品牌主信服和接受。

> **行业动态：这次，BV 把广告打在了长城上**
>
> 据报道，意大利奢侈品牌葆蝶家（Bottega Veneta，简称 BV）现身山海关角山长城，通过巨型电子屏幕的方式呈现"新春快乐"四字，并搭配 Bottega Veneta 品牌的经典绿色，为即将到来的农历新年献上问候，十分震撼。
>
> 在 2021 年 3 月，面对全球社交网络化的大趋势，深受年轻人追捧的 BV 却毫无预兆地注销了品牌的 Instagram、Facebook、Twitter 等各类社交媒体账号。开云集团董事长兼 CEO 弗朗索瓦-亨利·皮诺（Francois-Henri Pinault）对此解释道："Bottega Veneta 将会更多地依靠品牌大使和粉丝，通过他们为品牌发声，而不是品牌自己主动

参与。"在奢侈品牌致力于数字化转型的今天，BV 从信息纷杂的互联网社交平台中抽身而去，转而投身到传统的室外巨幅广告中，抛弃传播速度极快、受众面极广的互联网平台。

在品牌们纷纷抢夺用户时间与注意力的当下，品牌开始思考何种形式的广告可以与消费者建立更深入的联结。让消费者记住并不是一件易事，哪怕是更容易讲故事的视频模式也并不是每个人都买账。室外的巨幅广告极具冲击力，品牌讯息不可抗拒地向每个路过的行人扑去。巨大的艺术装置可以将每个人都笼罩在品牌营造的氛围里，这种身临其境的感受是手机广告不能给予的。

10.5.3 电视

电视是一种综合性的艺术媒体，集语言、形象、音乐等表现形式于一体。它丰富的表现形式给广告创作者提供了巨大的创意空间，能够给受众带来视觉和听觉的强烈刺激，激发购买行为。电视媒体还具有一定的权威性和公信力，能显示广告主的实力，帮助它们树立值得信任的品牌形象。尽管在数字媒体的冲击下，电视的观众数量和使用频率均正快速下降，它仍是一种能高效地触达十分广大的人群的媒体。并且电视节目的多样性也为服装品牌触达独特的目标人群提供了契机。

电视服装广告与我国服装内需市场的发育相伴而生，许多知名的服装品牌都通过电视广告成功建立了品牌知名度，确立了市场地位。以七匹狼品牌为例，2003 年 8 月七匹狼开始在《新闻联播》和《天气预报》之间进行广告投放，成绩显著，迅速与竞争者之间拉开了距离。近年来，七匹狼仍借助央视广告的传播获得了快速发展，其推出的与狼共舞品牌成为休闲男装的头部品牌。

但随着数字媒体的兴起，也有许多服装品牌逐渐放弃电视广告，将重点放在数字化渠道上。2017 年阿迪达斯首席执行官卡斯珀·罗思德（Kasper Rorsted）表示将放弃使用电视广告进行品牌宣传，原因是该公司正力求将业务发展的重点转向电子商务。

10.5.4 数字媒体

数字媒体的出现对于人类社会有着重要影响，其影响程度不亚于纸张的发明与应用。数字时代的到来，使得人们的思维方式以及信息传递方式发生了极大改变，对于社会的如政治、经济以及文化等诸多领域都产生了深刻的影响。为了与传统媒体相对应，数字媒体有时也被称为新媒体。新媒体利用数字技术，以电脑、手机等作为终端，通过计算机网络、无线通信网、卫星等渠道，向用户提供信息，是一种新型的传播方式。

10.5.5 搜索引擎

搜索引擎广告是指广告主根据自己的产品或服务的内容、特点等，确定相关的关键词，撰写广告内容并自主定价投放的广告。当用户搜索到广告主投放的关键词时，相应的广告就会展示，并在用户点击后按照广告主对该关键词的出价收费。搜索引擎广告具备较强的针对性特点，同时能够达到可追踪效果，而且受众范围较为广泛。但是，也同样因为其自身存在一定的问题，如无效点击比例较高、管理不易以及费用较高等，导致搜索引擎广告市场占据的份额并不高，并且份额还在持续下降。

10.5.6 电商平台

在当今社会快速发展的背景下，网络购物成为多数消费者的重要消费方式。利用其巨大的流量，电商平台逐渐开发出自己的广告平台。电商平台广告是电商平台上的商家向店铺引流的重要手段。由于进入电商平台的消费者往往处于消费者旅程的末端，电商平台广告常常能达到较高的广告转化率。

电商平台作为广告媒体的一个突出优势是拥有丰富的用户历史购买数据。以淘宝网为例，其阿里妈妈平台能够利用大数据对用户的历史购买行为进行分析与研究，并向广告商提供各种各样的人群标签，使他们能灵活地选择渴望触达的消费者。

此外多数电商平台还提供垂直搜索类广告。与搜索引擎广告类似，商家事先为自己的商品购买相应关键词，当用户购物时在平台上输入这些关键词时，电商平台在返回普通搜索结果的同时，还会将购买了相应关键词的商家的广告展示给用户。用户在搜索过程中输入的关键词显示了用户的兴趣，因此搜索广告能较精准地抓住用户的需要，获得较好的广告的相关性（relevance）。

10.5.7 移动终端

在移动互联网时代，智能化、数据化已经成为人们生活中不可或缺的数字化生存特征，智能手机已经成为移动互联网时代个人的数字化标签。相对于传统广告在报纸、电视等传统媒介上的刊载，基于大数据分析而作用于移动终端的广告就是广告领域的一大变革。基于大数据的信息流营销具体化了数字化时代人们在生活中所产生的众多数据的价值。计算机通过数据汇总和分析可以精准地了解到用户的喜好，有针对性地向用户推广使其愉悦或易于接受的广告内容。移动终端广告最具代表性的广告形式为开屏广告和信息流广告。

开屏广告又称闪屏广告，是指用户在启动应用程序时出现在手机屏幕上的全屏广告。广告的展示时长固定，一般持续 5～15 秒，展示完毕后自动关闭进入应用程序的主页面，或者用户可以点击跳过键跳过广告提前进入程序。跳过键一般位于广告界面的右上角或者右下角，大小和形状设计不一，有的还呈现广告倒计时的效果。开屏广告页面包括静态图片、多帧动画或者视频开屏等。在全屏状态下，部分广告点击其页面可跳转到广告主指定的移动网页或者移动应用内指定页面，如广告商品的购买页。开屏广告作为一种新兴的广告形式，具有强视觉冲击力、高曝光量等优点。目前，国内多数的应用程序中都曾展示过此类型的广告，比如热门应用微博、淘宝、知乎、爱奇艺等等。

信息流广告是一种借助大数据技术达到精准投放的移动端广告形式。它是将内容嵌入到媒体用户日常浏览的资讯、社交动态或视频流中的广告形式。信息流广告可以在不同的平台上以高度适应性的形式出现，为用户提供个性化广告信息与服务，以达到广告传播的效果。在你浏览微信朋友圈时，手机界面偶尔出现的品牌广告就是信息流广告的一种。信息流广告是一种动态的广告机制，平台通过分析用户浏览信息以及社交动态，运用算法引擎动态地向用户推送相应的广告内容。用户的浏览习惯和社交动态反映了用户的个性、兴趣、生活方式和价值观等，因而信息流广告为品牌精准触达特定消费人群提供了契机，受到许多服装品牌的关注。

> **行业动态：新媒体时代下，奢侈品品牌营销趋势**
>
> 　　数字媒体的营销投入已经成为奢侈品品牌营销的普遍趋势。互联网新媒体广告已经挤占了传统广告的空间，在艾瑞咨询发布的数据中显示，2012年中国网络广告市场规模达到753.1亿元，超过报纸广告规模，较上一年增长46.8%，预计2013年网络广告将达到千亿元，逼近电视广告。奢侈品的营销策略也改变了过往的传统道路，奢侈品牌都意识到互联网营销的影响力，也开始从纸媒等传统媒体转移到互联网等新媒体，从而抵达他们的目标受众。
>
> 　　许多奢侈品牌都尝试用视频或图像的形式与粉丝进行互动，作为最早尝试数字化营销的奢侈品牌之一 Burberry 也通过 Instagram 分享来自时装秀的广告照片。75%的奢侈品牌零售商表示，他们会使用视频与他们的粉丝进行互动交流。83%的奢侈品牌营销人员表示，如果选择一个社会化媒体去进行管理，他们会选择Facebook。数字媒体的营销投入已经成为奢侈品牌营销的普遍趋势，81%的奢侈品牌在2012年较2011年增加了在数字营销上的投入，53%奢侈品牌营销人员表示会将他们整个营销预算中的20%~60%投入到数字营销上。
>
> 　　作为自20世纪90年代最早一批进入中国市场的海外高级时装屋，路易威登一直试图将品牌在时装设计、艺术文化上的特点呈现在中国消费者面前，并在与他们沟通交流的过程中，不断洞察本土消费者的想法和需求。新冠肺炎疫情爆发后，品牌连续两年选择将巴黎秀场带进中国，并且越来越通过本土化的内容和中国消费者进行对话，而非只是流于表面的将海外内容照搬进中国，然后重复一遍。这被认为是奢侈品营销传播在中国进入3.0时代的标志性事件。
>
> 　　何为3.0时代？回顾奢侈品行业在中国过去数十年的发展历史，从海外品牌进入伊始至2014、2015年左右社交媒体尚未完全普及、流量并非黄金时期，可以大约视为1.0时代。这一时期的品牌营销传播大体仍然遵循着奢侈品行业至上而下的传统直线思维，中国消费者作为被动接收讯息的一端，与时装屋直接沟通的机会有限。自2015年开始，中国市场的奢侈品消费购买力以指数式增长，加上品牌和消费者之间的互动因为数字科技的不断进步变得越来越直接，营销传播模式便正式进入了2.0时代。在这一时期，品牌纷纷陆续拥抱本土社交媒体和电商平台，大量启用中国明星和KOL作为代言人和宣传窗口，进一步向消费者传递品牌理念，影响他们的喜好和行

为。本土消费者在这个动态变化的过程中，从品牌那里获得了更大的话语权。

3.0时代在新冠肺炎疫情的催化下，以及中国文化自信和创造力觉醒的大环境中呼之欲出。中国消费者对品牌的意见与感受，将会变得比以往任何时期都重要。与此同时，他们也更加期待品牌能够不断带来新鲜的、绝无仅有的创意体验。鉴于此，本土市场对品牌内容的在地化创意诠释以及再输出的整个过程开始变得尤为重要。这也是最考验奢侈品品牌的地方，因为时尚是对创意输出标准和把控最严格的行业之一，但这也恰恰又是奢侈品品牌在未来持续赢得中国消费者的关键所在。

来源：Vogue Business公众号。

本章小结

广告的作用，包括触发需求、建立或强化品牌联想、提高购买意愿、降低价格敏感度、引发口碑。根据广告的目标，我们通常可以把广告分为品牌广告和效果广告两类。在衡量广告效果时，由于品牌广告与效果广告的目标不同，营销者应有针对性的设定不同的度量指标。

广告商可以通过广告中的陈诉与请求让消费者主动了解与认同品牌，促使其购买该品牌的产品或服务。广告诉求构建了广告与消费者之间的桥梁，将潜在需求转变为最终的购买意愿与行为。常见的广告诉求包括理性诉求、感性诉求、幽默诉求、恐惧诉求、性感诉求等。

广告内容应该在什么时间，按照什么频次呈现给目标受众是一个重要的技术问题。为此，广告主需要制定合理的广告排期。消费者购买周期和广告的有效频次是广告排期方案选择的两个重要考虑因素。

成功的广告不仅需要有好的创意，也需要准确识别目标消费者，选择能有效触达目标受众的媒体。目前，服装企业能够使用的广告媒体十分丰富，营销者需要具备敏锐的洞察力，时刻关注目标消费者媒体习惯的改变，以便更好地抓住他们的注意力，实现更高效地沟通。

重点概念

1. 品牌广告——以树立品牌形象、提高品牌在消费者心智中的突出性和差异性为直接目的。它希望让顾客建立相关的品牌联想，比如这个产品是做什么的，有什么属性，能为自己提供什么样的利益。

2. 效果广告——以促进购买（或其他消费者行动）和销量提升为直接目标。其内容往往突出价格优惠，促销等信息。

3. 广告诉求——陈诉与请求，广告诉求就是指广告商通过某一类陈诉与请求的广告策划方式传达相关信息来吸引与打动消费者，让消费者主动了解与认同某一品牌，进而使其达到购买该品牌产品或服务的目的。

4. 广告媒体——指那些能够借以实现广告主和广告对象之间联系的物质和工具。

讨论与思考

1. 选择一个品牌的广告，分析这个广告是属于品牌广告还是效果广告。
2. 根据本章广告的作用一节的内容，分析这个广告能起到的作用有哪些。
3. 分析这个广告所运用的广告诉求。
4. 对于选择的品牌，你会选择那种类型的广告排期，为什么？

作业与练习

许多服装公司采取多品牌的战略来达到穿透不同层级市场的目的。请选择一个多品牌的服装企业，分析每个品牌的目标消费者的特征，尤其是他们的媒体习惯，并有针对性地为各品牌制定相应的媒体策略。

第十一章 价格与促销

在营销组合策略中，价格是重要的因素之一。2009年11月11日淘宝举办了第一次"双十一"促销活动，随后在以阿里巴巴旗下的天猫、淘宝为主的电商推动下，每年的11月11日从大家调侃的"单身光棍节"已经转变成为广为人知的"消费狂欢节"，热度也是每年剧增，京东、苏宁易购、唯品会等电商企业纷纷加入该行列，与此同时，国外的"黑色星期五"也进行得如火如荼。无论是"双十一"还是"黑色星期五"，都是一场打着促销旗号的价格战，使消费者蜂拥而至。在这个过程中，消费者会计算促销的折扣力度，比较商品的价格与质量，基于自身对于商品价格的可接受程度，最终决定是否购买。这一决策过程在网购中体现得尤为明显，同时，商家也会基于消费者对于价格的相关反应，制定多样化的促销手段。本章我们将从消费者和营销者两个视角出发，对价格与促销相关理论与研究展开讨论。

11.1 消费者对价格的反应

价格可以带来多维度的感知，有的消费者认为价格是获得产品需要付出的成本，所以更愿意寻找经济实惠的产品；而有的消费者认为价格是质量的象征，因而更有可能接受高价产品。那么，如何通过有效手段影响消费者的价格感知，达到价格策略的目的，这是营销者思考的一个重要问题。

消费者的价格-质量推断观念是价格感知的维度之一，也是影响价格策略有效性的重要因素。消费者会核查商品的价格以确保按照合适的价格进行购买。价格也是商品的属性之一，是品牌定位的手段，营销者通过设置不同的价格来向消费者释放商品的价值信号，达到商品定位的目的。营销者也通过降价促销来刺激消费者购买。消费者对价格的反应通常会受到三个因素的共同作用，包括参考价格、感知价格和价格-质量推断，如图11.1所示。

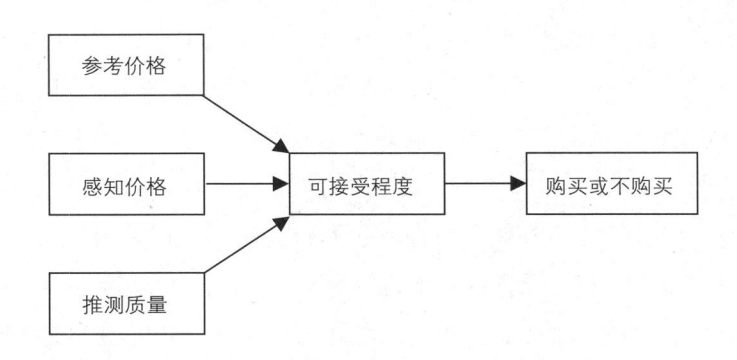

```
参考价格 ──┐
          ↓
感知价格 → 可接受程度 → 购买或不购买
          ↑
推测质量 ──┘
```

图 11.1 价格、可接受程度与购买决策

参考价格

参考价格（reference price）是消费者进行价格判断时所使用的参考点。消费者的参考价格不一定精确，但一旦消费者开始拿实际价格和参考价格进行比较，就会对购买决定产生很大影响。当一件商品比期望的更便宜时，显然会更容易被购买；反之当商品的实际价格高于参考价格时，被购买可能性则会大大降低。参考价格有多种形式，例如，人们可能会对以前购买的商品的价格有所记忆，这时记忆中的价格就可以成为参考价格。参考价格也可以是消费者预期支付的价格，如"双十一""黑色星期五"等年度促销活动会促使消费者等待商品降价，许多商家也会主动提前公布降价幅度以保证活动开始后有充足的客流，这些都会使消费者产生对价格的预期。参考价格还可以是消费者愿意或能够支付的价格。许多消费者在购买商品前都会做一定的预算，特别是在购买价格较高的商品时。

消费者心中存在参考价格这一现象说明，消费者对于绝对价格本身并不敏感，而是更倾向于通过价格比较进行决策。这给了精明的营销者机会来影响消费者对价格的感知和购买决策。在星巴克门店中，你可能会注意到在收银台旁边最明显的位置总是放着高端矿泉水"依云"。一瓶"依云"矿泉水的零售价是20元左右，虽然明知卖不出去，但星巴克还是选择摆在那里。对于消费者来说，比起20元一瓶的矿泉水来说，20多元的咖啡并不显得很贵，这样星巴克的咖啡价格也变得易于接受了。

许多研究表明，消费者对价格的记忆力并不十分牢靠。对于经常购买的品类消费，消费者可能有着相对准确的记忆，但对大多数商品，消费者的价格记忆相当有限。许多超市利用消费者的价格记忆局限，将消费者经常购买的熟悉的品类如蔬菜、鸡蛋、牛奶等设置为较低的价格以造成平价的印象吸引消费者到店，而对零食等不易记住价格、容易发生冲动购买的商品则设置相对高的价格来提高利润。

互联网的存在使得消费者的价格比较变得十分容易，消费者的决策也容易变得更理性。这对于高性价比的品牌来说可能是利好消息，但对于希望提高产品溢价能力的品牌来说，这种比较是无益的。这就对品牌差异化的能力提出了更高的要求，毕竟消费者很难对一个突出的、独特的品牌属性找到一个合适的参考价格。

感知价格

感知价格（perceived price）指的是消费者对实际价格在头脑中的编码。影响消费者决策的不是价格本身，而是消费者对价格的感知，即这件商品是贵还是便宜。感知价格因人而异，对同一件商品有些消费者会觉得物有所值，而另一些人会觉得太贵。

与感知价格密切相关的是**价格公平感知**（perceived price fairness），它是指消费者对商家所提供价格的一种感知公平性判断，是消费者将支付价格与参考价格相比较的结果。当价格比参考价格更高时，消费者的价格公平感知会降低。由于消费者心理参考价格并非是客观实际的价格，因此价格公平感知是一种主观判断，在实际支付价格不变的情况下，参考价格的不同会导致不同程度的价格公平感知。消费者的价格公平感知与购买意愿有密切联系，显然当消费者认为价格较公平时，对产品的评价也会较高，同时呈现较强的购买意愿；相反，消费者如果认为价格不公平，则可能引起一系列负面反馈。

在上文中的参考价格理论中已经提到，消费者的心理参考价格会趋向于某个既有参考标准。如果消费者所处的评估情境的不确定性较强，消费者对于参考标准的依赖程度则越强，与此同时，消费者对价格公平性的感知也会高度依赖于给定的参考值。比如，商家常用的一种促销手段叫"随机折扣"，即不同消费者获得的折扣是不同的。在随机折扣的情境中，消费者对于价格的感知是具有高度不确定性的。为了尽量降低不确定性，消费者会更依赖于该情境中任何可能的确定性因素。如果此时营销者在宣传中仅呈现折扣的下限，即"至少能获得的折扣"，由于这一金额是唯一的价格参考信息，在交易完成后，消费者如发现自己实际支付的价格低于参考价格，就会产生较高的价格公平感知。

价格-质量推断

在讨论消费者决策时，消费者很难仔细研究一件商品的每个属性，消费者常常通过品牌或产品的个别属性对产品的价值做出简单的推论。**价格-质量推断**（price-quality judgement）是指人们在不完全了解产品信息的情况下使用产品价格判断产品质量，比如人们通常认为高价的产品质量好，价格低的产品质量差。

价格-质量推断的另一个表现是价格对消费体验的影响。在对待同一件产品的时候，仅仅由于购买的价格不同，消费者会产生不同的使用体验。当消费者相信一种商品价格昂贵的时候，他们的使用体验会更加愉悦。这种现象得到了严格的实证研究的证实。比如普拉斯曼（Plassmann）等人 2008 年的文章提到在一项实验中将同一种酒标上不同的价格让被试者饮用，然后利用核磁共振扫描被试者的大脑，结果发现饮用更高价的酒的消费者，大脑中与愉悦感觉对应的区域更加活跃。我们有理由推断，在消费社交性和体验性的产品时，这种由价格-质量推断产生的愉悦体验将更加突出。

价格-质量推断是主观的，是消费者从经验中总结出的价格与质量之间的关联性。这种判断往往是被误导的结果。对于质量的感受，除了价格以外还应依赖于许多因素，比如产品外观、他人的评价、店铺陈列以及品牌效应等。但当这些产品属性信息缺乏，或消费者无法有效判断这些信息的具体价值时，便会参考价格线索进行质量的推断。在讨论消费者决策过程的内容里，我们提到心理捷径效应；当消费者对产品类别的认识有限，或者没有足够的意愿投入时间、精力等资源对产品的各种属性进行细致地评价时，他们常采用来源国、价格、广告曝光度等心理捷径来评估产品价值。消费者之所以坚信一分钱一分货这种观点，是因为他们选择性地把焦点放在那些能够证实他们观点的因素上，也就是说，他们选择性地注意高价高质或是低价低质的产品。

有研究发现，产品信息目录的顺序会影响价格-质量推断程度，当呈现大量产品的信息，且其产品目录按照产品质量排序时，消费者会对信息进行选择性的处理，此时价格-质量推断程度更高；而在产品随机排列的情况下，他们更容易注意高质量低价格的产品，降低价格-质量推断的趋势。学者李芳 2021 年的文章通过实验验证了商品陈列方式对于消费者价格-质量推断的影响有显著作用，这也促使商家意识到商品的不同陈列方式会给消费者带来不一样的价格感知。

一个有意思的话题是，价格-质量推断和参考价格似乎提供了两个相反的作用力。当价格升高时，产品的可接受性会由于价格-质量推断而提高，但另一方面也会因参考价格的作用而降低。那么哪种作用力会起主导作用呢？博恩曼和杭伯格（Bornemann and Homburg）2011 年的文章中的研究对这个问题提供了有益的思考框架。他们发现当消费者的购买场景是远期的时候，价格-质量关系会变得更重要。而对于近期需要的产品，消费者会对价格更加敏感。这项研究支撑了品牌在销售旺季来临之前进行品牌广告宣传的策略，以建立品牌高端的形象，而在旺季通过促销活动刺激销量。

深度讨论：奢侈品的定价

在本章口，我们了解到价格往往是消费者对品牌认知的第一印象，是影响购买者选择的重要因素。价格是品牌的属性之一，与品牌形象是密不可分的，价格往往向市场传递品牌对自身产品的价值定位。服装商品的象征性价值使得服装市场显现层级结构，不同层级的市场对应不同的目标消费者，而价格是品牌用于明确层级定位的手段。

奢侈品牌的高价定价策略在于：首先，能够向消费者传递品牌的附加价值，树立品牌形象；其次，高档消费品最大的特点是个性化的小批量生产或定制产品，其稀缺和珍贵的特性需要通过高价限销的方式来体现。高价限销的策略能确立奢侈品定位，同时能给品牌带来较高的实际利润收益。高级定制时装客户常将自己视为艺术赞助人，认为这些服装是一种值得收藏的艺术形式，是一种投资。基于价格－质量推断机制，一些具有特殊的品牌内涵、用稀缺高档材料制作、采用精湛特殊技艺的定制产品，可以通过高价来体现产品的高定位与高价值。

奢侈品心理定价策略

心理定价指品牌通过推断消费者对产品价值的感知来进行定价，而不是根据生产成本。消费者会根据自身各种经历来理解价格。蔡雨轩和李娟2020年的文章总结了奢侈品常用的心理定价策略，包括整数定价、声望定价和牺牲品定价。

（1）整数定价：整数定价是指奢侈品牌通常将产品定价定为整数，以给顾客简洁、价格昂贵的印象。价格以"0"结尾会使顾客有品牌高档、不打折扣的感觉，能够吸引渴望自我表现、体现自我社会价值、声望价值的高消费水平顾客。以古驰品牌为例，2020早春迪士尼古驰联名（Disney×Gucci）真丝衬衫定价为15 800元，花呢罩衫连衣裙定价为19 200元，古驰马衔扣肩背包定价为20 000元，价格都以整数"0"结尾，以强调品牌的高价值与奢侈内涵。

（2）声望定价：声望定价利用品牌知名度和顾客崇尚名牌的心理，将价格定得较高，给消费者以产品品位高、质量上乘的印象，符合消费者对高档产品的需求。奢侈品的大部分顾客群体购入产品的原因不在于产品本身的使用价值，而在于奢侈品牌的附加价值，包括品牌定位、品牌内涵、品牌在消费者心中的形象等。据世界奢侈品协会的报告，在奢侈品品牌价格构成中，原材料约占比5%，加工成本约占比10%（含设计、成品加工、运输），而利润保有率占比高达45%。奢侈品的品牌效应能够给消费者带来较高的社会地位，品牌也正是利用消费者这一炫耀性消费的心理，给自身产品制定高价。

（3）牺牲品定价：牺牲品定价是指将少数几种产品定高价，通过对比让顾客认为其他在售产品价格比较便宜，从而促进销售，也就是运用了参考价格机制。例如，路易威登品牌将其官网首页大片中的一款皮革夹克作为明星产品，定价为70 000元，而其他相同品类的皮革夹克，定价区间约为30 000元至50 000元。消费者会被首页上亮丽的时尚大片吸引，从而选购商品；而在浏览当季品后，大部分消费者会选择更划算的普通产品。

心理定价作为奢侈品的常用定价策略，实施得当能够给奢侈品牌带来较高的利润和较好的声誉。奢侈品牌在实施该策略时要分析不同产品制定什么样的价格才符合顾客预期，同时应通过品牌精神价值输出去影响消费者对奢侈品价值的理解，让消费者形成对品牌有利的价值观念。

来源：蔡雨轩，李娟．新奢侈品时代的奢侈品牌定价策略分析［J］．西部皮革，2020，42（7）：24-26．

11.2 价格促销

价格促销（price promotion）是吸引消费者的重要手段之一。促销能够吸引新消费者，同时刺激忠实顾客消费，从而提升销售额。在经济学中，消费者拥有或消费商品或服务时对欲望的满足程度被称为商品或服务的效用。一种商品或服务效用取决于两个方面，一方面是消费者从所购产品或服务中获得的实际效用，另一方面是消费者从交易中收获的效用的主观心理评价，由消费者欲望的强度所决定。价格促销正是通过向消费者传达一种"实惠交易"的感知来提供交易效用，从而促进购买意愿。

时尚服装受季节性、时尚流行性等因素的影响，其时尚度随时间衰减，市场价值也随之降低。为了加速资金回流，减轻库存压力，时尚类服装常常在产品生命周期的末期采用降价促销策略。

11.2.1 价格促销的手段

在销售不景气时,企业往往会提供更大幅度的折扣以刺激消费者购买。当然,促销不仅仅是为了创造短期销售额或暂时的品牌转换,它也有助于强化产品定位和建立长期的顾客关系。因此除打折以外,还有许多途径可以用来实现销售促进目标。以下列举了常见的服装促销手段。

(1) 直接降价(direct price reduction):也被称作"折扣"。

(2) 优惠券(coupons):指分发一种购买时可用于取得折扣的凭证。

(3) 返利(rebates)或返现(cashback):在购买后取得的价格补贴。

(4) 售点促销(point-of-purchase promotions):包括在售点的陈列与展示。例如,在大型商场中,商店外的展示品、促销招牌、"货架插卡"或者是为特定商品提供免费品尝等。

(5) 专题广告(feature advertising):指独立印制广告,也叫做传单,消费者会在他们的邮筒里面收到这些传单。比如,零售超市进行促销活动时发放的产品传单。

(6) 多买多得(multibuy):如买二送一。

(7) 满减(price-break discount):如买1000元减100元。

(8) 赠品(purchase with gift):购买商品后可获得赠品。

(9) 样品(samples):指某产品一定量的试用品。

延伸阅读:价格弹性

销售额对价格变动的敏感度通常用价格弹性(price elasticity)来量化。价格弹性是销售量变化对价格变化的比例,以相对比值来表达。比如,当价格下降10%,销售额增加20%时,价格弹性为-2。对于一些必需品来说,比如处方药,价格变动只会给需求带来很小的变化,此时的需求为低弹性。相反地,如果销售量会随价格的上升而大幅下滑,或是随价格的下降而上升很多,则称此时的需求为高弹性。营销人应适时评估商品的价格弹性,这关系到价格这个杠杆是否能有效撬动销量,对营销组合策略的合理性有重要启示。

> 在市场研究领域，通常有三种评估价格弹性的方法。对于还未上市的新产品，研究者可以采用顾客调研的方法来确定消费者对不同价格的支付意愿（willingness to pay）。对于已经上市的产品，研究者可以采用实验法，通过模拟不同价格场景下消费者的产品选择，来估计价格弹性。此外，如果历史数据足够，研究者还可以通过市场反应模型（market response models）来计算价格及其他营销因素变动带来的销量变化。模型法的一个好处是可以通过模型对促销方案和可能的销量进行模拟，帮助营销人员更好地做出决策。
>
> 营销的数字化进程和消费者行为数据的大量收集，给营销人提供了许多前所未有的可能来量化营销的效果。量化研究方法已经逐渐成为营销人不可或缺的管理工具。

11.2.2 策略与效果

营销人员的重要工作是制定宣传策略并确保策略的正确实施。一张优惠券可以放在服装的包装盒中、摆在店内、附赠在品牌宣传手册中，也可以通过小红书、抖音、微博等社交平台等形式分发出去。每种促销手段的接触范围和成本都不一样，越来越多的营销人员综合使用多种方式。同时，促销时间的长短也很重要。如果促销时间很短，许多潜在顾客将错过机会。如果促销时间过长，顾客又会认为是长期性的降价促销，这就损害了促销活动激发立即购买行为的目的。

对于销售促进效果的评估也很重要，营销人员需要衡量其促销投入的回报，最常见的评估手段是比较促销活动前后以及过程中销售额的变化。随着数字媒体和电子商务的发展，数据采集更加方便，销售促进的有效性受到了研究者的关注。在取得了颗粒度更细的数据后，营销人能更清晰地测量降价促销手段对销量的影响。这催生了促销上更多的投入。促销通常对销售额有着清晰的、可辨识的影响。从一段时间的销售额曲线能够看出一次促销实施之后销售额将大幅增加，而广告带来的效果就远没有这么明显（如品牌广告），除非广告传递了明确的促销信息。

11.2.3 增加的销量来自哪里

因为促销立竿见影的刺激作用，企业对促销的热情往往空前高涨。然而一些研究也表明促销产生的回报可能未必如营销人所想象的那样好。埃森哲咨询公司在2001年的一项引起巨大争议的研究表明，有80%～90%的贸易促进在投资上并未产生积极的回报。促销产生的短期销量增长可能来自几个方面，并且有些方面的增加可能会导致其他方面的损失，使总销量没有区别。

从管理角度看，一次销售促进是否有益取决于增加的销售额是否能带来实质效益。理论上营销者期望促销能达成的销量提升可能来自三个方面：品牌转换、品类延伸和加速购买。**品牌转换**是指促销活动促使本来打算购买其他品牌的顾客转为购买正在促销的品牌的产品，从而达到提高本品牌产品销量的目的。显然当竞争品牌与本品牌的差异较小时，价格促销能给消费者提供更明确的理由购买本品牌产品，从而带来更大的品牌转换效应。而差异化的品牌能够对竞争对手的促销活动具有更好的免疫力。**品类延伸**指的是，顾客因为促销购买本来没有计划购买的品类，因此对超市这样的多品类购物场所，促销可以促进交叉销售（cross-selling），带来额外销量。**加速购买**指的是，本来就打算购买某个品牌的消费者因为促销提前购买或者囤积商品。因为提前购买或囤积产生的销量本质上对总销量没有实质的帮助，甚至还损害了品牌的利润，因此是营销者应特别注意的问题。与提前购买相对应的是延迟购买。前文提到的预定的年度促销活动，常使消费者对优惠价格产生了预期，因此会等到打折的时候再购买。提前或延迟购买本质上都是购买时间的平移，对总销量没有实质的帮助。在制定促销策略时，分析销量提高的可能来源，制定相应的目标是营销者需十分明确的问题。

价格促销对零售商而言是一种重要的竞争工具。消费行为学者曾经通过多家零售商进行了一项大规模实验来比较两种促销策略的效果，分别是每日低价策略（every day low price，即强调把价格定得低于正常价格）和高低价格混合策略（high-low price，即商品价格有时高于竞争对手，有时低于竞争对手）。在每日低价条件下，他们降价10%；而高低混合条件下则提价10%。结果显示每日低价的销售额增加了3%，而高低混合的销售额降低了3%。在获利情况上也有着很大的不同，但却是在相反方向上的。每日低价的利润降低了18%，而高低混合的利润增加了15%。这项研究的总结论是，结果取决于顾客基数中对价格敏感没有忠诚度的顾客和对商店有忠诚度的顾客各占多少。每日低价的主要好处在于它可以将对商店没有忠诚度的顾客从其他商店吸引过来，这类被吸引过来的消费者，我们称之为商店转换者。但如果许多顾客都是忠诚的，每日低价将会不怎么奏效，并且利润水平将会下降，因为人人都会支付一个较低的价格。在高低价格混合策略中，无论商品降价还是价格正常，忠诚的顾客都会按照采购计划购买。因此，平均来说，高低价格混合策略可以产生更多的利润。另一方面，商店转换者会在价格较低时买得更多。因此总的说来高低混合策略是有效的价格刺激，而每日低价的缺点就是它向所有人提供低价，而没有考虑价格敏感度。

11.3 促销的长期效果

营销人除了需要仔细研究促销能否带来短期销量刺激，还应注意促销可能存在的**长期负面效应（long-term negative impact）**。大卫·奥格尔维（David Ogilvy）就曾表示促销的过分使用会引起品牌资产的退化，对品牌的长期盈利能力是有损害的。营销人对于促销活动的长期负面影响的担忧，有四个研究根据。

第一，对参考价格的研究表明，促销价格会被消费者整合进参考价格中。长期的促销会导致消费者习惯低价，把正常的、非促销的价格当成高价，消费意愿下降。

第二，归因理论表明，消费者会对促销活动做出随意的归因，他们想知道为什么这个品牌会做促销。当消费者认为一次促销的目的是吸引消费者时，他们的反应会更加积极。而当他们认为促销者的意图是想要尽快卖掉不受欢迎的产品时，则不会选择购买了。

第三，价格-质量推断理论说明消费者可能会将低价视为低质的证据。

第四，频繁的促销会让消费者形成只在降价时购买的条件反射。比如频繁的促销会使下次促销的效果降低。

基于以上推论，营销人员需要慎重考虑促销的效果，不能一味依赖促销。为了恰当地运用促销，营销人员需要确定促销目标，选择最佳的工具，合理利用除直接降价促销外的其他促销手段，采用合适的促销时间和周期，设计并实施合理的活动方案以及评估结果。

总体而言服装商品是一种强调差异化的商品品类，服装品牌只有通过细致入微的营销规划不断强化品牌的独特性和差异性，才能赋予品牌溢价力。服装品牌的促销活动必须与营销沟通中其他的营销组合要素妥善配合，才能保证促销活动的长期有效性和品牌持续盈利能力。在瞬息万变的竞争环境中，如何高超地运用促销与其他各种营销沟通手段有赖于营销者的智慧。

> **延伸阅读：促销长期效果的研究**
>
> 对于促销带来的长期负面效果，目前仍有争议。我们有待于更进一步的研究成果的发表。至少最近的一些研究结果表明促销的长期效果不容乐观。较新的基于时间序列的分析共同表明，长期来看，促销不存在正面效应，却有负面效应的可能性。在一项对4种品类的分析中，德金普（Dekimpe）、汉森斯（Hanssens）和席尔瓦－拉斯（Silva-Rass）在13个品牌中只发现了1个品牌的促销正面效应。奈斯（Nijset）等人2001年的文章研究了品类延伸的可能性，但是在560种商品中只发现了36种商品具有此种效应。保韦尔、汉森斯和西达尔特（Pauwels, Hanssens and Siddarth）2002年的文章指出在购买发生率和购买数量上并未发现促销的永久效应。他们在29个案例中只发现了1例对品牌选择的永久效应。

本章小结

在营销组合策略中，价格是重要的因素之一。价格可以带来多维度的感知，有的消费者认为价格是获得产品需要付出的成本，更愿意寻找经济实惠的产品，而有的消费者认为价格是质量的象征，更有可能接受高价产品。

如何通过有效手段，影响消费者的价格感知，实现企业价格策略的目的，是营销者需要思考的一个重要问题。消费者的价格-质量推断观念是价格感知的维度之一，也是影响价格策略有效性的重要因素，会受到情境因素的影响。消费者对价格的反应通常会受到三个因素的共同作用，包括参考价格、感知价格和价格-质量推断。感知价格指的是消费者对实际价格在头脑中的编码。影响消费者决策的不是价格本身，而是消费者对价格的感知，即这件商品是贵还是便宜。价格-质量推断是指人们不完全了解产品信息的情况下使用产品价格判断产品质量，比如人们通常认为价格高的产品质量好，价格低的产品质量差。

价格促销是吸引消费者的重要手段之一。促销能够吸引新消费者，同时刺激忠实顾客消费，从而提升销售额。促销不仅仅是创造短期销售额或暂时的品牌转换，也有助于强化产品定位和建立长期的顾客关系。因此除打折以外，还有许多工具可以用来实现销售促进目标。营销者期望促销能达成的销量提升可能来自三个方面：品牌转换、品类延伸和加速购买。销量的来源会影响促销策略是否真正带来了总销量的提升。此外营销人还应注意促销可能存在的长期负面效应。

总体而言，服装商品是一种十分强调差异化的商品品类。服装品牌只有通过细致入微的营销规划不断强化品牌的突出性和差异性，才能赋予品牌溢价力。服装品牌的促销活动必须与营销沟通中其他的营销组合要素妥善配合，才能保证促销活动的长期有效性和品牌的长期盈利能力。

重点概念

1. 参考价格——消费者进行价格判断时所使用的参考点。
2. 感知价格——消费者对实际价格在头脑中的编码。
3. 价格公平感知——消费者对商家所提供价格的一种感知公平性判断，是消费者将支付价格与参考价格相比较的结果。
4. 价格-质量推断——人们不完全了解产品信息的情况下使用产品价格判断产品质量。

讨论与思考

1. 社交媒体上经常有对国产运动品牌的价格讨论，请挖掘有代表性的评论，并根据本章对价格的讨论，分析消费者的这种反应的原因。品牌公司可以采取什么策略来应对这种反应？
2. 促销的手段有哪些，它们分别有什么优缺点？
3. "双十一""618"等年度促销活动是否能为品牌带来总体销量的增加？为什么？品牌应如何评估这些促销活动的效果？

4. 促销为什么可能对品牌的长期盈利能力带来负面影响?

作业与练习

你是一个品牌产品部门的负责人,现在需要对本品的价格策略做分析。请你收集本品和直接竞品的产品价格,设计一个研究来测量顾客的感知价格,并以此为基础分析本品的价格竞争力。

参考文献

[1] 凯瑟. 服装社会心理学：上册[M]. 李宏伟，译. 北京：中国纺织出版社，2000.

[2] 凯瑟. 服装社会心理学：下册[M]. 李宏伟，译. 北京：中国纺织出版社，2000.

[3] 杨以雄. 服装市场营销[M]. 3版. 上海：东华大学出版社，2015.

[4] 赵平，吕逸华，蒋玉秋. 服装心理学概论[M]. 2版. 北京：中国纺织出版社，2004.

[5] 布罗代尔. 形形色色的交换[M]. 顾良，施康强，译.//布罗代尔. 十五至十八世纪的物质文明、经济和资本主义：第2卷. 北京：商务印书馆，2017.

[6] 于秋华. 传统农业社会家庭手工业经营组织的演进[J]. 大连理工大学学报（社会科学版），2010，31（3）：57-60.

[7] 刘丽娴，康瑜，王明坤. 19世纪以来美国纺织业布局与时尚转型[J]. 创意与设计，2020（5）：95-101.

[8] 郭建旭. 现代成衣的历史发展及其产业状况研究[D]. 天津：天津工业大学，2002.

[9] 吴静. 服装符号学理论体系的初步构建[D]. 天津：天津工业大学，2005.

[10] 颜莉，高长春. 时尚产业国内外研究述评与展望[J]. 经济问题探索，2011（8）：54-59.

[11] 赵磊. 时尚产业的兴起和发展[J]. 上海企业，2007（2）：

50-52.

[12] 张莹. 消费者怀旧产品购买行为主要影响因素的实证研究[D]. 上海：东华大学，2011.

[13] WANG Y, QIAO F. The symbolic meaning of luxury-lite fashion brands among younger Chinese consumers[J]. Journal of Fashion Marketing and Management, 2019, 24(1): 83-98.

[14] HOLBROOK M B. Consumer value: a framework for analysis and research[J]. Advances in Consumer Research, 1996, 23: 138-143.

[15] 郭秀艳. 实验心理学[M]. 2版. 北京：人民教育出版社，2019.

[16] 薇妮斯蒂. 我是个妈妈，我需要铂金包[M]. 许恬宁，译. 北京：中信出版集团，2018.

[17] 希夫曼，卡纽克，维森布利特. 消费者行为学（第10版）[M]. 张政，译. 北京：清华大学出版社，2017.

[18] MASLOW A H. A theory of human motivation[J]. Psychological Review, 1943, 50(4): 370-396.

[19] 所罗门. 消费者行为学（第12版）[M]. 杨晓燕，等，译. 北京：中国人民大学出版社，2018.

[20] 伊斯特，赖特，范于埃勒. 消费者行为：基于数据的营销决策（第2版）[M]. 钟科，译. 上海：格致出版社，2018.

[21] SOLOMON M R, DAHL D W, WHITE K, et al. Consumer behavior: buying, having, and being[M]. 11th ed. Toronto: Pearson Education Limited, 2014.

[22] STERNQUIST WITTER B, NOEL C. Apparel advertising: a study in consumer attitude change[J]. Clothing and Textiles Research Journal, 1984, 3(1): 34-40.

[23] AJZEN I. Martin Fishbein(1936–2009)[J]. American Psychologist, 2010, 65(4): 296.

[24] WICKER A W. Attitudes versus actions: the relationship of verbal and overt behavioral responses to attitude objects[J]. Journal of Social Issues, 1969, 25(4): 41-78.

[25] ELLER K L. Conceptualizing, measuring, and managing customer-based brand equity[J]. Journal of Marketing, 1993, 57(1): 1-22.

[26] 叶晶, 梁赛俊. 虚拟社区时尚意见领袖对服装消费行为的影响[J]. 丝绸, 2021, 58(8): 60-66.

[27] 梁童鹿. 基于社交媒体的网络口碑对消费者行为意愿影响的实证研究[D]. 西安: 西安电子科技大学, 2014.

[28] 林升梁. 现代广告教皇——大卫·奥格威[J]. 广告大观, 2004(8): 104-106.

[29] 滕晓能. 反思大卫·奥格威的广告学观点[D]. 上海: 华东师范大学, 2012.

[30] ROSSITER J R, BELLMAN S. Marketing communications: theory and applications [J]. Australasian Marketing Journal, 2005, 13 (2): 77-80.

[31] 严超. 服装品牌来源国效应实证研究 [D]. 北京：北京服装学院，2008.

[32] 唐英杰. 短视频 UGC 信息流广告的用户采纳及运营策略研究 [D]. 北京：北京邮电大学，2018.

[33] BRUNER G C, KUMAR A. Web commercials and advertising hierarchy-of-effects [J]. Journal of Advertising Research, 2000, 40 (1-2): 35-42.

[34] HART C, DEWSNAP B. An exploratory study of the consumer decision process for intimate apparel [J]. Journal of Fashion Marketing and Management, 2001, 5 (2): 108-119.

[35] 翟芬芳. Y 服装公司全渠道整合营销对消费者满意度影响研究 [D]. 杭州：浙江工商大学，2019.

[36] SCHIFFMAN L G, KAUNK L L, WISENBLIT J. Consumer behavior [M]. 10th ed. New Jersey: Pearson Education Limited, 2010.

[37] ENGEL J F, KOLLAT D J, BLACKWELL R D. Consumer behavior [M]. New York: Dryden Press, 1968.

[38] 科特勒，凯勒. 营销管理（第 15 版）[M]. 何佳讯，于洪彦，牛永革，等，译. 上海：格致出版社，2016.

［39］覃蕊，梁惠娥，陈东生，等. 服装风格评价体系探讨［J］. 山东纺织科技，2007（5）：33-35.

［40］宋韬. "快时尚"服装品牌的营销特点及其对中国服装产业升级的启示［J］. 经济研究导刊，2010（24）：166-167.

［41］张薇. 参照群体对农村大学生炫耀性消费影响研究［J］. 经济研究导刊，2014（6）：123-124.

［42］王勇. 快时尚背景下慢时尚的兴起［J］. 服装学报，2017，2（1）：73-78.

［43］SUNDARATN D S, KAUSHIK M, CYNTHIA W. Word-of-mouth communications: a motivational analysis［J］. Advances in Consumer Research, 1998, 25（1）：527-531.

［44］常宁. 热点：社交媒体内容运营逻辑［M］. 杭州：浙江大学出版社，2018.

［45］JANG J Y, BAEK E, CHOO H J. Managing the visual environment of a fashion store: effects of visual complexity and order on sensation-seeking consumers［J］. International Journal of Retail & Distribution Management, 2018, 46（2）：210-226.

［46］所罗门，拉博尔特. 消费心理学（第2版）［M］. 王广新，王艳芝，张娥，等，译. 北京：中国人民大学出版社，2014.

［47］希夫曼，维森布利特．消费者行为学（第11版）［M］．江林，张恩忠，等，译．北京：中国人民大学出版社，2015．

［48］台启权，陶金花．大学生心理健康教程［M］．南京：南京大学出版社，2012．

［49］赵卫宏．消费者自我概念结构维度对品牌个性的相对影响力研究［J］．商业经济与管理，2009（1）：84-90．

［50］BELK R W．Extended self and extending paradigmatic perspective［J］．Journal of Consumer Research，1989，16（1）：129-132．

［51］COMBS A W，SNYGG D．Individual behavior：a perceptual approach to behavior［M］．Rev. ed. New York：Harper，1959．

［52］AAKER J L．Dimensions of brand personality［J］．Journal of Marketing Research，1997，34（3）：347-356．

［53］SUNG Y，CHOI S M，AHN H，et al．Dimensions of luxury brand personality：scale development and validation［J］．Psychology & Marketing，2015，32（1）：121-132．

［54］HEINE K．The personality of luxury fashion brands［J］．Journal of Global Fashion Marketing，2010，1（3）：154-163．

［55］KAPFERER J N，BASTIEN V．The luxury strategy：break the rules of marketing to build luxury brands［M］．2nd ed. London：Kogan Page Limited，2012．

[56] SHIM S, BICKLE M C. Benefit segments of the female apparel market: psychographics, shopping orientations, and demographics [J]. Clothing & Textiles Research Journal, 1994, 12(2): 1-12.

[57] HEINE K, TROMMSDORFF V. Practicable value-cascade positioning of luxury fashion brands [J]. 9th International Marketing Trends Conference, 2010, 62(3): 1-26.

[58] 李俊, 王云仪, 向静, 等. 服装商品企划学——服装品牌策划 [M]. 上海: 中国纺织大学出版社, 2001.

[59] US framework and VALS types [EB/OL]. [2020-12-10]. http://www.strategicbusinessinsights.com/vals/ustypes.shtml.

[60] ARENS W F. Contemporary advertising [M]. 8th ed. New York: McGraw-Hill Education, 2002.

[61] OH H, JASPER CR. Processing of apparel advertisements: application and extension of elaboration likelihood model [J]. Clothing and Textiles Research Journal, 2006, 24(1): 15-32.

[62] 闫幸, 张宇. 影视剧中服装品牌植入广告对消费者购买意愿的影响研究 [J]. 武汉纺织大学学报, 2017, 30(2): 10-16.

[63] 周象贤. 幽默广告诉求及其传播效 [J]. 心理科学进展, 2008(6): 955-963.

［64］李媛. 广告诉求方式中的情感诉求方式研究［D］.呼和浩特：内蒙古师范大学，2011.

［65］崔安迪. 代言人与品牌个性的一致性对冲动性购买的影响探究［D］.北京：北京外国语大学，2021.

［66］邱锦仪. 从传播学视角分析新媒体环境下的软文广告——以"GQ实验室"为例［J］.新闻研究导刊，2019，10（6）：205-206.

［67］黄亚琴. 中国服装广告传播现状及发展研究［D］.苏州：苏州大学，2007.

［68］郜雅，杨以雄，高融，等. 时尚服饰杂志对高校学生消费行为影响的探讨［J］.国际纺织导报，2013，41（11）：71-72+74-75.

［69］衣建西. 小红书APP信息流广告的场景建构研究［D］.长春：吉林大学，2021.

［70］刘欢. 基于大数据的信息流营销探讨［J］.中国管理信息化，2021，24（22）：92-94.

［71］许锦云，单春艳. 明星代言广告效果分析——以天猫为例［J］.大众投资指南，2019（20）：253+255.

［72］陈鹏羽，徐茵，蔡佩颖. 明星广告代言人与品牌形象的关系研究［J］.新闻研究导刊，2021，12（7）：209-210.

［73］麦瓴. 电商直播特性下消费者情绪反应对消费者购买行为的影响研究［D］.上海：上海外国语大学，2021.

［74］陈姝均. 品牌形象视角下公共关系对广告传播的影响［J］. 记者观察，2021（12）：32-33.

［75］张伟，李晓丹，郭立宏. 不同微博营销渠道对产品销量的影响研究：品牌自有媒体VS第三方媒体的路径对比［J］. 南开管理评论，2018，21（2）：43-51.

［76］金润姬，吕文丰. 新媒体语境下服装表演传播的社会功能性研究［J］. 西部皮革，2021，43（19）：142-143.

［77］李梅媚. 奢侈品品牌艺术展的传播策略研究［D］. 北京：北京服装学院，2016.

［78］张婷婷. 奢侈品如何联姻当代艺术［J］. 中华手工，2013（5）：100-101.

［79］梁瑜薪. 中国的"时装周现象"及其价值体现研究［D］. 北京：北京服装学院，2018.

［80］谭昊磊. 网络口碑传播意见领袖与用户互动研究［D］. 杭州：浙江传媒学院，2019.

［81］于运祺. 小红书APP女性用户的口碑营销研究［D］. 桂林：桂林理工大学，2021.

［82］谢纯雅，张恩忠，孙文文. 随机立减策略对购买意愿的影响：锚定效应与价格公平感知的作用［J/OL］. 外国经济与管理：1-14［2022-02-07］. DOI:10.16538/j.cnki.fem.20220115.202.

［83］张海. 基于顾客感知的线上、线下商品质价比研究［D］. 昆明：云南大学，2018.

［84］方圆，杨恺文，李沛. 移动终端服装购买行为影响因素研究——多视角的消费者感知［J/OL］. 现代纺织技术：1-7［2022-02-07］. DOI:10.19398/j.att.202106023.

［85］李芳. 物有所值还是物非所值：商品陈列方式对消费者价格-质量判断的影响［D］. 武汉：华中农业大学，2021.

［86］于丽娟，姜瑞瑞，祝爱民. 基于消费者品牌偏好的服装产品动态定价［J/OL］. 沈阳工业大学学报（社会科学版）：1-6［2022-02-05］. http://kns.cnki.net/kcms/detail/21.1558.C.20210526.1023.010.html.

［87］牛文娟. 物质主义、感知价值对奢侈品消费的影响研究——自主导向与社会导向的中介效应［J］. 商业经济研究，2018（19）：46-48.

［88］蔡雨轩，李娟. 新奢侈品时代的奢侈品牌定价策略分析［J］. 西部皮革，2020，42（7）：24-26.